八路军在山西

胡苏平　杨茂林／主编

山西出版传媒集团
三晋出版社

毛泽东主席在延安

朱德总司令在王家峪

彭德怀副总司令在关家垴

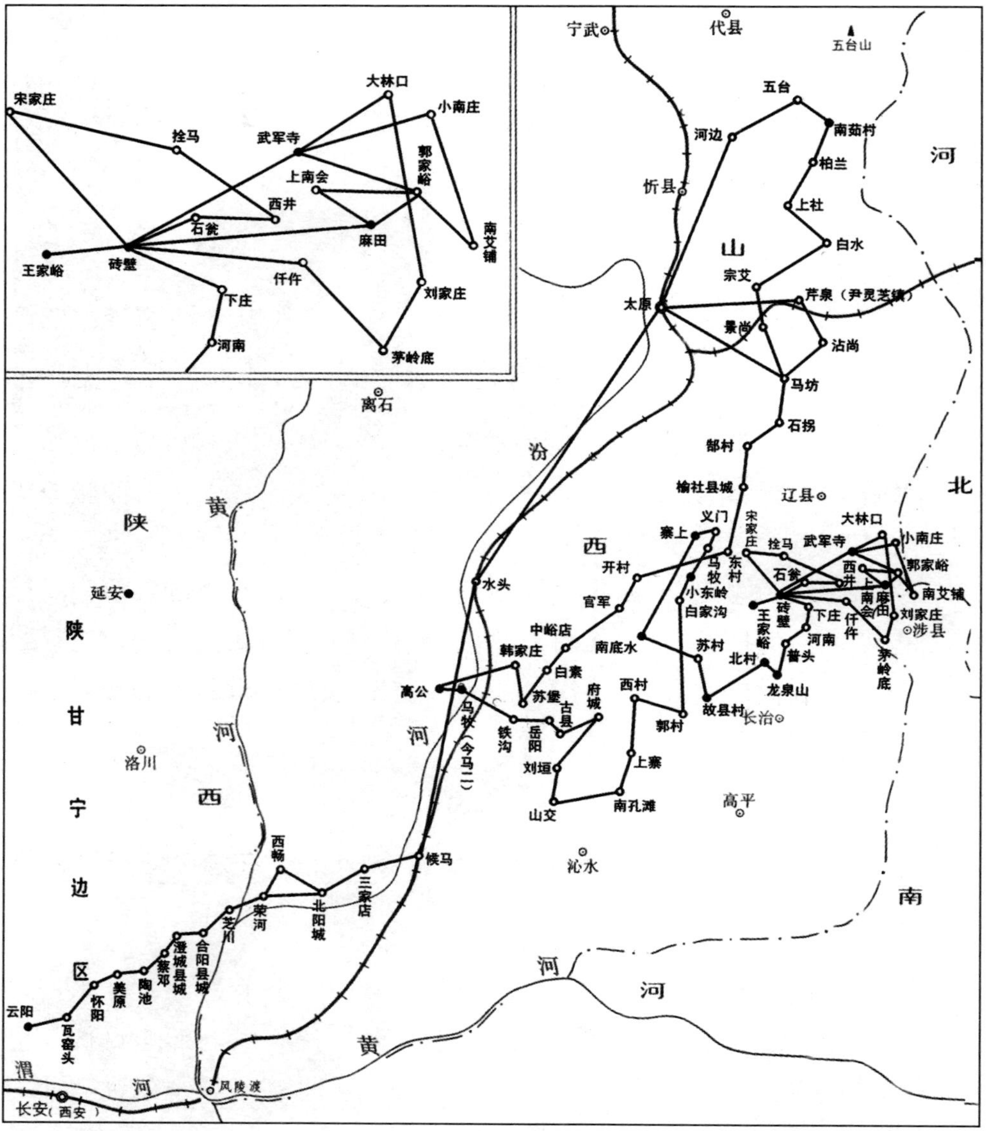

八路军总部行动路线示意图

山西在抗日战争中的重大贡献

中共山西省委宣传部

“太行浩气传千古，留得清漳吐血花。”在伟大的抗日战争中，中国共产党领导的八路军和山西人民，在山西这片古老而厚重的热土上，同穷凶极恶的日本侵略者展开了英勇顽强、坚韧不屈的斗争，创造性地建立了抗日民主根据地，承载起全民族抗战的希望，支撑了中国敌后抗战的战略全局，铸就了光耀千秋的太行精神，为夺取抗战胜利做出了卓越的贡献，谱写了中国抗战和世界反法西斯战争史上光辉灿烂的篇章。

一、山西是八路军总部和三大主力师的所在地，支撑着中国敌后抗战的战略全局

山西地势形胜、关山险要，历来为兵家必争之地。日本侵略中国之初，就把山西作为进攻华北进而占领中国的战略目标。全面抗战爆发后，党中央和毛泽东明确指出，“在山西全省创立我们的根据地”。1937 年 8–9 月，八路军第 115 师、120 师、129 师，分批东渡黄河奔赴山西抗日前线，山西成为八路军总部和三大主力师的所在地，成为中国共产党指挥华北乃至全国抗战的“神经

中枢”，成为反击日本侵略者的前沿阵地。据统计，我国在 1955 年到 1965 年全国授衔的将帅中，有 9 位元帅、9 位大将、42 位上将、103 位中将、838 位少将共 1002 位开国将军，曾在山西参加抗战活动。

山西是全国敌后抗战的战略支点。从 1937 年底至 1938 年初，八路军紧紧依托五台山、吕梁山、太行山和太岳山，先后创建了晋察冀、晋西北、晋冀豫和晋西南敌后抗日根据地，奠定了八路军坚持华北抗战、争取最后胜利的战略依托。在山西抗日战场上，八路军与其他抗日武装密切配合、英勇作战，使日军陷入人民战争的汪洋大海。1938–1939 年之交，遵照中央巩固华北的方针，八路军主力分兵挺进冀鲁豫平原和察绥广大地区，将抗日游击战争推展整个华北敌后区域，最终促成华北抗日根据地的建立。山西抗日根据地的巩固和发展，也使陕甘宁边区东部有了可靠的屏障，有力地保卫了党中央，并为华北、华中各抗日根据地与延安之间开辟了一条前后方联系的大通道。可以说，山西不仅是华北抗战的战略支点，更是中国敌后抗战走向全面抗战的重要基石。

山西是党领导的敌后抗日主战场。在国民党正面战场节节溃退的形势下，八路军第 115 师首战平型关告捷，这是全国抗战以来中国军人取得的第一个大胜利，粉碎了“日军不可战胜”的“神话”，极大鼓舞了全国人民的抗日斗志，提高了共产党八路军的威信。随后，八路军三师部队连续出击，伏击雁门关，在同蒲路、正太路上展开交通破袭战、切断了日军的后方补给线，夜袭阳明堡飞机场、毁伤敌机 24 架，并接连在七亘村、黄崖底、广阳战斗中克敌取胜，有力支援了正面战场，沉重打击了南下、西进日军。进入相持阶段后，日军的进攻矛头指向华北，在山西发动了残酷的“总力战”，八路军用革命的“全面战”，展开多次反“扫荡”斗争，特别是 1940 年八路军发动百团大战，狠狠打击了敌人，极大地振奋了全国争取抗战胜利的信心，粉碎了日军消灭抗日根据地的图谋。据不完全统计，全面抗战的八年中，八路军在山西带领抗日军民与日伪军作战10万余次，牵制了75%的侵华兵力，共歼灭日伪军66万人，占敌后歼敌总数的39%。

山西是抗日民族统一战线的先行区。红军到达陕北后，党中央就开始对山西进行抗日统战工作。全面抗战爆发前，山西抗日统一战线工作已经展开，并初见成效。在共产党的努力下，1936年成立的“山西牺牲救国同盟会”（牺盟会）事实上成为共产党领导的特殊统一战线组织。抗战初期，周恩来同志亲赴山西太原，促成“第二战区民族革命战争战地总动员委员会”，成功地推动了共产党同国民党及其山西地方当局在军事上和政治上的合作。与此同时，通过“牺盟会”建立了事实上由共产党领导的抗日武装——山西新军。这些统一战线组织有力地配合了八路军三大主力师在山西的战略展开，为建立和巩固山西各抗日根据地创造了有利条件，也为全国抗日民族统一战线的巩固和发展提供了宝贵经验。

二、山西军民不断探索创新，为全国敌后根据地建设树立了光辉典范

抗日根据地是党领导军民坚持持久抗战、全面抗战，夺取抗战胜利的战略基地。党领导八路军和山西人民，在创建和开辟根据地的进程中，努力探索、不断创新，走出了一条以抗日政权建设为核心的敌后根据地建设的新路子，为全国抗日根据地发展提供了宝贵经验，起到了示范带动作用。

山西最早在根据地探索建立抗日民主政府，走出了一条抗日民主政权建设的新路子。抗战期间，山西各根据地积极贯彻“三三制”建政原则，在改造旧政权基础上，建立拥有最广泛社会基础的抗日民主政权。1938年1月成立的晋察冀边区行政委员会，是华北敌后第一个省级抗日民主政府，被党中央称赞为“敌后模范的抗日根据

地及统一战线的模范区”。其后，晋绥边区、晋冀豫边区和晋西南抗日根据地民主政权建设相继展开，极大调动了各阶级阶层、各民主党派的抗日积极性，为山西敌后抗战奠定了重要的政治基础。1941年12月，党中央下达了关于精兵简政的指示，山西各根据地在中共中央北方局和八路军总部的直接指导下，通过“精简主力军，加强地方军，紧缩机关，充实连队，加强地方”的办法，分阶段分批次展开精简工作，到1943年基本完成，走到全国各抗日根据地的前面。

山西最早在根据地实行“减租减息”政策和开展生产自救运动，走出了一条抗日根据地经济建设的新路子。当时，山西敌后根据地首先提出了发展农村经济、促进群众生产的经济方针，普遍采取了减租减息、废除高利贷和苛捐杂税的政策，晋察冀边区是最早实施减租减息政策的地区。1940年，各抗日根据地开展了一场轰轰烈烈的生产自救运动。山西敌后根据地结合实际发展当地经济，开展公营经济，鼓励发展合作经营、私营经济等，使工业品基本上实现了自给自足，打破了日伪经济封锁。同时，山西先后建立了晋察冀边区银行、冀南银行和西北农民银行，为支持根据地生产事业和商品流通的发展，打击伪币和假票，稳定货币市场起到了十分重要的作用。此外，山西抗日根据地积极响应毛泽东“组织起来”的号召，建立起了互助组、合作社。总之，山西各根据地在实践中创造了具有新民主主义经济特点的“军民兼顾”“公私兼顾”的经济模式，调动了抗日军民的积极性，保障了经济支出需要，为打破日军封锁、巩固抗日政权、夺取抗战最后胜利奠定了物质基础。

山西最早在根据地高举抗战文化旗帜，走出了一条文化与工农兵相结合的新路子。晋察冀边区从1938年即率先开展冬学运动，有力地支援了根据地的抗战工作。毛泽东同志《在延安文艺座谈会上的讲话》发表之后，山西各抗日根据地的广大文艺工作者积极学习实践，深入实际，深入生活，深入群众，迸发出前所未有的创作热情，优秀文艺作品不断涌现，代表作有赵树理的《小二黑结婚》《李有才板话》，丁玲的长篇报告文学《一二九师与晋冀鲁豫边区》，马烽、西戎的《吕梁英雄传》等，深刻地反映了抗战旋律和时代主题，讴歌了人民群众和革命战士，发展了积极向上、英勇斗争的抗战文化。此外，山西各根据地出版发行了很多报纸杂志，如晋察冀的《抗战报》、晋冀豫的《新华日报》(华北版)、晋绥的《抗战日报》《晋绥大众报》等，内容丰富，时效性强，具有鲜明的战斗性，产生了广泛影响。山西抗战文化极大地调动了广泛的社会力量，更走出了文化与工农兵相结合的道路，充分体现了新民主主义文化的前进方向。

三、山西军民与日寇殊死奋战，付出巨大牺牲，铸就了光耀千秋的太行精神

“为有牺牲多壮志，敢教日月换新天。”抗战期间，山西军民以鲜血与生命同日本侵略者进行殊死搏斗，付出了巨大牺牲，为抗战胜利提供了强大的物质支撑和精神动力。

山西人民踊跃参军参战，成为中共抗日武装力量的重要输送地。山西被称为“八路军的故乡”。山西人民踊跃参军参战，抗日战场到处留下了山西子弟兵的身影和足迹。据不完全统计，全面抗战八年间，山西全省参加八路军和新四军部队的青壮年达 70 多万人，参战支前的打游击的民兵自卫队有数百万人之多。1939 年 1 月至 1945 年 10 月，抗大总校、抗大第六分校、抗大第七分校、抗大太岳分校、抗大太行分校、抗大太岳陆军中学、抗大第七分校陆军中学先后在山西抗日根据地开办，为八路军、新四军以及山西各级地方抗日民主政权，培养了大批德才兼备的干部，成为人民军队的骨干力量。

山西军民前仆后继，为抗日战争付出巨大牺牲。在抗日战争中，许多优秀中华儿女把鲜血洒在山西这块土地上。1942 年 5 月，日军

对太行根据地进行大“扫荡”，八路军副参谋长左权将军率部掩护后方机关突围，不幸牺牲，年仅 37 岁；时任山西省委书记张友清、八路军总后勤部政治部主任谢翰文、《新华日报》社长何云、抗日女英雄李林、牺盟会执行委员决死第 3 纵队政委董天知、曾任毛泽东机要秘书的孙开楚、第 129 师 386 旅新一团团长丁思林、朝鲜义勇队华北支队政委陈光华、19 岁小英雄金方昌、13 岁的儿童团团长李爱民等无数英烈，为了民族大义和国家利益血洒疆场，献出了宝贵生命。据粗略统计，八年全面抗战期间，在山西的各种惨案中伤亡群众与国共两军抗日将士伤亡之和达 300 万人，其中晋绥军区指战员牺牲 1.3 万余人，晋察冀军区指战员牺牲 7.1 万余人，晋冀鲁豫的太行区和太岳区则有 1.3 万余名指战员献出了生命。

山西人民辛勤劳动和节衣缩食，保证了抗战军需物资的供应。抗战期间，山西各根据地青壮年组成民兵、自卫队保障后方，老人碾米磨面，妇女赶制军鞋，儿童站岗放哨兼作农业生产。同时，各根据地的人民群众积极组织担架队、运输队、警戒队，运送物资，救护伤员，打扫战场，维持治安，使战争的战勤服务得到了充分保障。

艰难困苦，玉汝于成。中国共产党和山西人民的骨肉相连、鱼水情深的共同奋斗，以及革命军队与太行儿女不畏强暴、不怕牺牲的共同战斗，激发出了高昂向上的爱国主义精神和不屈不挠的革命英雄主义精神，形成了光耀千秋的“太行精神”，即不怕牺牲、不畏艰险的精神，百折不挠、艰苦奋斗的精神，万众一心、敢于胜利的精神，英勇奋斗、无私奉献的精神。历史证明，太行精神孕育于山西这块古老而光荣的土地，植根于中华文化的深厚沃土，是中华民族精神中最具魅力和震撼力的重要内容。太行精神是山西的宝贵精神财富，更是我们党和军队、国家和民族的宝贵精神财富。

（转载自《人民日报》2015 年 9 月 1 日 15 版）

目　录

第二编　战事战役

第三编　将帅风采

第五编　抗战英烈

第六编　军民关系

绪言

中国抗日战争是中国人民坚持14年抗击日本侵略的伟大斗争。在全面抗战的八年中，中国共产党所领导的八路军高举抗日民族统一战线旗帜，开赴抗日前线，担起了抗日救亡的历史责任。按照党中央和毛泽东主席的指示，在朱德总司令、彭德怀副总司令率领下，八路军以山西为实行抗战的立足点和发展抗战的出发地，指挥所属第115师、第120师、第129师等三大主力师及其各直属部队，独立自主开展敌后游击战争，建立起中国共产党领导的晋察冀、晋冀豫、晋西北和晋西南四大敌后抗日根据地，为发展和巩固敌后根据地树立了光辉典范。

一

洛川会议后，中国工农红军改编为国民革命军第八路军。从1937年8月中下旬开始，八路军三大主力师分别举行誓师大会，并先后东渡黄河进入山西，对日作战。1937年9月25日，八路军第115师在山西灵丘县平型关伏击日军精锐板垣师团，取得了全国抗战以来的第一个胜利，一举打破了“日军不可战胜”的神话。同时，八路军积极配合太原会战。在忻口战役中，第120师一部在山西代县雁门关打了个漂亮的伏击战，切断了日军由大同至忻口的补给线；第129师769团夜间袭击日军位于代县南的阳明堡飞机场，击毁敌机24架；第129师主力在山西平定县七亘村、昔阳县以东之黄崖底以及第115师一部在昔阳县以西之广阳地区伏击日军连获胜利。八路军主力进入山西多次成功伏击，有效地配合了正面战场的作战，迟滞了日军战略进攻，进一步扩大了共产党和八路军的政治影响力。

太原失守后，整个华北战局发生了重大变化，八路军总部及主力师进一步实行战略展开，以山西为战略支点开辟敌后战场，独立自主地开展山地游击战。第129师主力连续取得神头岭、响堂铺伏击战的重大胜利。第115师、第120师给予西进、南下日军以沉重打击，迟滞了日军急欲抢渡黄河的图谋，逐步显现出敌后抗日游击战争的巨大威力。日军占领太原、临汾后，即调集兵力大规模地围攻山西境内的各抗日根据地。八路军领导抗日军民针锋相对，展开了反围攻作战，组织推动敌后根据地建设，打造出一条坚固耐实的战略“屏障”，使日军付出了惨痛代价。晋察冀根据地连续粉碎了日军 8 路围攻和 25 路围攻；晋西北根据地粉碎日军 6 路围攻，收复 7 座县城；晋西南根据地取得午城大捷等一连串胜利；晋东南根据地连续粉碎日军 6 路围攻和 9 路围攻，收复 18 座县城。1938 年，毛泽东主席在《论持久战》中明确指出：“在山西，我已三面包围了同蒲路(路之东西两侧及南端)，四面包围了太原城。”

全国抗战爆发后，周恩来和八路军高级将领与阎锡山就抗战事宜举行会谈，决定成立由共产党、八路军代表参加的第二战区民族革命战争战地总动员委员会。1937 年 9 月 20 日，战动总会成立并开展斗争，成为党在晋东北、晋西北和绥远、察哈尔的具有战时政权意义的统一战线组织。同时，中共中央北方局部署山西地方党组织配合八路军在山西发动群众，使山西统一战线组织和抗日群众团体不断壮大。牺盟会在各地建立牺盟中心区、县联盟分会。战动总会在山西 30 个县设立县、区、村动员委员会。各地党组织和牺盟会、战动总会相互配合，发动成立工农青妇等抗日救国会和儿童团，组织群众拆城、破路、站岗、放哨、盘查行人、捕捉汉奸，提供人力物力支援抗战。在中国共产党抗日统一战线政策的推动下整个山西都行动起来，形成了举全国瞩目的全民抗战热潮。

抗战伊始，牺盟会中的共产党员和进步青年开始主持县政，在改造旧政权的同时委派抗日县长，奠定了山西抗日民主政权的基础。1938 年 1 月，晋察冀边区经民主选举，成立了中国共产党领导的华北敌后第一个抗日民主政府——晋察冀边区行政委员会。同时，根据毛泽东主席电示，八路军第 115 师一部挺进晋东北，依托五台山和恒山，与中共晋察冀省委共同创建晋察冀抗日根据地；第 120 师挺进晋西北，依托管涔山脉，与中共晋西北省委共同创建晋西北抗日根据地；第 129 师及第 115 师 344 旅挺进晋东南地区，依托太行、太岳山脉，与中共冀豫晋省委共同创建晋冀豫抗日根据地；第 115 师部及 343 旅进入晋西南地区，依托吕梁山脉，与中共山西省委及其中共晋西省委、中共晋西南省委，共同创建晋西南抗日根据地，从而筑起了一道新的抗日长城。

在八路军总部和中央北方局领导下，八路军坚持敌后抗战，巩固战略支点，在不到一年的时间里迅速发展，主力部队由进入山西时的 3 万人发展到 10 万人。实际上由党所领导的山西新军（包括 9 支旅级部队、下属 50 个团、总兵力超过 5 万人的重要武装力量），也在晋西事变后正式编入了八路军序列。同时，在山西的八路军主力两次向外扩展，实现了八路军以山西为立脚点和出发地开展华北敌后抗战的战略部署。八路军迅速建立和扩大山西敌后抗日根据地，成为敌后抗战的尖刀，促进了中国抗日战争战略相持阶段的到来。

二

在山西开展游击战争的斗争中，八路军组织根据地军民积极应对日军围攻，积极开辟华北敌后战场，从而将山地游击战争由山西推向了冀鲁豫平原和察绥等广大地区。

1938 年 10 月，武汉失守，中国抗战进入了战略相持阶段。日本侵略军改变战略方针，对国民党采取以政治诱降为主、军事打击为辅的政策，在军事上停止对国民党正面战场的战略进攻，逐步将注意力转移到敌后战场，实行军事、政治、经济、文化及特务活动等的所谓“总力战”，采取“扫荡”“蚕食”“清乡”“治安强化”“囚笼政策”“三光政策”等，企图彻底摧毁敌后抗日力量。在中国共产党和八路军带领下，各根据地军民进行了极其艰苦的反“扫荡”

作战，1939年冬，晋察冀军民粉碎日军2万余人的大“扫荡”，歼敌4000余人，击毙日军“名将之花”第2旅团长阿部规秀中将。1940年8月至1941年1月，八路军以山西为主战场发动了“百团大战”。在正太铁路破击战和榆社等地攻坚战中，不到四个月的时间，晋中地区就有7万民兵民工支前参战，破坏铁路470公里、公路1500公里，毙伤俘虏日伪军4万余人，给予日军沉重打击。日本战史曾称：“共军乘其势力的显著增强，突然发动百团大战，给了华北方面军以极大打击。特别是在山西，其势更猛……。”百团大战后，日军确立了以消灭抗日根据地和“扫荡”共产党军队为主的作战目标。

进入1941年后，日军更加疯狂地集中力量打击共产党领导的八路军和根据地，扫荡次数和残酷程度都到了无以复加的地步，仅对晋绥根据地的大中小“扫荡”就有33次，长达400余天。日军的“扫荡”和“蚕食”，加上国民党顽固派的摩擦与进攻，使山西敌后抗日根据地进入了极为困难的时期，根据地面积缩小，人口减少，武装部队减员，如太岳根据地无一完整县，晋绥根据地面积、人口分别减少三分之一，军需民用都出现了严重困难。面对恶劣环境，八路军充分发挥党政军民整体力量，以武装斗争为主线，把政治、军事、经济、思想、文化等诸方面斗争结合起来，反“扫荡”、反“蚕食”、反“封锁”，广泛开展群众性游击战争，积累了建党、建军、建政的成功经验。同时，八路军采取敌进我进的方针，组建武工队，深入敌占区，组织黎城县黄崖洞保卫战、兴县田家会伏击战、兴县甄家庄歼灭战等一系列对敌作战，消耗和钳制了日军大量兵力，粉碎了日军摧毁抗日根据地的图谋。其间，沁源围困战历时两年半，延安《解放日报》发表《向沁源军民致敬》的社论，称赞“模范的沁源，坚强不屈的沁源，是太岳抗日民主根据地的一面旗帜”。

在此之前的1940年，是以山西敌后抗战为中心的华北抗战的关键一年。这年4月，中共中央北方局在黎城召开高级干部会议，系统提出巩固根据地的建党、建军、建政三大任务，山西各敌后根据地从此进入全面建设和巩固发展的新时期。在建党上，成立了太行军政委员会和晋西北军政委员会，加强党对各区党政军群工作的领导，各地党组织也在巩固中发展，在发展中整顿，党组织的战斗力大大加强。在建军上，主力军、地方部队、群众武装三位一体、协调作战的武装体系进一步完备和健全。同时，山西新军也陆续编入了八路军序列。在建政上，成立冀南、太行、太岳行政联合办事处，并在冀太联办基础上成立了晋冀鲁豫边区政府。在晋西北成立晋西北行政公署。在晋东北，晋察冀边区行政委员会领导成立了两个专署。在根据地建设上，遵照中央指示，山西各敌后根据地抗日民主政权实行三三制政策，广泛开展减租减息运动，普遍推行精兵简政工作，并结合抗灾自救，各根据地都开展了轰轰烈烈的生产自救运动。总之，八路军和各敌后根据地在极端困难条件下，坚持贯彻党的十大政策，同心同德、艰苦奋斗，成功地度过困难时期，迎来了战略反攻阶段。

三

从1943年开始，中国的抗日战争逐步转入战略反攻阶段。在战略反攻阶段，八路军以山西为中心积蓄和发展抗战力量，成为中国抗战反攻的战略出发地。

从1943年秋起，度过重重困难的敌后根据地转入了恢复和再发展的新时期，八路军领导的各抗日根据地，先后向日军占领的城镇和交通线展开了多次局部攻势，在对日军发动春季攻势、夏季攻势、秋季攻势和冬季攻势等诸多战役的同时，又奔赴河南开辟了豫西根据地。

1945年5月，八路军前方总部发布《应进行更积极的攻势的命令》，指示华北各大战略区要在以消灭伪军为主作战方针的指导下，组织大规模的战役战斗，锻炼和提高对正规战的军事组织指挥能力和部队的战术技术水平。遵照这一指示，八路军相继展开了以夺取有利的反攻阵地为主要目标的斗争，在山西不断扩大对日作战规模，相继发动春季攻势和夏季攻势，歼灭了一大批日伪军有生力量，基本扫清了敌后根据地内的日伪军据点，把日伪军压缩到大中城市和主要交通线上，为转入战略大反攻创造了有利条件。诚如杜鲁门在其回忆录中所说，中国抗战后期，蒋介石的权力仅限于西南一隅，长江以北连“中央政府”(国民党政府)的影子也没有。假如我们让日本人立即放下他们的武器，那么，整个中国就会被共产党夺过去。

1945年8月，抗日战争进入最后阶段，苏联对日宣战，出兵我国东北，世界反法西斯战争取得决定性胜利。遵照中央关于各地党委立即布置一切力量向日伪军发动广泛进攻的指示，八路军总司令朱德连续发出七道命令，要求敌后解放区各部队向本区一切敌占交通要道、城镇展开进攻。山西所涉敌后根据地的广大军民，首先向日伪发起了大规模的战略反攻，仅半月时间就收复了四五十座县城，兵锋直逼太原、大同。接着，晋察冀军民截断了连接该区日伪军的所有铁路线，控制了山西大部地区；晋绥军民连克七城之后转入腹地作战，歼灭大量日伪军；晋冀鲁豫军民将太行、太岳、冀南、冀鲁豫边区连成一片，全力围歼日伪残存力量。八路军在山西展开的战略反攻，加速了中国抗战全面胜利的进程。

四

全面抗战的八年中，八路军在山西开展了艰苦卓绝的抗日斗争，开辟了广大的敌后抗日根据地，保卫了指挥华北抗战的司令部和领导整体抗战的延安总部，成为支持华北长期抗日战争的重要支柱和“获得转弱为强的力量”。

这一时期，八路军在山西带领抗日军民进行了70余次著名的战役战斗，消灭日伪军66万人，其中歼灭日军近7万人，占侵入华北日军总数22万人的31.8%，使山西敌后战场成为坚持持久抗战的中流砥柱。历经艰苦环境和严酷斗争“磨炼”，八路军不断成长壮大，从进入山西时的3万余人发展到102万人，他们是人民之师、正义之师，更是时代先锋、民族脊梁，必将光耀千秋、丰碑永立！

这一时期，八路军在山西创建敌后根据地，高举抗日民族统一战线旗帜，实施民主政治，发展生产事业，进行武装建设，推动社会改造，发展文化事业，积累了劳武结合、精兵简政、减租减息、发展经济、民主建设、文艺为工农兵服务等多方面的成功经验，形成了广泛的凝聚力和推动力，在山西建立华北抗战的指挥中枢和战略基地，有力地支撑了整个华北抗战的伟大斗争。

这一时期，八路军在山西带领广大军民进行人民战争，使日军陷入人民战争的汪洋大海之中。山西人民积极参军，踊跃参战，几十万青壮年参加八路军队伍，各根据地参战支前民兵自卫队亦达百万之众。在民族危亡关头，山西人民不畏强暴、奋起反抗，积极生产、保障军需，担任警戒、救护伤员，直接为军队战勤提供服务，为抗战最后胜利做出了巨大牺牲和卓越贡献。

山西抗战在中国抗日战争乃至世界反法西斯战争中有极为重要的战略地位和不可或缺的历史意义。中国共产党所领导的八路军，深入山西，组织斗争，顽强抗击日本军队，发动群众，建立敌后抗日根据地，就是山西抗战的核心内容以及现代中国历史的伟大篇章。八路军进行的艰苦卓绝斗争，取得的举世瞩目成就，孕育的民族精神，都证明了中国共产党的正确领导，都宣示着八路军抗击外来侵略的崇高性和正义性，极大地影响了中国乃至世界发展的历史进程。今天，我们深入挖掘和系统研究“八路军在山西”为抗战主线的红色文化，突出其核心价值，弘扬其伟大精神，对于我们全面从严治党、建设党内政治文化，传承红色革命文化，培育和践行社会主义核心价值观，都有不可替代的重要作用以及不容低估的现实意义。

《八路军在山西》是一部融教育于历史的红色文化读物，也是一部集史料和图片于一体的历史教科书。本书总体上以时间发生发展为顺序，以八路军在山西的活动内容为基础，上自红军改编进入山西、下到全面反攻日本投降，通过战略决策、战事战役、将帅风采、红色旧址、抗战英烈、军民关系六个篇章、近百个故事节点，重点反映了八路军在山西进行军事斗争、政权建设、生产自救、社会文化建设的历史足迹和不朽精神。同时，除了在每编前有“概述”外，每篇前还写有“小引”，以梳理和反映八路军在山西活动的总体情况，包括历史脉络、主要阶段、重点内容和丰功伟绩，以与六个篇章相呼应。

《八路军在山西》力求在写作上突破传统正史的编撰方法，通过叙事手法，以史实为依据，以时间为脉络，以人事为主体，以故事为节点，力求讲好讲清每个人每件事。因此，全书力求简洁清晰，用基本线索把每个故事串联起来，做到脉络清楚、行文简洁、系统有序，紧紧围绕八路军在山西的活动来写，不求多求全；突出重点，通过版块结构，反映重大内容和标志性成就，厘清八路军在山西的历史贡献；通俗生动，以故事语言把内容生动地表达出来。同时，我们还尽可能拓宽资料获取的范围和渠道，尽可能对每个故事做出简要评价并揭示意义，尽可能多地选择相关图片，做到图文并茂和新颖活泼。

忘记过去就意味着背叛。本不能忘、魂不能丢、根不能伤。期望通过《八路军在山西》，努力展现党所领导的八路军在山西抗战中建立的丰功伟绩，以其辉煌成就激励人、优良传统教育人、成功经验启迪人。

第一编　战略决策

八路军挺进山西、抗击日本侵略者，是“七七事变”后中华民族历史上的重大事件。自此，共产党和八路军依托山西，真诚团结各阶层人士，在山西建立起了最广泛、最成功的抗日民族统一战线；积极发动和依靠群众，组织了历史上最为壮观的人民战争；全面出击和英勇作战，领导了波澜壮阔的敌后抗日游击战争；逐步开展敌后抗日政权建设及经济、文化和社会建设，开辟了晋察冀、晋冀豫、晋西北和晋西南敌后抗日根据地，成为华北敌后抗日根据地的中心和中国抗日游击战争的战略支点，为华北乃至全国抗战积蓄了重要力量，奠定了扎实基础。在抗日战争中，山西战略地位极其重要，是敌我双方争夺的主要战场，许多影响中国乃至世界的重大历史事件都发生在这里；它们不仅成为中国人民抗日战争的核心组成部分，也是世界反法西斯战争的重要组成部分。

红军改编与八路军诞生

1935年12月25日，中共中央在陕北瓦窑堡召开政治局扩大会议，会议确立了中国共产党关于建立抗日民族统一战线策略的总路线，并提出“党的任务就是把红军的活动和全国的工人、农民、学生、小资产阶级、民族资产阶级的一切活动汇合起来，成为一个统一的民族革命战线”。1936年5月5日，中共向国民党政府发出《停战议和一致抗日》的通电，放弃反蒋抗日口号，公开把蒋介石作为联合对象。西安事变发生后，通过周恩来等中共代表的多方斡旋，蒋介石同意放弃“攘外必先安内”政策，决定停止内战、一致抗日，西安事变和平解决。为了推进国共两党合作，在国民党五届三中全会期间，中共中央致电国民政府，再次提出停止内战、一致对外的要求，并表达了国共合作后共产党可以做到“停止武力推翻国民党政府的方针；苏维埃政府改名为‘中华民国’特区政府，红军改名为国民革命军；特区实行彻底的民主制度；停止没收地主土地的政策”等。至此，八路军改编问题正式提上日程。

西安事变后，中国共产党将抗日策略调整为“联蒋抗日”，并在1937年2月致电国民党五届三中全会，提出“五项要求四项保证”，推动了以第二次国共合作为基础的全国抗日民族统一战线的形成。

1937 年 7 月 7 日，震惊中外的“七七事变”爆发。事变的第二天，中国共产党中央委员会就通电全国：“全中国的同胞们，平津危急！华北危急！中华民族危急！只有全民族实行抗战，才是我们的出路！”当天下午，蒋介石就收到毛泽东、朱德和周恩来等 9 人联名发来的电报：“庐山蒋委员长钧鉴：日寇进攻卢沟桥，实行其武装夺取华北之已定步骤……红军将士愿在委员长领导之下为国家效命，与敌周旋，以达保地卫国之目的。”紧接着在 7 月 9 日，蒋介石再次收到由彭德怀、林彪、刘伯承、贺龙等代表全体红军发来的电报“我全体红军愿即改名为国民革命军，并请授名为抗日前锋，与日寇决一死战！”接二连三的电报，迫使蒋介石提出了“不屈服，不扩大”和“不求战，必抗战”的方针，并致电宋哲元、秦德纯（第 29 军副军长兼北平市市长）等人，要求“宛平城应固守勿退”“卢沟桥、长辛店万不可失守”。为了表示合作诚意与抗战决心，7 月 15 日，中共中央将《中国共产党为公布国共合作宣言》送交给了蒋介石。《宣言》

山西省督军府

提出了发动全民族抗战、实行民主政治和改善人民生活等三项基本要求，重申了中共为实现国共合作的四项保证。7 月 17 日上午，蒋介石在庐山发表谈话，正式发表《抗战宣言》，表明蒋介石在抗战认识上向前迈出了关键一步。

事实上，在 7 月 16 日，也就是中共向国民政府提交《宣言》的第二天，就由周恩来、秦邦宪、林伯渠等组成的中共代表团同国民党代表蒋介石、邵力子、张冲在庐山就合作问题展开会谈。在这次谈判中，蒋介石虽然承认陕甘宁边区的合法地位，但坚持红军改编后不设统一的指挥机关，3 个师的管理教育直属西安行营，参谋长由南京派遣，政训处只管联络，无权指挥部队。对此，中共于 7 月 28 日回应道：坚持红军与苏区必须全权由中共负责，红军改编后的 3 个师,上设总指挥部和政治部。中共绝不让步,这次谈判无果而终。8 月 9 日，周恩来、朱德、叶剑英应邀出席国民党在南京召开的国防会议，会议期间再次与蒋介石就红军改编等问题展开谈判，康泽在蒋介石授意下删除了《宣言》中中共提出的相关政治主张，中共坚决反对，坚持自己的各项主张。

不久，“八一三事变”爆发了，由于国民党军队在正面战场接连受挫，蒋介石才不得不同意了中共关于红军改编的方案，并收回

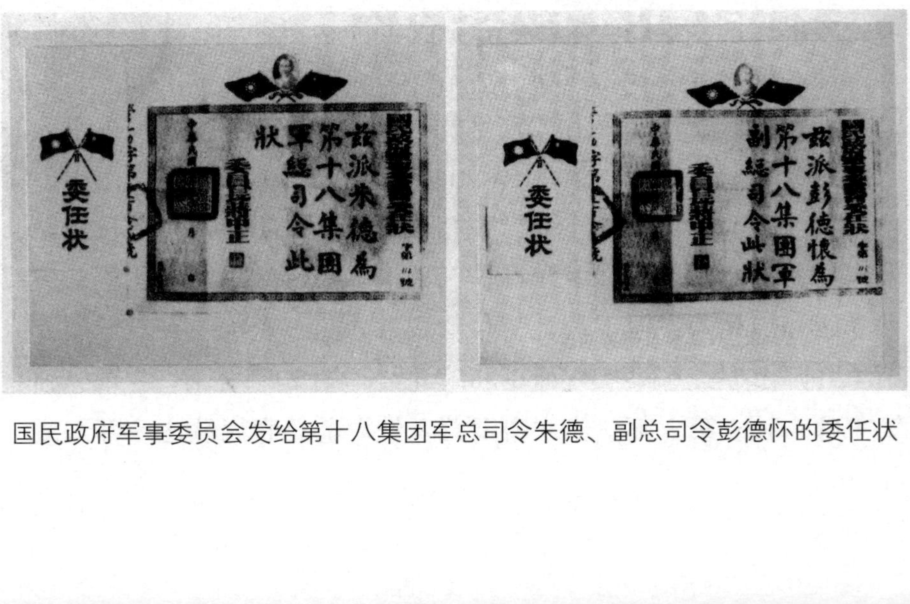

国民政府军事委员会发给第十八集团军总司令朱德、副总司令彭德怀的委任状

向3个师派遣参谋长的主张，改为派联络参谋，并于8月18日就陕甘宁边区人事编制、八路军办事处设置以及其他问题达成了协议，正式承认陕甘宁边区政府。8月22日，南京国民政府军事委员会发布命令，将西北红军改编为国民革命军第八路军，并任命朱德、彭德怀为正副总指挥。红军改名后，除国民政府军委会正式命令称第十八集团军外，传统习惯上一律称八路军。

8月25日，中共中央军委发布命令，将在陕甘宁边区的中国工农红军主力改编为国民革命军第八路军，红军前敌总指挥部改为八路军总指挥部，任命朱德为总指挥，彭德怀为副总指挥，叶剑英任参谋长，左权任副参谋长，任弼时任政治部主任，邓小平任政治部副主任。其后，国共两党代表在南京举行最后一轮会谈，双方就《合作宣言》达成一致意见，并于9月22日通过中央通讯社发表。10月间，活动在南方13个地区的红军被改编为国民革命军陆军新编第四军（简称新四军）。

改编后的八路军总部由司令部、政治部（分宣传教育部、组织部、敌工部和地方工作部）、供给部、兵站部、卫生部、随营学校、特务团及下辖的第115师、120师和129师等组成。司令部秘书长舒同，参谋处处长彭雪枫。司令部下辖情报科、通信科、机要科、副官处和政治处。政治部中的宣传教育部部长陆定一，组织部部长谭甫仁，敌工部部长蔡乾，保卫部部长杨奇清，地方工作部部长傅钟。供给部部长赵尔陆，兵站部部长杨立三，卫生部部长姜齐贤，随营学校校长韦国清、政治委员张平凯，特务团团长朱水秋。八路军下辖的3个师：第115师由原红军第一方面军第1军团、第15军团和第74师编成，师长林彪，副师长聂荣臻，参谋长周昆，政训处主任罗荣桓，副主任肖华，下辖第343旅、第344旅，另有独立团和炮兵营、辎重营、骑兵营和教导队，全师一万五千余人。第120师由原红军第二方面军和陕北红军第27军、第28军、独立第1师、独立第3师、赤水警卫营及红军前总直属队之一部编成，师长贺龙，副师长萧克，参谋长周士第，政训处主任关向应、副主任甘泗淇，下辖第 358 旅、第 359 旅，另有师直教导团及 5 个直属营，全师一万四千人。第 129 师由原红军第四方面军的第 4 军、第 31 军和陕北红军第 29 军、第 30 军，陕甘宁独立第 1、2、3、4 团及红军第 15 军团骑兵团编成，师长刘伯承，副师长徐向前，参谋长倪志亮，政训处主任张浩（1938 年 1 月由邓小平接任政治委员）、副主任宋任穷，下辖第 385 旅、第 386 旅，另有师直教导团、特务营、炮兵营、工兵营和辎重营，全师一万三千人。除了将红军主力改编为八路军外，还计划将地方红军一万人编为保安队，高岗为司令，萧劲光为副司令，军饷照给。在国共关于改编红军的谈判中，中共中央一直坚持红军地方部队改编为陕甘宁特区的保安队，人数九千人至九千五百人，但国民党对陕甘宁特区问题拖而不决，保安队的提议最终搁浅，原来打算改编为保安队的陕甘宁地方红军不得不编入八路军序列。

红军改编后，由原来的 3 个方面军改为 3 个师，大多数红军干部降级使用，许多高级将领“官降三级”，方面军总指挥当师长，军团长当旅长，军长当团长，许多连、排级干部重新当起了战士。

为了加强中国共产党对八路军的绝对领导，中共中央于 8 月 29 日做出决定：在中共中央军委领导下，成立前方军事委员会分会（简称前方军分会，后改称华北军分会），由八路军总指挥、副总指挥、政治部主任和 3 个师的师长、政训处主任共 9 人组成，即朱德、彭德怀、任弼时、林彪、聂荣臻、贺龙、关向应、刘伯承、张浩，朱德、彭德怀为正、副书记。在前方军分会领导下，八路军各师成立军政委员会，负责领导全师的军政工作。第 115 师军政委员会由林彪、聂荣臻、罗荣桓、周昆、肖华组成，林彪为书记；第 120 师军政委员会由贺龙、关向应、萧克、甘泗淇、王震组成，贺龙为书记；第 129 师军政委员会由刘伯承、张浩、徐向前、陈赓、王宏坤组成，刘伯承为书记。

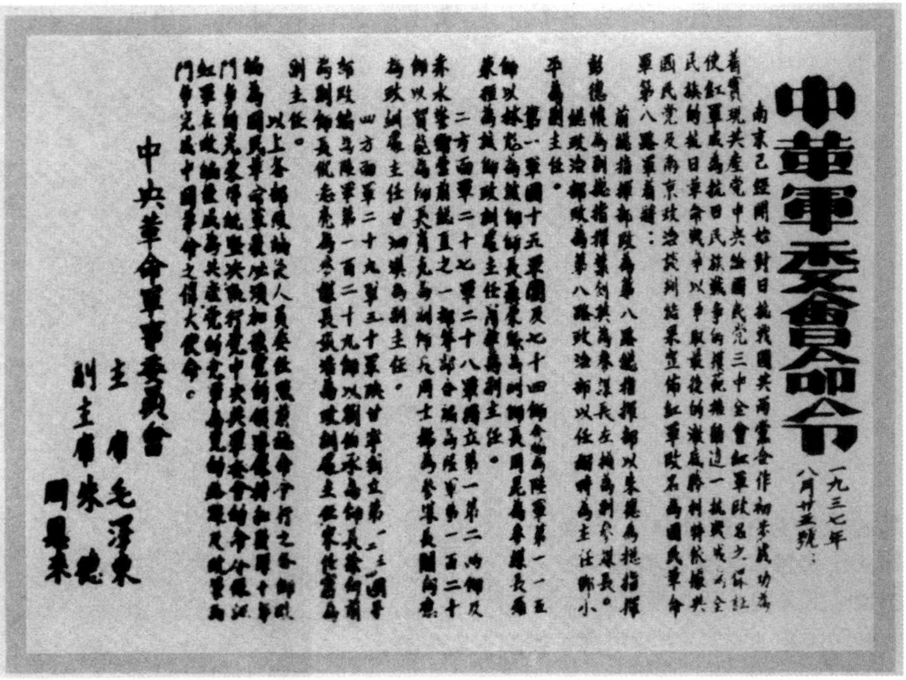

中華軍委會命令 一九三七年八月廿五號：

南京已經開始對日抗戰國共兩黨合作初步成功為
着實現共產黨中央給國民黨三中全會紅軍改名之保證
使紅軍成為抗日民族戰爭的模範推動這一抗戰成為全
民族的抗日革命戰爭以爭取最後的徹底勝利特依據共
國民黨及南京政治談判結果宣佈紅軍改名為國民革命
軍第八路軍着諭：

前敵總指揮部改為第八路總指揮部以朱德為總指揮
彭德懷為副總指揮葉劍英為參謀長左權為副參謀長。
總政治部改為第八路政治部以任弼時為主任鄧小
平為副主任。

第一軍團十五軍團及七十四師合編為陸軍第一一五
師以林彪為師長聶榮臻為副師長周昆為參謀長羅
榮桓為政訓部主任蕭華為副主任。

二方面軍二十七軍二十八軍獨立第一第二兩師及
赤水警衛營總直之一部等部合編為陸軍第一百二十
師以賀龍為師長蕭克為副師長周士第為參謀長關向應
為政訓處主任甘泗淇為副主任。

四方面軍二十九軍三十軍陝甘寧獨立第一二三團等
部改編為陸軍第一百二十九師以劉伯承為師長徐向前
為副師長倪志亮為參謀長張浩為政訓處主任宋任窮為
副主任。

以上各部隊編定人員委任狀即付之各部隊
編為國民革命軍後必須加強黨的領導保持和發揚十年
鬥爭的光榮傳統堅決執行黨中央和軍委的命令保證
紅軍在改編後成為共產黨的黨軍為黨的路線及政策而
鬥爭完成中國革命之偉大使命。

中央革命軍事委員會
主席 毛澤東
副主席 朱德 周恩來

中央革命军事委员会《关于红军改编为国民革命第八路军的命令》

红军改编为八路军后，按照国民党军队的编制，一度取消了政治委员制度，并将政治部改为政训处，从而降低了政治工作的地位，这在一定程度上影响了部队建设。为了加强党对部队的政治领导，中共中央在 1937 年 10 月 24 日发布命令，决定恢复军队中政治委员和政治机关制度。独立营和团以上设立政治委员，各师设政治部，旅、团设政治处。聂荣臻、关向应、张浩分别改任第 115 师、120 师和 129 师政治委员，相应地，旅、团级单位也都任命了政治委员。

红军改编在部队中引起了很大震动。许多干部战士对“红军改名”“穿国民党军服”“戴国民党帽徽”想不通，他们说，过去我们戴着红帽徽为穷人闹翻身，国民党军队打了我们多少年，如今却要摘下红五星，换上他们的帽徽，想不通！面对这些问题，红军高级将领带头做思想工作。像左权、贺龙、刘伯承等都为此付出了很大努力。拿第 129 师来说，9 月 4 日，刘伯承在师部主持召开了全师连以上干部会议，宣布改编后的部队编制序列及各级干部名单，一名干部忍不住站起来问道："改编后我们不是成了蒋介石的队伍？"另一个干部也说："战士们想不通怎么办？"刘伯承非常耐心，他说："现在大敌当前，日本帝国主义是我们的主要敌人。大敌当前之时，我们同意改编为国民革命军，表明了我们党实行国共合作，坚持进行抗日的诚意，这对促成全国的抗日统一战线，推动全面抗战，有很重要的意义。大家都要从这个大局出发。部队改编了，只是改了个番号，改了个形式，我们人民军队的本质没有变，我们的红心没有变。我们名义上叫八路军，但仍是共产党的队伍，蒋介石是指挥不动我们的，这一点没有半点妥协，毛主席和蒋介石已经达成了协议。""对于现在还没有想通的战士和干部，就要靠在座的同志们去做思想政治工作，但是，在 6 日前必须把弯子转过来，这一点也毫不含糊，9 月 6 日全师召开誓师大会。"

9 月 6 日，第 129 师在陕西省泾阳县石桥镇冒雨举行抗日誓师大会，师长刘伯承宣读了对第 129 师各旅干部的任命书，宣布完任命后，刘伯承将头上的红军帽摘了下来，他缓缓地抚摸了一下红五星，说道："不管戴什么帽子，不管穿什么衣服，我们的心永远是鲜红的。同志们，我们永远是共产党领导的人民军队。我们现在穿的是当年大革命时期北伐军穿的衣服，戴的是当年北伐军的帽徽。我们要保持红军的本质，也要发扬北伐军的革命精神，而且要比北伐军更好。同志们，为了救中国，暂时和红军帽告别吧！"说罢，他将缀有国民党党徽的军帽迅速戴在头上，然后发出命令："我宣布：换帽子！"随着刘伯承一声令下，全师指战员一起戴上了准备好的灰色军帽。换完军帽，刘伯承带领全师一万三千名官兵宣誓："我宣誓：为了民族解放，为了国家富强，为了同胞幸福，为了子孙后代，我们一定要抗战到底，把侵略者赶出去！"后来，许多老将军在他们的回忆录中都记述了当年的“换帽子”事件，可见其影响之大。

完成改编后，八路军第 115 师、120 师也分别在泾阳县云阳镇、富平县庄里镇举行抗日誓师大会。之后，八路军 3 个师即开赴山西抗日前线。

全面推动牺盟会工作重点转移

抗战全面爆发前，中共中央就充分认识到，能否做好统一战线工作，最大限度地调动各方面的积极性，关乎抗战能否顺利开展。按照中央指示，山西地方党组织为实现牺盟会工作的重点转移，动员群众参加抗战，做了大量富有成效的工作，使全省范围的抗日救亡运动空前高涨。“七七事变”后，为适应斗争形势需要，1937年7月底，受党中央和毛泽东委托，刘少奇来山西参与领导山西抗战工作。刘少奇指出，现在抗战已经开始，全国的政治形势从此进入了一个新的历史阶段。过去是准备抗战，现在是实行抗战，要从单纯地依靠军队抗战过渡到全民族抗战上来。因此，在斗争策略上也应当有所改变。要扩大和巩固统一战线，积极捕捉时机，放手发动广大群众参与抗战。在刘少奇正确指导下，党的抗日民族统一战线政策得到贯彻落实，山西的抗日民族统一战线工作很快开创了全新局面。党以“牺盟会”为依托逐渐掌握了许多县政权，并通过“牺盟会”创建了山西新军，就是山西抗日统一战线结出的硕果。

1935年，日军策动华北事变，民族危亡日益加深。这年12月，中国共产党召开瓦窑堡会议，确立了建立抗日民族统一战线的新策略，把山西地方实力派阎锡山作为党争取在华北联合抗日的主要对象。从阎锡山方面讲，他自知难以抵挡，也不相信中央军能遏制住日军的攻势。经再三考虑，也得出了结论：无论“自存自固”还是“守土抗战”，“联共抗日”是一条比较保险的出路。

由于受抗日民族统一战线新政策的影响，以及北平“一二九”爱国学生运动的鼓舞，隐蔽在阎锡山政府机关和社会团体中的共产党员杜任之等人和进步青年，提出了组织“抗日救国同盟会”的主张。阎锡山同意后，考虑到怕刺激日本人，便改名为“牺牲救国同盟会”，简称牺盟会，自任会长。1936 年 9 月 18 日，这是“九一八事变”五周年纪念日，牺盟会在太原海子边公园举行了成立大会，后长期在山西省立国民师范学校等处办公。牺盟会提出的总纲领是:“不分党派，不分男女，不分职业，只要不愿做亡国奴的人们，一齐动员起来，积极参加一切救亡运动。”

为了用共产党的力量壮大自己，阎锡山邀请刚刚出狱的同乡

山西省立国民师范学校校门

薄一波回山西“共策保晋大业”。中共中央北方局在得知这一情况后，认为机会难得，立即指派薄一波到山西，帮助阎锡山开展抗日工作，同时还指示杨献珍、董天知、韩钧和周仲英，组成了以薄一波为首的党的工作委员会，积极推进与阎锡山及其军政上层人物的统一战线工作。这个委员会在组织上直接受中共中央北方局领导，与中共山西工委（省委）不发生组织关系。

1936 年 11 月上旬，经阎锡山指派，薄一波接手牺盟会并担任了常务秘书，主持牺盟会的日常工作，在组织领导、人事配备、工作任务、活动范围等方面着手改进，使牺盟会的工作有了快速发展。为加强党对牺盟会的领导力量，中共中央北方局在增派杨献珍等十多位有白区工作经验的党员骨干的同时，又挑选了一些山西籍的同志回太原工作，从而巩固了党对牺盟会工作以及抗日民族统一战线的领导权。这样，以山西官办团体身份登上抗日舞台的牺盟会，成了共产党实际控制的山西特殊形式的统一战线组织，其特殊之处就是戴阎锡山帽子、说山西话、实行党的抗日主张。

牺盟会太原市委员会旧址

共产党利用牺盟会的合法身份做了大量的抗日工作。首先，牺盟会发动了支援全国抗战的“一百万人一大枚（铜圆）”的捐款签名运动，紧接着又征调了5万少年先锋队员到太原进行军事备战训练。他们还组织演讲，散发传单，编发期刊和小册子，上演《放下你的鞭子》等街头剧，组织宣传队和剧团下乡进行抗日救国鼓动宣传，很快就掀起了山西抗日救亡的新高潮，使山西成了当时全国抗战的前沿阵地。当时，全国22个省市的数千名爱国青年都慕名前来参加牺盟会。牺盟会还招收太原市大中学校学生、全省小学教员和各地流亡学生等3000多人，先后举办了军政训练班、特派员训练班、民训干部团、村政协助员训练班等，做了大量的干部培训工作，为各县牺盟会、抗日民主政权和各种抗日武装培养了一大批干部。在培训基础上，牺盟会向全省各地选派特派员、建立县分会组织，宣传抗日救国。到1937年9月，牺盟会在太原召开第一次代表大会时，已经拥有了六七十万会员，牺盟会组织遍布三晋大地。

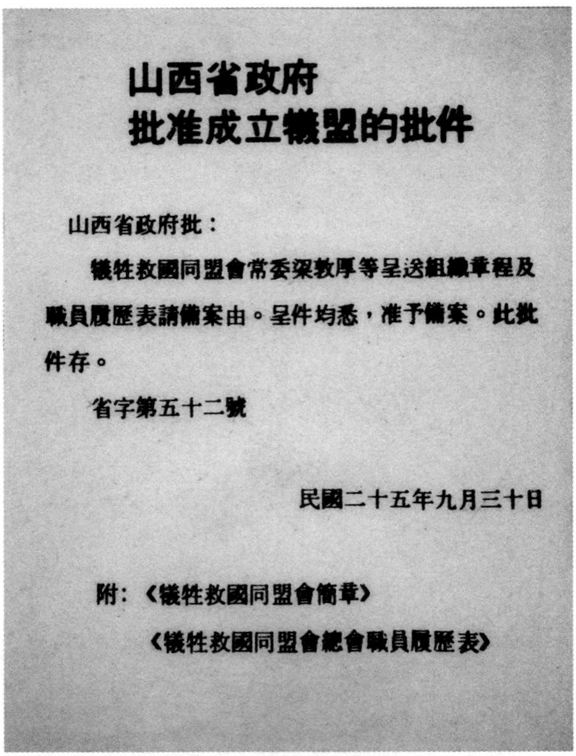

山西省政府
批准成立犧盟的批件

山西省政府批：

犧牲救國同盟會常委梁敎厚等呈送組織章程及職員履歷表請備案由。呈件均悉，准予備案。此批件存。

省字第五十二號

民國二十五年九月三十日

附：《犧牲救國同盟會簡章》

《犧牲救國同盟會總會職員履歷表》

牺盟会成立批件

牺盟会在各地建立分会组织的同时，一直十分注重适时建立抗日民主政权。太原失守前，阎锡山建立的7个专员行政公署中，一、三、五、六等专署都是共产党员担任专员，其所辖的56个县政权也由共产党控制。到1939年，全省105个县就有62个完全被共产党所控制。牺盟会所掌握的县政权对八路军

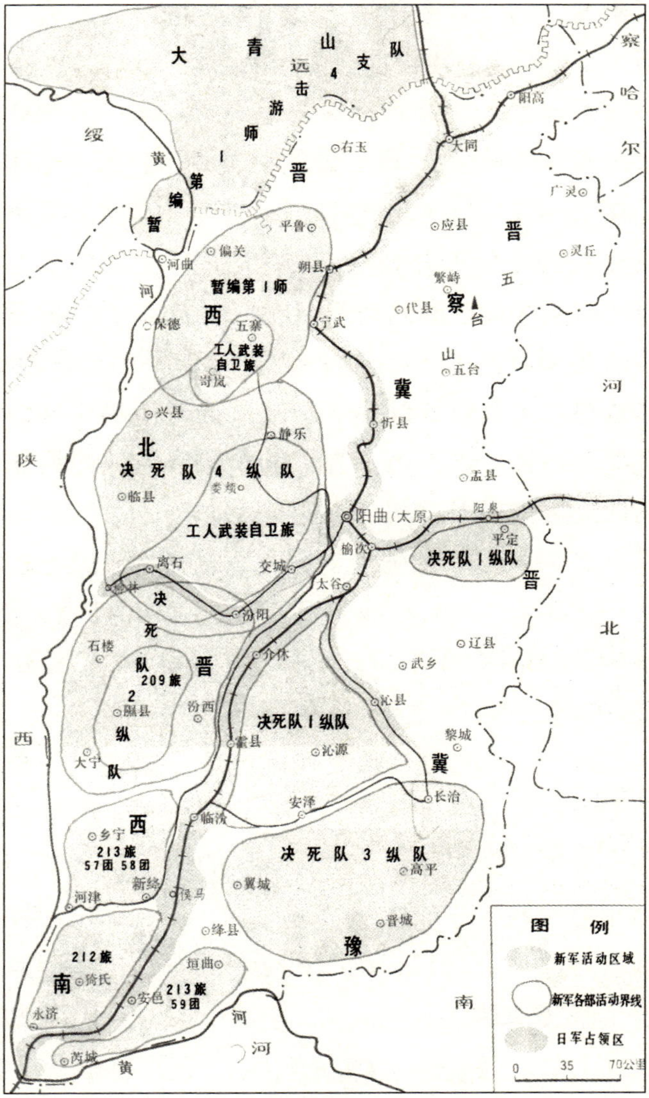

山西新军活动区域示意图

的供给和山西抗日根据地的建立起了重要的推动作用。同时，牺盟会还主持了国民兵军士训练团、国民兵军官教导团和民族革命大学，共训练了25000多人，其中国民兵军士训练团成了决死队的前身，而许多民族革命大学学员，则奔赴延安参加了抗日工作。

“七七事变”后，日军很快逼近山西，牺盟会开始帮助阎锡山组建山西新军（相对于阎锡山原有的军队而言）。1937 年 8 月 1 日，由国民兵军官教导团、军政训练班、民训干部团中的 300 名骨干学员组建了“山西青年抗敌决死队”，简称决死队，薄一波担任政治委员。新军是在坚持统一战线和抗日、反顽斗争中建立和发展起来的，内部争夺领导权的斗争十分激烈。决死队成立之初，薄一波就拟订了《山西青年抗敌决死队政治委员制度条例》，并得到阎锡山批准。山西新军发展很快，到 1939 年夏天已成为有 4 个决死纵队、1 个工人武装自卫纵队、1 个暂编师和 3 个政治保安旅的武装力量，其下共辖 50 个团，人数达到了 10 万左右。他们和八路军协同作战，迅速打开了山西的抗战局面。新军的主要活动范围是晋东南、晋西北、晋西南等地区，在八路军的强大支援和直接指挥下，他们进行了上千次大小战斗，在山西敌后抗战中发挥了作用，立下了功劳。

在日军对阎锡山的政治诱降和国民党第一次反共高潮的影响下，阎锡山顽固派的反共立场日益明显。1939 年 12 月，阎锡山发动了“晋西事变”，向牺盟会和决死队进攻，遭到了挫败。晋西事变的发生和最终解决，意味着牺盟会使命的完成。其后，山西新军纳入了八路军晋冀鲁豫军区和晋西北军区的建制。

牺盟会作为山西统一战线的特殊形式，为党在山西发动群众、建立抗日武装、改造旧政权提供了机会，为党在山西建立敌后抗日根据地奠定了坚实基础。

党中央和毛主席部署华北敌后抗战

“七七事变”是日本帝国主义经过长期准备而发动的大规模侵华战争的开始，也是中国全国性抗日战争的起点。从此，中国人民反对日本帝国主义的斗争方式发生了根本转变，而华北则首当其冲，成为抗日战争的最前线。山西地处华北腹地，向东可控制华北，南进可策应中原，西出可威胁陕甘，北向可远达蒙苏，军事战略地位十分重要。在党中央和毛主席领导下，八路军和北方局在山西实现了抗日民族统一战线，成功地开辟华北敌后抗战的新局面。

1937 年 8 月 22 日至 25 日，中共中央在陕北洛川召开了政治局扩大会议。会议分析了抗日战争爆发后的政治形势，在正式确立“全面的全民族的抗战”路线的基础上，通过了《关于目前形势与党的任务的决定》，指出了中国的政治形势已经由准备抗战进入实行抗战的新阶段；同时，通过了由毛泽东提议的《抗日救国十大纲领》，逐条规划了争取抗战胜利的具体道路。在会上，毛泽东还特别作了国共两党关系问题和军事问题的报告，提出并详尽地阐述了开展独立自主抗日游击战争的战略任务和方针，即深入敌人后方，放手发动人民群众，开展独立自主的山地抗日游击战争，钳制与消耗进攻之敌，配合正面战场，开辟敌后战场，建立敌后抗日民主根据地。根据国共两党达成的协议，将在陕北的中国工农红军改编为国民革命军第八路军。自8月底至10月中旬，八路军三大主力师分批从陕西省的三原县出发，东渡黄河开赴山西抗日前线。同时，以彭雪枫为主任

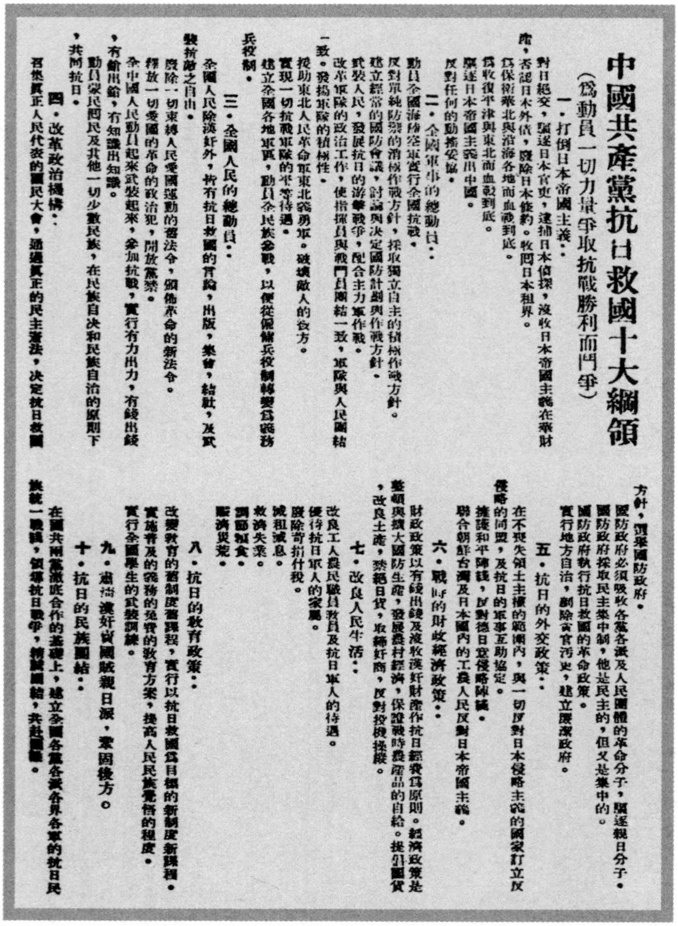

中國共產黨抗日救國十大綱領

（為動員一切力量爭取抗戰勝利而鬥爭）

一・打倒日本帝國主義：

對日絕交，驅逐日本官吏，逮捕日本偵探，沒收日本帝國主義在華財產，否認日本外債，廢除日本條約，收回日本租界。

為保衛華北與沿海各地而血戰到底。

為收復平津與東北而血戰到底。

驅逐日本帝國主義出中國。

反對任何的動搖妥協。

二・全國軍事的總動員：

動員全國海陸空軍實行全國抗戰。

反對單純防禦的消極作戰方針，採取獨立自主的積極作戰方針。

建立經常的國防會議，討論與決定國防計劃與作戰方針。

武裝人民，發展抗日的游擊戰爭，配合主力軍作戰。

改革軍隊的政治工作，使指揮員與戰鬥員團結一致，軍隊與人民團結一致。發揚軍隊的積極性。

援助東北人民革命軍東北義勇軍。破壞敵人的後方。

實現一切抗戰軍隊的平等待遇。

建立全國各地軍區，動員全民族參戰，以便從僱傭兵役制轉變為義務兵役制。

三・全國人民的總動員：

全國人民除漢奸外，皆有抗日救國的言論，出版，集會，結社，及武裝抗敵之自由。

廢除一切束縛人民愛國運動的舊法令，頒佈革命的新法令。

釋放一切愛國的革命的政治犯，開放黨禁。

全中國人民動員起來武裝起來，參加抗戰，實行有力出力，有錢出錢，有槍出槍，有知識出知識。

動員蒙民回民及其他一切少數民族，在民族自決和民族自治的原則下，共同抗日。

四・改革政治機構：

召集真正人民代表的國民大會，通過真正的民主憲法，決定抗日救國方針，選舉國防政府。

國防政府必須吸收各黨各派及人民團體的革命分子，驅逐親日分子。

國防政府採取民主集中制，他是民主的，但又是集中的。

國防政府執行抗日救國的革命政策。

實行地方自治，剷除貪官污吏，建立廉潔政府。

五・抗日的外交政策：

在不喪失領土主權的範圍內，與一切反對日本侵略主義的國家訂立反侵略的同盟，及抗日的軍事互助協定。

擁護和平陣綫，反對德日意侵略陣綫。

聯合朝鮮台灣及日本國內的工農人民反對日本帝國主義。

六・戰時的財政經濟政策：

財政政策以有錢出錢及沒收漢奸財產作抗日經費為原則。經濟政策是整頓與擴大國防生產，發展農村經濟，保證戰時農產品的自給。提倡國貨，改良土產，禁絕日貨，取締奸商，反對投機操縱。

七・改良人民生活：

改良工人農民職員教員及抗日軍人的待遇。

優待抗日軍人的家屬。

廢除苛捐什稅。

減租減息。

救濟失業。

調節糧食。

賑濟災荒。

八・抗日的教育政策：

改變教育的舊制度舊課程，實行以抗日救國為目標的新制度新課程。

實施普及的義務的免費的教育方案，提高人民民族覺悟的程度。

實行全國學生的武裝訓練。

九・肅清漢奸賣國賊親日派，鞏固後方。

十・抗日的民族團結：

在國共兩黨徹底合作的基礎上，建立全國各黨各派各界各軍的抗日民族統一戰綫，領導抗日戰爭，精誠團結，共赴國難。

中国共产党抗日救国十大纲领

的八路军驻晋办事处在太原正式成立。“七七事变”后和八路军挺进山西前，中共中央北方局已由北平移驻太原，北方局书记刘少奇及其他领导人的到来，使山西抗战成了华北党组织的中心工作。这些重要力量汇合山西，在党中央、毛泽东的战略部署下，义不容辞地担起了领导和发动山西抗日游击战争、推动民族革命战争不断走向胜利的伟大使命。

山西是华北屋脊，北中国的锁钥。太原是山西省会，又系晋境交通枢纽，夺取了太原，即可夺取山西，夺取了山西，即可固守平、

津，侵吞华北，进取中原，迂回西北。因此，加紧进攻山西就成为日军侵夺华北、吞灭中国总战略的首要目标。全面抗战开始后，整个华北战局呈敌强我弱态势，一方面是日军的疯狂进攻和逼近山西，另一方面是国民党军队的节节败退和丧师失地，山西已经成了对日作战的前线阵地。随着华北抗战局势的日趋恶化，日军按照“一个月拿下山西全省，三个月灭亡全中国”的战略计划，迅速把侵略战火烧到晋北，开始夺取恒山山脉并以此作为侵吞冀、察、晋三省的“战略中枢”，造成向山西纵深出击的态势。针对日军的强大攻势和国民党正规战争全面溃败的形势，毛泽东从政治和军事两个方面，对国民党正面战场溃败的原因进行了深刻剖析，揭露了国民党所实行的片面的抗战路线和错误的战略战术，明确提出了挽救抗战危局的正确方针，“这就是实行孙中山先生的‘唤起民众’的遗嘱，动员社会的下层民众加进这个统一战线去”，同时将“战略战术上单纯防御的方针，改变为积极攻击敌人的方针”。毛泽东通过对敌、我、友三方面的情形和未来战争发展趋向的科学分析，认定在这种情势下，挽救华北危机、扭转华北战局的根本力量，唯有中国共产党及其领导的人民武装八路军，并且必须坚持山西阵地，首先开展山西抗日游击战争，创造山西的战略支点，才能达到支持和发展华北抗日战争的根本目的。

这时，按照国民党的要求和部署，八路军应以集中配置的方式进入恒山山脉地区。但中国共产党人清醒地认识到，这样一来，八路军势必会全部陷入日军的迂回包围中，陷入被动挨打的危险境地。为使八路军在战略上展开于机动地位，开展真正独立自主的山地游击战争，中共中央、中央军委和毛泽东立即做出新的战略部署，决定八路军三个主力师由集中配置改变为分散配置，展开于山西各战略要地，进行独立自主的抗日游击战争。为了使八路军和华北党组织归于战略一致，实行协力配合，在八路军东渡黄河挺进华北抗日战场之际，1937 年 9 月 12 日至 29 日，毛泽东代表党中央和中央军委，相继给华北前线拍发了一系列电报，就首先发动与开展以山西为中心的敌后山西抗日游击战争做了重要指示和部署。毛泽东指出，在山西应分为晋东北、晋西北、晋东南、晋西南四个战略区，以此四个战略区域实行战略展开，对进占中心城市和交通要道之敌形成四面包围的态势，有力地钳制和打击敌军，使山西成为我党我军实行和坚持抗战的立足点。依托这四个战略支点，伸展四臂，向外扩大，囊括广大的华北地区，连接西北地区，策应中原地区，使山西成为我党我军扩大与发展抗战的根据地。毛泽东再三强调要坚持独立自主的山地游击战争这一基本的战略方针，明确了游击战争主要应处于敌之翼侧及后方，在山西全境广泛发动群众，组织人民抗日武装，创建敌后抗日根据地，坚持长期抗战和开展游击战争。这一战略部署的制定和实施，不但粉碎了蒋介石“借刀杀人”的恶毒计划，使党和八路军避免了难以想象的挫折和损失，而且对抗日游击战争的勃兴和敌后持久抗战的发展，都起了决定性的指导作用。

在毛泽东的战略思想的指引下，中国共产党高举的抗日战争伟大旗帜首先飘扬在山西上空，抗日游击战争的烽火在三晋大地上熊熊燃烧起来了。

八路军首战平型关

“华北事变”后，日本帝国主义欲统治华北，必先图晋绥；欲图晋绥，必先争太原；欲争太原，必先夺大同或平型关。“七七事变”后，日军东条英机部猛攻张家口，国民政府第29军刘汝明率军不战而退，阎锡山的第61军反攻不力，张家口失守。1937年9月，日本侵略者为达到速战速决目的，开始调集大量兵力会攻山西，并狂妄地叫嚣“一个月占领山西，三个月灭亡中国”。在来势汹汹的日军面前，国民党军队节节败退，日军第5师团21旅团很快占领了浑源和灵丘，逼近平型关，太原危在旦夕！

1937年9月21日，阎锡山致电八路军总指挥朱德：“我决歼灭平型关之敌，增加八个团的兵力拂晓可到，希电林师夹击敌之侧背。”八路军总部随即命令第115师“向平型关、灵丘间出动，机动侧击向平型关进攻之敌”。

当时，八路军第115师刚刚改编完毕，师长林彪很清楚这一仗的分量：这是八路军首次与不可一世的日军交锋，唯有打胜，才能打出八路军的军威，才能遏制“战必亡”“日军不可战胜”的滥调。为了熟悉作战地形，打有准备之仗，林彪前前后后对平型关一带进行了 3 次实地勘察，最终选定了一块设伏的天赐良地：从平型关山口至灵丘县东河南镇的连绵群山之间，有一条由东北向西南伸展的狭窄沟道，其中最险要的乔沟中段长 10 多里，沟深数十丈，沟底仅能通过 1 辆汽车，只有老爷庙前有一个缺口通往山上。看完地形后，林彪决定在这里布一个“口袋阵”，来一场“瓮中捉鳖”“关门打狗”！

24 日，前沿部队报告，敌人很有可能于翌日大举进攻。大战在即，林彪部署了具体的作战方案：以杨得志第 685 团“打蛇头”，隐蔽于白崖台以西一带，截击日军先头部队；以李天佑第 686 团“斩蛇腰”，埋伏在老爷庙至蔡家峪一线，实施中间突击；以徐海东 687 团“断蛇尾”，埋伏在小寨村附近，断敌退路，并阻击增援日军；第 688 团作为预备队，杨成武独立团和刘云彪骑兵营分别向平型关东北和平型关东边开进，执行打援任务，配合主力作战。午夜，天空下起了瓢泼大雨。战士们顶着风雨，沿着崎岖的山沟，踏着泥泞的道路，摸黑进入预定地域。一场惊心动魄的战斗即将打响！

平型关大捷参战主要将领铜像

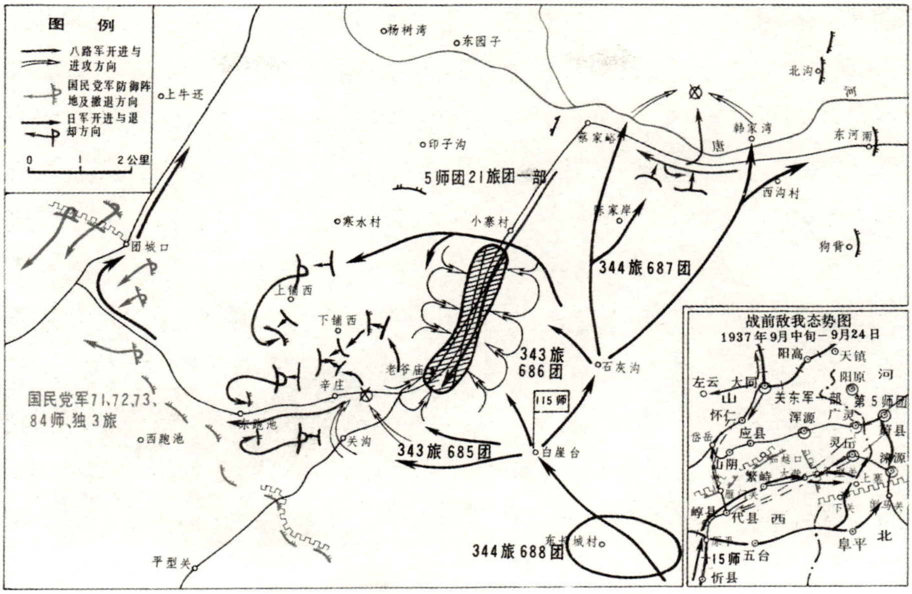

平型关战斗要图

25日清晨，日军第5师团21旅团的两个大队，沿着灵丘东河南镇至平型关的公路向西开来。时间一分一秒地过去，大战前的空气凝固而又难捱，此刻战士们的心弦绷得紧紧的，焦灼地等待着杀敌的命令。7时左右，敌人陆续进入第115师的伏击圈。只听林彪大喊一声："发信号弹……""啪啪！"随着信号弹的升起，第685团、686团如猛虎下山，泰山压顶般冲向敌人。敌军冷不丁受到攻击，顿时乱了阵脚，车撞车，人碰人，鬼子的嚎叫声，战马的嘶吼声，弹药的爆炸声，夹杂在一起，异常混乱。但敌人很快反应过来，他们自觉形成3人小组，背靠背，与八路军战士贴身肉搏。战斗是激烈而残酷的。第685团2营5连连长曾贤生，一个人刺死10多个日本兵，浑身是血的他被敌人包围，他毅然拉响仅剩的一颗手榴弹，与敌人同归于尽。第685团就是用这样惨烈的方式，一次次把敌人逼回沟底。

老爷庙是乔沟一带的制高点，围绕老爷庙的争夺成为整个战

平型关大捷遗址

斗的焦点。一小股日军先机占领了老爷庙，他们的火力很猛，负责冲锋的第686团3营的战士们一个个倒下，但他们向前跑、往前爬、往前滚，终于冲上了公路，和敌人展开了白刃战。第8连连史记载："冲在前面的宋连长一连刺倒两个鬼子；共产党员、五班长安南被鬼子刺中胸部，他虎目圆睁，大吼一声，奋力将刺刀刺入敌人心脏后才与敌人一同倒下；一个战士负重伤倒在地上，他扭住敌人的伤兵一同滚下山去……"最后，第11连3排全部牺牲，第9连仅剩下十几个人坚持战斗。但是，战士们仍然前赴后继地冲向敌人，连长牺牲了，排长顶上；排长牺牲了，班长顶上；班长牺牲了，战士接着指挥。激战半个小时，第3营主力终于牢牢地控制了老爷庙。日军见突破无望，开始蜂涌向辛庄方向。因东跑池防线的国民党军未按预定计划出击，致使2000余名日军逃窜。平型关战斗胜利结束。

平型关大捷是抗战以来中国军队对日作战取得的第一个重大胜利，彻底打破了"日军不可战胜"的神话，大大地振奋了全国

八路军战士从平型关战场胜利归来

人民的抗战热情，从此“首战平型关，威名天下扬”，成了《八路军军歌》中两句豪气嘹亮的歌词，到处被人们传诵。战后，来自各界祝捷的贺信贺电如雪片似地飞向延安、飞向八路军总部，举国上下欢欣鼓舞！同时，平型关一役也使第115师一战成名。蒋介石在给朱德、彭德怀的贺电中说：“二十五日一战，歼寇如麻，足证官兵用命，深堪嘉慰。尚希益励所部，继续努力。”1938年，毛泽东在《论持久战》中再次肯定了这次战斗的意义：“每个月打得一个较大的胜仗，如平型关、台儿庄一类的，就能大大地沮丧敌人的精神，掀起我军的士气，号召世界的声援。”

开辟山西敌后抗日根据地

1937 年 11 月 8 日，太原失守，标志着国民党在华北地区正面战争的终结，整个华北抗战局势发生了根本性变化。对于华北战局的进展，党中央和毛泽东非常关注，不断作出指示。在太原失陷当天，毛泽东就电示八路军和华北党组织：太原失守后，华北正规战争阶段基本结束，游击战争阶段开始，而这一阶段的游击战争以八路军为主体，其他则服从于八路军，这是华北总的形势。

遵照中共中央和毛泽东的战略部署，八路军总部于 1937 年 11 月 11 日做出决定，令第 115 师之晋察冀部队和晋西北之第 120 师部队继续就地坚持敌后游击战争，放手发动群众，创建与扩大抗日根据地，做好粉碎敌人围攻的准备；令第 115 师师部率第 343 旅适时转入吕梁山脉，创建晋西南抗日根据地；第 129 师主力由正太路南下，依托太行、太岳两山脉，创建晋冀豫边抗日根据地。1938 年 2 月，八路军总部令第 115 师之第 344 旅和第五支队开赴太行山区，转归第 129 师统一指挥，参加晋冀豫边抗日根据地创建工作。这样，八路军就在华北以山西敌后山区为依托，将所辖区域分成四大块，实行全面的战略展开。至此，共产党及其领导的八路军进入了抗日游击战争和创建敌后山区根据地的新阶段。

第 115 师挺进五台山，创立晋察冀根据地

晋察冀抗日根据地亦称晋察冀边区，是抗战时期中国共产党领导的敌后抗日武装在华北同蒲路以东，津浦路以西，正太、石德路以北，张家口、承德以南广大地区创建的第一个敌后抗日根据地，它的创立、巩固和发展，对坚持华北敌后抗战和全国持久抗战起了“坚强堡垒”的作用,对全国战略反攻和进军东北起了“前进阵地”的作用。根据地军民在对敌斗争和根据地的各项建设中，创造了极为丰富和宝贵的经验。晋察冀根据地不仅是华北敌后最早创建的抗日民族统一战线下的民主政权，同时还是中国新民主主义制度实施较早的地区。

1937 年 7 月 , 全国抗战爆发。开赴华北抗日前线的八路军第 115 师，在山西北部平型关首战告捷后，主力南下。该师政治委员聂荣臻奉命率师独立团、骑兵营和八路军总部特务团一部及地方工作团等共约 3000 余人，以五台山为中心开辟山西、河北、察哈尔（今河北省、山西省和内蒙古自治区各一部）三省边界地区敌后抗日根据地。

五台山素称“华北屋脊”，在山西省五台县的东北隅，由 5 座山峰环抱而成，是中国四大佛教名山之一。全国抗战开始后，不久毛泽东就于 1937 年 9 月 20 日发出指示 ：“五台山脉应使之成为重要的游击战争区域之一，现在就宜加紧准备。”

聂荣臻率领部队来到了五台山后，受到爱国僧众和本地民众的热情欢迎，被亲切地称为人民子弟兵。由于中共中央已经决定，要以晋察冀地区作为八路军在华北地区的主要作战区域之一。因此，聂荣臻以此为中心，紧紧依靠人民群众，在这里竖起了抗日游击战争的大旗，拉开了创立晋察冀抗日根据地的序幕。

当时，由于日军迅猛进攻，晋察冀地区陷于一片混乱中。各县的国民党政权机构完全瓦解，政府人员逃散一空 ；散兵流匪乘机作

聂荣臻（左）在晋察冀前线指挥作战

恶，汉奸到处欺骗造谣，人民生活没了安宁，社会秩序极度混乱。败退的国民党部队和日本侵略军所经过的地方，都把当地的物资洗劫一空，给八路军展开抗日行动制造了极大障碍。在这么一个地区，当时所留有兵力只是一个独立团、一个骑兵营和不完整的两个连，加上时至初冬，八路军战士还身着单衣单裤，既要对付这些繁杂的问题，还要开创新的局面，困难之大可想而知！

当时，聂荣臻同志清醒地认识到，为了创建根据地，给敌人更大打击，最关键的是必须要有更多的武装力量。然而，这些力量从哪里来呢？除了积极发动群众，没有第二条路。因此，聂荣臻明确指出，只要我们坚决执行党中央的指示，放手发动群众，紧紧依靠群众，千方百计地扩大人民的武装力量，就能克服一切困难。我们在看到困难的同时，更要看到有利的条件。日军正集中力量长驱直入，后方相当空虚。如果只从兵力和装备上看问题，敌人经过多年的准备，来势汹汹，枪多弹足，占着绝对的优势。我们被隔绝在敌后，人少弹缺，不能与之相比。但从全面看，我们高高举起抗日这面大旗，人民群众就会踊跃地聚拢在这面大旗之下。这一点上我们比敌人强，而且会越来越强。经过反复讨论和深入思考，大家统一了认识，广大指战员们鼓起了斗争勇气，树立了胜利信心，做好了艰苦奋斗的准备。新来的年轻同志像邓拓等，来晋察冀以前，曾经尝了十多种野菜，说就是准备来吃苦的。这些同志经过战火磨炼和

晋察冀军区第 2 军分区部队攻占五台山龙泉寺

洗礼，后来大多担任了领导工作，为抗日胜利做出了突出贡献。

紧接着，晋察冀部队快马加鞭发展力量。他们兵分几路发动群众开展游击战争和开辟根据地，很快站稳了脚跟。杨成武率领的独立团于 10 月初夜袭涞源城，守城日军仓皇溃逃，涞源遂告光复。随后，他们又成功地进行了冯家沟伏击战，以小的代价，换取了毙伤 100 多名日军的胜利，乘胜收复了广灵、灵丘、蔚县、阳原、浑源、易县等县城，开始向平西、平绥路和平汉路北段挺进，很快就在晋察冀边区的北部打开了局面。由赵尔陆等率领的工作团和少数部队，活跃在五台山以西地区，他们排除了国民党军散兵的骚扰，扫除了发动群众的障碍，迅速推开了开辟根据地和组织抗日武装的工作，在晋察冀边区的西部奠定了基础。由王平等率领的工作团和刘云彪率领的骑兵营，以阜平为中心，在附近各县广泛发动群众，宣传党的政策主张，成立了半政权性质的战地动员委员会，并着手建立农会、青年救国会、妇女救国会等抗日群众团体，发展起若干支抗日义勇军和游击队，把抗日的宣传和组织工作一步步落实到偏僻的山村，使晋察冀边区的腹地逐步稳定。由周建屏和刘道生等率领的工作团和小部队活跃在正太路以北的山地，他们在当地党组织的支持下，在平山建立了以平山子弟为主的平山团，并在井陉、获鹿（今河北石家庄市鹿泉区）、正定、平定、阳泉等地农村，组织起若干支游击队，使晋察冀边区的南部也出现了新的局面。

11 月 7 日，即太原失守的前一天，八路军出师华北抗战以后创建的第一个军区——晋察冀军区正式宣布成立，聂荣臻任军区司令员兼政治委员，唐延杰任参谋长，舒同任政治部主任，司令部就设在五台山南麓的金岗库村，成立了 4 个军分区。

晋察冀军区及 4 个军分区的建立，极大振奋了晋察冀边区军民的抗战精神。第 115 师晋察冀部队得以迅速发展，各军分区都成立了 3 个相当于团的大队，加上人民武装配合作战，晋察冀三省边界的形势发生了巨大变化，晋察冀边区抗日根据地初具规模。毛泽东对晋察冀根据地给予了很高评价。1938 年 3 月 15 日，他在延安北门外广场上的讲话中，就说“古有鲁智深，今有聂荣臻”，还说“到敌后去抗战，就要学聂荣臻同志”。中共中央也把晋察冀边区称誉为“敌后模范的抗日根据地及统一战线的模范区”。

石拐会议：八路军部署新战略

石拐会议是抗战初期八路军为实行战略转变而召开的重要军事会议。红军主力改编为八路军后，随即挺进晋北抗日前线，伫马太行侧，首战平型关，奇袭阳明堡，连战皆捷。为适应华北抗战形势发展的需要，确定八路军下一步的行动方针和调整战略部署，八路军在和顺县石拐镇召开了这次重要军事会议。1937 年 10 月 27 日，朱总司令率部进入太行山，进驻和顺县马坊镇。11 月 3 日，彭德怀副总司令到达马坊与朱总司令会合。随后，八路军总部移驻当时的

和顺县八路军石拐会议纪念碑

石拐镇。石拐镇距和顺县城120里，境内关山四锁，险隘环峙，北可以防阳泉之敌，西可以拒榆次来寇，可以说是八路军总部理想的落脚点。

就在到石拐镇的当天，总部立即召开了第一次会议，参加会议的有八路军总司令朱德、副总司令彭德怀、副参谋长左权、政治部主任任弼时和第115师师长林彪等。会上朱德总司令传达了毛主席关于在恒山、五台山、管涔山三大山脉展开游击战争的战略部署，并研究成立晋察冀军区，聂荣臻为司令员兼政治委员，下设4个军分区。

在日军连续数月的攻击下，11月8日，国民党军被迫全线撤退到黄河以南，太原失守。至此，华北地区由国民党主导的正规作战基本结束，开始转向以共产党领导的八路军为主体的游击战争。11月10日八路军总部在石拐镇（旧时称镇）召开军民团结抗日动员大会，朱德总司令在讲话中指出："太原失守后，山西正规战争已经结束，开始进入游击战争的新阶段。而如何正确指导新阶段的抗日游击战争，是八路军面临的紧迫问题。"

11月11日，总部在石拐召开第二次总部高级干部会议，会议由朱德总司令主持，研究决定"新阶段"的作战方针和三大主力师的任务，安排部署晋鲁豫、晋绥、晋察冀根据地建设。会上首先传达了毛主席关于八路军的当前任务的指示，即在华北正规战争结束后、游击战争转入主要地位的形势下，日寇不久即将移其主力向着晋西北、晋东北、晋东南和晋西南各要点。八路军各部部署的纲领，以控制一部为袭击队，大部分尽量分散于各地，组织民众武装，为第一要义。其次，会议分析研究了太原失守后的形势，具体部署八路军三大主力师分兵发动群众，开展游击战争和创建根据地工作。会上做出了八路军的战略部署：第120师在黄河以东，外长城以南，同蒲铁路北段以西，汾离公路以北，以管涔山脉为支点，创建晋西北抗日根据地，守住中共中央、中央军委所在地陕甘宁边区的东西屏障；第115师一部由晋东南转入吕梁山山脉，创建晋西南抗日根据地；第129师和第115师一部由正太路南下，依托太行、太岳山脉，创建晋冀豫抗日根据地。会上，左权副参谋长还就如何集中优势兵力打歼灭战，击败日本侵略军的问题作了重要发言。这次会议是八路军总部出师以来第一次重要会议，为开辟以山西为中心的晋鲁豫、晋察冀、晋绥等抗日革命根据地奠定了坚实的基础。

时隔两天，在石拐镇八路军总部驻地又召开了第129师党员、干部会议，除总部主要领导、新军决死队负责人外，参加这次会议的还有冀鲁晋省委书记李菁玉、晋中特委陶希晋等地方领导。会上，朱德、彭德怀、任弼时分别做了重要讲话。随后第129师政委张浩就第129师出师以来的情况做了发言，最后由第129师师长刘伯承就太行山创建根据地的活动区域、组织形式及兵力分配方案进行了安排部署，将军区 6 个军分区进行了具体的区域划分，并在会上推广秦基伟、赖际发等发展地方游击战的经验，着手在发展地方游击队的基础上建立独立支队。这次会议标志着第 129 师在太行山的战略展开，是一次具有开创意义的重要会议。

石拐会议之后，八路军三大主力师按照总部的安排部署实施战略展开，迅速展开了以山西为中心的晋察冀、晋绥、晋鲁豫三大敌后抗日根据地的创建工作。

石拐会议是八路军挺进华北、进入山西后的第一次重要会议，也是一次在抗战初期实行战略转变的军事会议。它开创了八路军实行游击战争、建立抗日根据地、实行战略展开的新局面，是八路军历史上实行战略转变的一个转折点。

第 120 师出击晋西北，创建晋绥根据地

晋绥抗日根据地是抗日战争时期我党领导的八路军和敌后抗日军民创建的 19 个重要抗日根据地之一，包括山西省西北部和绥远省(今并入内蒙古自治区)东南部广大地区。边区领导机关长期驻于兴县。1937 年冬，八路军第 120 师进入晋西北，创立了晋西北根据地。1940 年 1 月 15 日正式建立晋西北民主政权，称山西省第二游击行政公署，1941 年 8 月 1 日改为晋西北行政公署，1943 年 11 月改为晋绥边区行政公署。

全国抗战爆发不久，日寇就疾速突破长城一线，晋北守军失利南退，敌骑长驱直入。在此万分危急的情况下，毛泽东连续电示八路军总部第 120 师应“开赴管涔山山脉展开于大同、太原翼侧”，“向绥远与大同游击，方能给敌南进太原以相当有效的钳制作用”，“贺师应速赴晋西北占先着”。

根据毛泽东的指示，贺龙、关向应率领第 120 师 358 旅于 1937

年9月28日到达神池地区集结；第359旅到达忻县后即归前总指挥，开到五台山地区活动。第120师师部在到达神池县义井镇的当天，就召开了军政委员会议，讨论挽救时局的措施。这时日军由张家口进占大同后，已经占领了雁北与同蒲路两边的全部县份。第120师的任务是协同友军打击敌人，开展晋西北游击战争，建立晋西北与雁北的根据地。会议决定由第358旅716团团长宋时轮以该团2营为骨干，组成独立支队，北出长城，到雁门关以北敌占区开展游击战争，迟滞敌人向神池、宁武的进攻，给第120师主力在晋西北的活动创造有利条件。第120师师部分成两部分，贺龙率司令部进入神池地区指挥对日作战，关向应从部队抽调一批人员组成地方工作团，开展地方工作，广泛发动群众，组织抗日武装。

贺龙、关向应本着统一战线中的独立自主原则，突破了蒋介石每个师两个旅、每个旅两个团的限制，将这个时期扩大的新部队编入第120师序列，使第358旅和第359旅都发展成3个团的建制，还成立了第120师独立第一支队。

关向应根据师军政委员会会议决定，率领师政治部大部和师直属机关及教导团抽调的人员700余人到岢岚，组成地方工作团，分赴兴县、岚县、静乐、岢岚、五寨、保德等县开展群众工作。同时他还受中共中央北方局委托，组成晋西北临时区党委，统一领导晋西北及绥远地

贺龙（左）与关向应（右）在晋西北前线指挥作战

区党的工作。有一次，关向应见到岚县动委会的干部，很细心地询问了当地情况和县动委会工作情况后，对他们说："晋西北的上层政权仍在阎锡山手里，他十分害怕我们发动的农民减租减息运动。你们要放手发动群众和组织农民开展减租减息运动，如果农民发动不起来，抗战就得不到胜利。同时还要注意维护统一战线。利用公开合法的地位和权利去团结最大多数的人来参加抗战。"

第120师工作团还分别前往各县，广泛宣传中国共产党的《抗日救国十大纲领》和抗日民族统一战线政策，动员人民群众参加抗日。在当地动委会和牺盟会的协助下，他们积极肃清散兵游勇，安定社会秩序，稳定群众情绪。到1938年初，晋西北抗日根据地中心区初步形成，主力部队和地方武装都有了较大的发展。第120师由出征时的8200余人，扩大到2.5万余人。各县都成立了一两千人的自卫军和游击队。贺龙高兴地说："晋西北持久抗战的基础现在是胜利地初步地奠定了。"

正当第120师主力在前方节节胜利的时候，驻雁北的日军集中日伪军万余人，于1938年2月下旬，进犯晋西北根据地，侵占宁武、神池、五寨、岢岚、偏关、河曲、保德七城。贺龙、关向应即率师主力经过20多天的血战，迫使敌人不得不全线撤退，日军围攻晋西北的计划被彻底粉碎。这次战役胜利，保卫了根据地广大人民的生命财产，稳定了晋西北的局势，保障了陕甘宁边区的安全，扩大了中国共产党和八路军的影

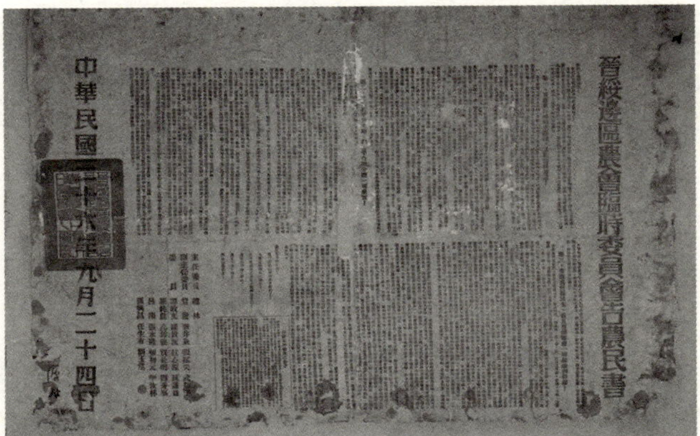
晉綏邊區農會臨時委員會告農民書

中華民國……九月二十四日

晋绥边区农会临时委员会告农民书（布告）

响，为晋西北抗日根据地的创建打开了一个新局面。

在初创晋西北抗日根据地之后，根据中央的指示精神，1938 年 6 月，贺龙、关向应派遣第 358 旅政委李井泉组建大青山支队，继续向绥远挺进，到年底，又开辟了大青山根据地和绥西、绥中、绥南 3 块游击根据地。1938 年 5 月底，第 359 旅主力开赴恒山地区，创建了以浑源、广灵、灵邱、涞源地区为中心的抗日根据地。

从 1938 年 5 月到年底，第 120 师经过两百余次的对日作战，歼灭了日军 8000 余人，巩固和扩大了晋绥抗日根据地。这时，晋绥敌

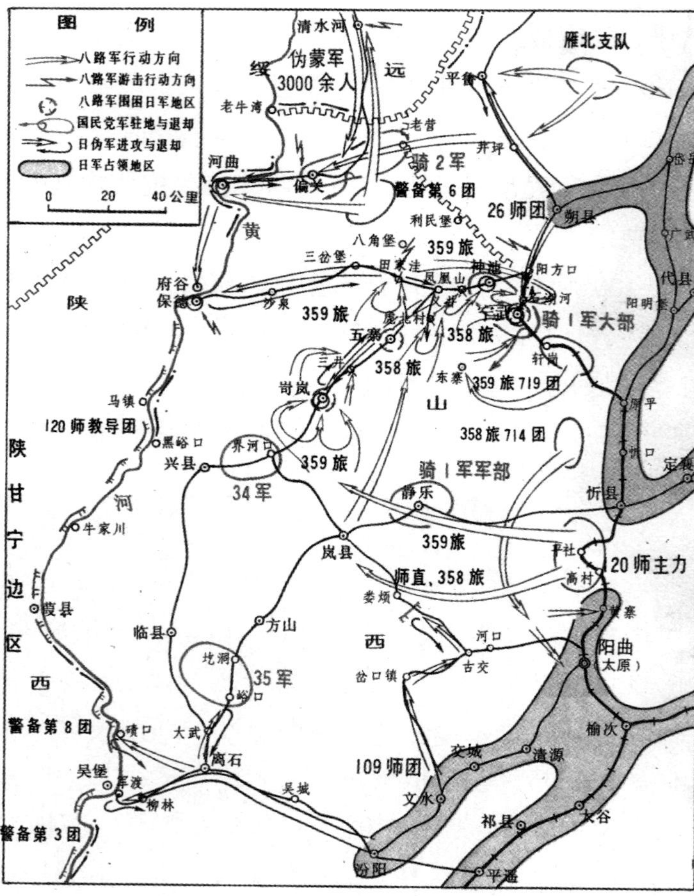

晋西北区军民反敌首次围攻作战要图

后抗日根据地已辖有50余县，纵长千里，横长300余里，使得从晋中平原到内蒙古草原，直直地站起了一个抗击日本强盗的巨人。

第129师依托太行山，创建晋冀豫敌后根据地

晋冀豫抗日根据地，以太行山为依托，西起同蒲铁路，东至平汉铁路，北接正太铁路，南临黄河北岸，是抗日战争时期中国共产党在山西、河北、河南三省边界地区领导创建的敌后根据地。它是中共中央北方局和八路军总部机关所在地，是华北抗战战略要地之一。石拐会议后，第129师参谋长倪志亮、政治部副主任宋任穷等率领工作团和部分武装，分别到沁县、长治、晋城、武乡、襄垣、平顺、沁源、安泽、屯留等地，在中共地方组织及山西牺盟会、决死队的密切配合下，在晋东南和冀西地区建立了各种形式的抗日武装和抗日民主政权，为晋冀豫边区抗日根据地的建设打下了基础。

晋冀豫地区交通发达，物产丰富，是坚持华北抗战的重要战略地区和向晋冀豫平原发展的战略基地。这样一种战略地位，自然会引起日军的高度重视。从1937年9月下旬开始，平汉铁路沿线相继失守，日军继续南下，正太铁路受到严重威胁。9月28日，毛泽东即电令第129师东渡黄河，奔赴正太铁路南北地区开展抗日游击战。

太原失守后，八路军总部根据中央军委部署，电令正在正太铁路沿线作战的第129师主力深入太行山区，创建以太行山为依托的晋冀豫抗日根据地，从而掀开了晋冀豫敌后抗日战争的新的一页。

1937年11月13日，第129师首长刘伯承、徐向前、张浩在石拐镇召开干部会议，决定迅速实行战略转变。在国民党军队全面溃退后，中国的乡村特别是山区就成了一片广阔的“真空”地带。刘伯承在石拐会议上向全师的干部传达了中央占领“真空”地带，在“真空”地带大力发展游击战争的指示。当刘伯承宣布“129师化整为零，分散到各地活动”后，第129师与八路军其他部队一样，由此进入

一个真正适合自己生存发展的新的历史阶段，开始在敌后创建让日军害怕、痛恨而又无可奈何的抗日根据地。

刘伯承发布的命令很具体：每个团的各个营都抽出一个连，组成工作队或游击支队，到指定地点同中共地方组织、游击队一起工作。此后，第 129 师派出的一支支游击支队和工作队像种子一样在晋东南地区的广阔范围内生根、开花、结果。向下派遣游击支队并不像派部队出去打个埋伏那样顺当，大家虽然知道撒出去是“种子”，但更愿意留下来当“拳头”。当刘伯承将第 769 团副团长汪乃贵找来，准备派他出去成立汪乃贵支队，到正太路以南、平汉路以西活动时，汪乃贵说：“叫我带兵打仗还凑合，让我去拉队伍扩地盘非砸锅不可。我大字不识几个，记个指示看个文件都成问题，怎么挑得了这副担子呢？”一向幽默的刘伯承这次严肃起来：“一不是叫你当山大王，二不是叫你考前清秀才。闹革命，打日本，你是专家，宣传群众，武装群众也是我们的老传统。不会记笔记，你就‘结绳记事’。这个司令你要坚决去当，还要想办法当好。你还有意见吗？”“没有意见了，

刘伯承（右二）、邓小平（左二）等在第 129 师师部

我服从分配。”汪乃贵愉快地答道。

1938 年 4 月，粉碎日军对晋东南“九路围攻”之后，第 129 师将 64 个连队中的 41 个连队，占总数的三分之二，分遣到各地开展游击战争。当时，新建立的游击支队多如雨后春笋，有的有几十人，十几条枪，有的只有十几人，几条枪。

在第 129 师成立军区、建立军分区时，几支较大的游击支队便自然而然地成为军分区的主力部队，而以前撒下去的种子逐步生根、发芽、开花、结果，使八路军的武装力量像滚雪球一样越滚越大。太行山区各县都建立了游击队，各支队的人数，有几十人的，也有几百人的，甚至多到上千人的。开始时，先发展成补充团、独立团和骑兵团，以后，为了进一步正规化，也为了突破国民党对八路军力量的限制，又逐渐整编为教导旅、新编旅、暂编旅。

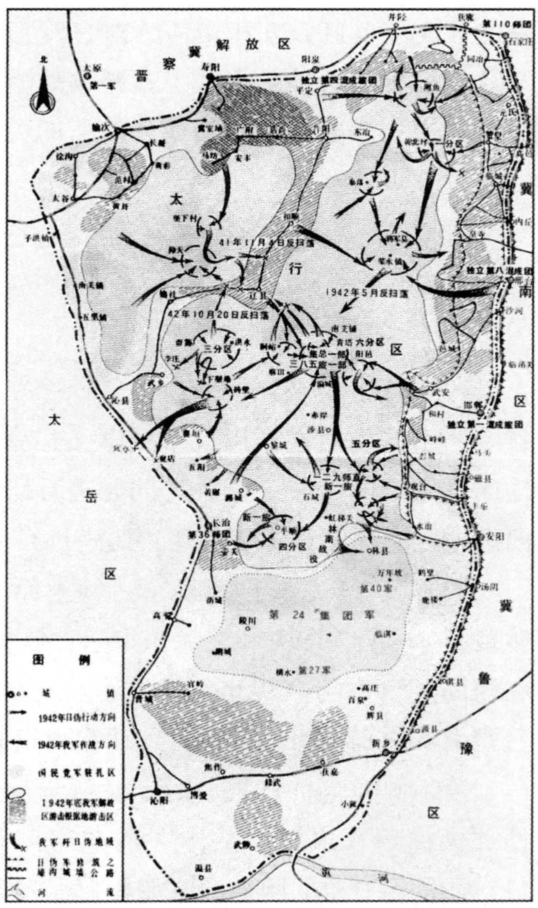

太行根据地坚持与巩固时期斗争形势要图

“化整为零”是太原失守后八路军战略调整的主要特点。零散的小部队能够生存、能够发挥作用的关键因素是人民的支持，这也正是日本侵略者必将失败的决定性因素。与此相反，日军从不敢“化整为零”，八路军在敌后创建的游击区和根据地使周围的日军有了一种“敌后”的感觉，他们不敢分散活动，更不敢单独行动。事实上，他们已经陷入了人民战争的“汪洋大海”，终究逃脱不了处处挨打、到处遭袭的命运。至此，以粉碎敌“九路进攻”和晋冀豫军区成立为标志，西起同蒲路、北界正太路、东至平汉路、南至黄河北岸，晋冀豫地区的游击战争已全面展开，晋冀豫抗日根据地初具规模。

第 129 师主力展开于太行、太岳山脉地区及晋冀豫根据地的基本建成，与晋察冀根据地、晋西北根据地相呼应，形成品字鼎立阵势的 3 个战略区，互相策应，对日军形成夹击包围的态势，有力地制约着日军的行动，保持了八路军战略行动的主动地位。这是中共中央和中央军委在抗战初期就布下的关系华北抗战、全国抗战命运的一着胜棋。

八路军进入吕梁山区发动群众

1938 年 5 月初，杨尚昆、林枫等率中共中央北方局、中共晋西省委、中共山西省委机关来到孝义，分别召开 3 次会议，就晋西南地区党组织的领导、任务等问题进行研究和部署，极大地推动了晋西南地区党建工作，为创建晋西南抗日根据地储备了思想条件。

1937 年 11 月 8 日，日军占领太原。1938 年初，为防止日军西渡黄河，按照党中央和毛泽东指示，邓小平率领八路军总部政治部，和杨尚昆负责的中共北方局党委及八路军第 115 师，相继进入山西吕梁山下的孝义西部地区，发动和组织群众抗战。

第 115 师是抗日战争时期党领导的八路军 3 个主力师之一。平型关大捷后，根据中共中央的战略部署，1938 年 1 月，八路军第 115 师部及主力部队第 343 旅由师长林彪率领南进，经汾阳进驻孝义，着手晋西南抗日根据地的创建工作。

第 115 师司令部驻地孝义县（今孝义市）碾头村

第 115 师来到孝义的时候，日军已经进犯到吕梁地区的高阳、兑镇和下堡一带，情况十分紧急。第 115 师师部驻扎到下堡后就立即展开对日作战的相关工作。当时师第 685 团的团长是杨勇，第 686 的团长是杨得志，由于这两个团的艰苦奋战，敌人被赶到了孝义城，下堡这一带方才免遭日军的屠杀。

第 115 师驻孝义期间，在支持地方工作方面发挥了积极作用。首先，帮助当地政府建立农会，开展减租减息运动，帮助农民发展生产，鼓励群众积极支前慰问一线部队。第二，放手发动妇女，建立了妇救会，在妇救会的统一领导下组织妇女做军鞋、做子弹袋以及手榴弹袋。那些被发动起来的妇女在平时还帮助慰问伤员，照顾伤员。第三，组织了青救会，动员青壮年参军，支援前线，为保障部队兵源起了很大作用。更重要的是，第 115 师还组建了晋西独立支队，对在吕梁山开展抗日游击战争中起了极其重要的作用。第 115 师住到下堡以后，经常利用村里的戏台给老百姓开会，给青壮年和妇女开会，宣传抗日救国的道理。第 115 师还在这里开过一次誓师大会，后来晋西独立支队一团、二团的许多战士就是在这次誓师大会后参加八路军的。

1938 年 5 月下旬，中共北方局杨尚昆率部分干部来到孝义，宣布成立中共晋西南区党委，林枫任书记。晋西南区党委一进驻孝义，就着手创办党员训练班。1938 年秋，党员训练班改建为党校，林枫兼任校长，党委机关所在的禅房头村一棵大槐树下就是学员们上课的教室。这个教室没有黑板、没有桌凳，上课时“老师”站在大槐树下讲课，所有的学员席地而坐。党校设了三月班、一月班和半月班，分批为晋西南抗日根据地各县培训了大量的县委、区委领导干部和基层组织干部。

1938 年 2 月下旬，第 115 师开赴大宁、蒲县等地迂回对日作战，取得了午城、井沟大捷之后，由代师长陈光、政委罗荣桓率领转回孝义。1938 年 9 月下旬，汾孝中心县委在禅房头召开扩大会议，落实扩军任务。会后，全党动手，党员带头，一个月时间就圆满完成了扩军 500 人的任务。1938 年 10 月、11 月间，晋西南区党委、第 115 师师部、师政治部先后离开孝义。

彻底粉碎日军对根据地的合围行动

日军侵占武汉后，改变了既有的战略方针，即停止对国民党正面战场的战略进攻，转而兵向华北敌后抗日根据地，妄想通过武力“讨伐”，摧毁共产党、八路军及其领导的抗日根据地和武装力量。日军根据其关于华北“治安作战”的基本指导原则和华北“治安肃正”的重点目标，很快从华中、华南和日本国内抽调重兵编入华北方面军的战斗序列，使华北日军兵力由30万迅速增加至约44万余人，占到全部侵华口军的半数以上。日军回兵华北以后，即按照“巩固点线，扩大面的占领”方针，以分割、封锁、讨伐相结合，采用“分散配置，分区扫荡，灵活进剿”的“牛刀子战术”，向各敌后抗日根据地发动了大规模的轮番扫荡，以期一举拿下华北。山西抗日根据地军民在奋勇抗敌，在众多战事、重要战役中，以晋察冀军民反“二十五路围攻”、晋冀豫军民“反九路围攻”等最具影响力。

晋察冀军民抗击日军“二十五路围攻”

反“二十五路围攻”是1938年9月到11月，八路军晋察冀军区部队和第120师主力粉碎日伪合围山西五台山区的重要战役。

1938年9月，日军为实现“南取广州、中攻武汉、北围五台”的作战计划，在华北集中25万兵力，分三个阶段，以分进合击战术，对以五台山为中心的晋察冀抗日根据地实施多路围攻。晋察冀军区司令员兼政治委员聂荣臻，遵照中央军委和八路军总部的指示，指挥军区部队和第120师主力，在根据地人民群众和邻区部队配合下，采取以广泛的游击战阻击、消耗和疲惫日军，集中主力在运动中歼其一部的方针，经过48天的奋勇抗战，沉重打击了进犯日军，挫败了其围攻计划，极大地提振了根据地军民抗战的信心。

以五台山为中心的晋察冀敌后抗日根据地，从创建伊始就成为日本侵略者的眼中钉、肉中刺。为了维持华北占领区的“治安”，并与进攻武汉和广州的作战相策应，1938年9月20日，日本华北方面军调集5万余人的兵力，分25路沿平汉、同蒲、平绥、正太铁路同时出动，东西对进，南北夹击，对晋察冀敌后抗日根据地发动了规模空前的围攻。面对这种严峻形势，中共中央、北方局和八路军总部沉着应战，指挥晋察冀军区和第120师主力展开了英勇的反围攻行动。

9月26日，日军独立第4混成旅团大队长清水喜代美率领1300多人从正太铁路北面的盂县出发，渡过滹沱河，在飞机掩护下进攻五台东南的柏兰镇。此时晋察冀军区领导机关和边区党委、政府机关，正在五台县耿镇、石嘴附近的一条山沟中，距离柏兰镇仅20余公里。为了掩护领导机关转移，军区参谋长唐延杰亲自指挥第二军分区部队和军区学兵营掩护军区机关撤退。9月29日，部队在牛道岭与敌遭遇，唐延杰指挥部队与敌激战一天，直到军区机关和边区党政机关全部安全转移。在这次战斗中，日军清水喜代美大队长被击毙，成为八路军在抗日战场上击毙的第一个日军将军（死时为大佐，死后被追赠为少将）。聂荣臻后来在回忆录里写道：“这次围攻开始时，清水嚣张得很，一再扬言要占领五台，结果，刚到牛道岭就丧了命。具有讽刺意味的是，这个发誓要攻占五台的家伙，被装进棺材，由他的部下抬着进入了五台城。敌人的画报还刊登了一幅‘抬尸进五台’的照片，真是自己嘲笑自己！”

10月25日，日军独立第二混成旅旅团长常冈宽治少将带领200余人，从蔚县出发到广灵、灵丘等地进行督战。第359旅旅长王震知晓后立即命令部队进至广灵以南的邵家庄设伏。28日上午10点多，日军姗姗来迟，早已等候多时的战士们以破竹之势冲向敌军，展开激战。这时，突击队队长彭清云看到一个戴着金色肩章胖乎乎的鬼子军官，正趴在一辆汽车底下张牙舞爪地指挥日军反击，于是提起三八大盖，“啪”的一枪就击倒了他。见指挥官倒下了，日军顿时乱了阵脚。不到一个小时，大部分日军被歼。后来证实，被击中的正是日军少将常冈宽治。在这次战斗中，彭清云被赶来支援的

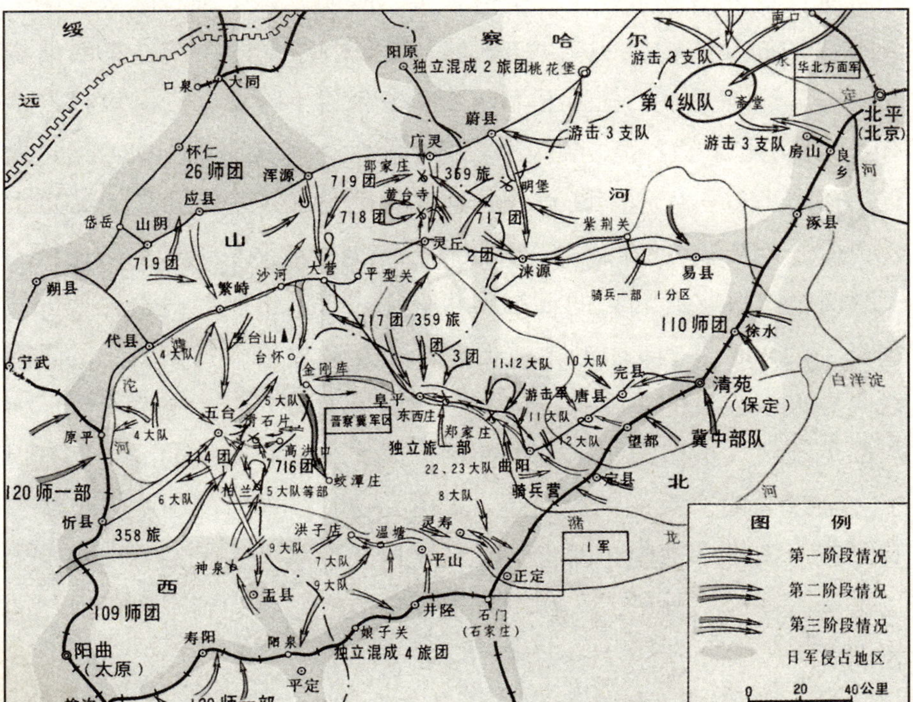

晋察冀军区暨第120师反敌对五台、冀西区围攻作战要图

日军射穿了右肘关节，不得不做了截肢手术。十几天后，第359旅718团政委左齐也在战斗中失去右臂，从此第359旅出现了三位独臂指挥员——第717团政委晏福生（1955年授中将军衔）、第719团1营教导员彭清云（1955年授少将军衔）、第718团政委左齐（1955年授少将军衔）。三位指挥员同属第359旅，同是失去右臂，同时被授予将军衔，既是巧合，也从一个方面反映出抗击25路围攻战斗的激烈程度和八路军付出的惨重代价。

11月2日，日军第109师团135联队蚋野大队500余人，星夜偷袭晋察冀军区二分区五大队驻地五台高洪口，制造了骇人听闻的“高洪口惨案”。据《五台县志》记载：“日军气势汹汹进了村，见人就杀，见东西就抢。刘喜正在河边挖麻条，被日军刀刺11处；杨七梅正要隐蔽，被日军割下头颅，她的乳婴也右臂受伤。军区代办所所长杨丙昌及亲戚5口全遭杀害。陈明、陈生玉、陈双玉的爱人和孩子们及安德亮一家共17人，藏于山药窖内，被日军活活烧死……”这一天，二分区五大队250多名战士阵亡，高洪口村群众有49人惨死日军之手。聂荣臻获此消息后，怒火中烧，决心给这股日军以严厉打击。他判断敌人的这次行动是属于轻装奔袭，必定很快折返五台县城，便命令第358旅在日军返途的必经之地石沟设伏。天黑时，这群丧心病狂的日军果然毫无戒备地出现在滑石片地区。这时，第358旅716团的指战员们迅速发动攻击，只见密集的子弹射向敌人，成批的手榴弹扔向敌军，沟里人喊马嘶，鬼哭狼嚎，血肉横飞。敌人虽然组织了几次冲锋，但均被一心复仇的战士们打退了。经过全团官兵的彻夜打击，4日天亮时，来时的500多日军仅有二三十人侥幸逃脱，而犯下滔天罪行的日军大队长蚋野中佐被当场击毙。一天一夜里，八路军将士让日本侵略者尝到了血债血偿的教训。

到1938年秋，晋察冀边区反敌多路围攻已历时48天，共进行大小战斗167次，歼敌5300多人，同时缴获了大量武器弹药和军用物资。除了五台、灵丘等县城外，其他大部分地区陆续被收复。聂荣臻在回忆录中自豪地写道："日本侵略军'北围五台'的幻梦，落了个损兵折将的下场，最后不得不狼狈逃窜。"

晋冀豫军民反击"九路围攻"

反"九路围攻"是抗战时期晋东南抗日军民反击日军围攻的重大战役。1938年4月，日军华北方面军为解除后方交通运输线威胁，摧毁刚刚建立的晋冀豫根据地，从4个师团中调集3万余人的兵力，在司令官香月清司统一指挥下，由同蒲、正太、平汉铁路线和长治、屯留等地出动，分9路向晋东南地区大举围攻，企图以"分进合击"的战术，将八路军第129师等部和在这一地区的国民党军队，围歼在辽县（今左权县）、榆社、武乡地区。八路军从神头岭战斗中缴获的日军文件里，获悉了日军的这一围攻企图。

当时，第129师副师长徐向前对缴获的日军官兵的信件发生了兴趣，他让翻译把那"有意思"的翻译出来：

"山西的道路与河北全然不同，差不多都是山岳地带，道路也全是石头，相当受苦，并且当地抗日思想特别激烈，每日都受敌袭。"（高见安作3月28日写的家信）

"向高高的山顶推上车辆，向水泄不通的敌阵冲锋前进，整天和饥饿苦斗，要碰到中国特有的游击战，那就是前进五里又倒退五里的战斗，真是说不尽的劳苦！"（清吉家信）

"附近之敌是朱德所率的共产军，他们利用天险施行游击战，实在难战之极，同时又长于宣传，甚至村民也反抗我们，所以在这里非时刻留神不可。"（在潞安警备部的一个士兵写的信）

"山西现在常下着雨……在雨夜或是闪闪的星光下站着或是走着，浮上脑里来的总是家里或小孩的事……你是在怎样挂念着我啊……据说四月上旬又有大攻击。"（代正忠诚3月27日给他妻子波

子的信）

徐向前看完这些信，对身边的人说："思乡、厌战、愁苦，对游击战恐惧，给我们战胜日本帝国主义准备了条件。"更重要的是，从缴获的文件中发现敌人"四月上旬有较大攻击"的企图。同时八路军总部获得的情报，也证实了日军九路围攻根据地的计划。为粉碎日军围攻、保卫晋东南根据地，八路军总部在沁县小东岭召开军事会议，制定了作战方针：在日军未进入"利害变换线"以前，采用内线作战，集中兵力，各个击破，当打敌一路时，余路钳制之；当日军进入"利害变换线"内时，则从敌间隙中转到外线作战，袭击敌之侧背，亦求集中兵力各个击破。

朱德、刘伯承、邓小平（从右至左）在晋冀豫抗日根据地研究作战计划

4月6日，第129师召开军政干部会，决定先在涉（县）、武（安）间打敌一路。会后邓小平和陈锡联赴辽县指挥北面各部，动员群众"空舍清野"，布置后方工作。刘伯承和徐向前率部执行涉武作战计划。后因敌情变化，正太线的敌人已经占了襄垣，八路军总部命令第129师西移，配合国民党曾万钟第3军作战。这时，晋冀豫根据地部队及各友军都进入了作战区域。

反围攻开始阶段采取游击战，消耗疲惫日军，并寻找有利战机，在运动战中予以打击。日军第20师团77联队，由洪洞进犯安泽、沁源，被第115师一部、决死第一纵队和友军高桂滋部堵截；酒井旅团的一个步兵联队及骑兵、工兵、炮兵和辎重各一部，由太谷、祁县进犯子洪口，在东西团城地区，遭到八路军和友军武士敏、朱怀冰等部的阻击。日军第 109 师团两个大队由太谷、榆次，经长凝，向阔郊、马坊进攻，以榆社为目标，受到秦赖支队的钳制。日军第 16 师团兵分四路围攻，都受到不同程度的阻击。日军第 108 师团一个联队由长治经襄垣、西营、下良进迫辽县；步兵工藤联队及骑、炮、工、辎各一个大队，由屯留向沁县进攻，占领了沁县、武乡，逼近榆社。

4 月 14 日，按照朱德、彭德怀指示，第 129 师从鸡鸣铺撤出、去贾豁镇途中，徐向前看到榆社方向火光冲天，并接到报告说，敌人已由榆社返回武乡。于是，徐向前对刘伯承说："他们把武乡烧光了，估计不会久住，很快就会撤出来。"刘伯承点点头，同意这个判断。此时日军第 117 联队进占武乡，并以主力北犯榆社，企图与太谷、榆社南犯之敌会合。但在八路军总部特务团和第 115 师 344 旅一部阻击下，又退回武乡。

15 日，第 129 师进至马牧、胡家垴、型庄、长庆凹一带，武乡之敌开始向襄垣方向撤退，徐向前感到这是追击歼敌的好机会。他对刘伯承师长说："鬼子辎重骡马多，他们从来不习惯于夜间行动。这一次，他们又不是逃命，更不知道我们离他们只有 30 多里路。他们背的'包袱'大，又有牛车，走不快的。我们现在是轻装，行军速度要比鬼子快得多。只要不被鬼子发觉，到天亮就可以追上。"刘伯承听了徐向前的分析后，果断地说："追！"一声令下，陈赓将部队分为左右两路，经武乡、小河、黄红坡，在南窑科地方，发现巩家垴有敌侧翼警戒部队四五百人。为避免暴露企图，该团即在上下牛家庄隐蔽起来。

16 日，日军大部已过长乐村，其辎重尚在白草延附近，而第 129 师 771 团已到达白草延对岸之郑峪村、张庄以北高地，与第 772 团两岸平行。第 129 师遂令两团相对突击，将敌拦腰斩断，敌之辎重人马被压制在长乐村以西的型村、李庄、白草延、马庄一线的一个狭窄的河滩隘路上。在两侧部队猛烈攻击下，日军人马尸首、辎重遍布河滩。战至中午，已过长乐村的日军主力 1000 余人返回解围，被第772团一部和第689团截住，战斗十分激烈。下午，日军第105联队从辽县、蟠龙方向增援，战斗更加艰苦激烈。为避免过大牺牲，遂以第769团和第689团各一部摆成了游

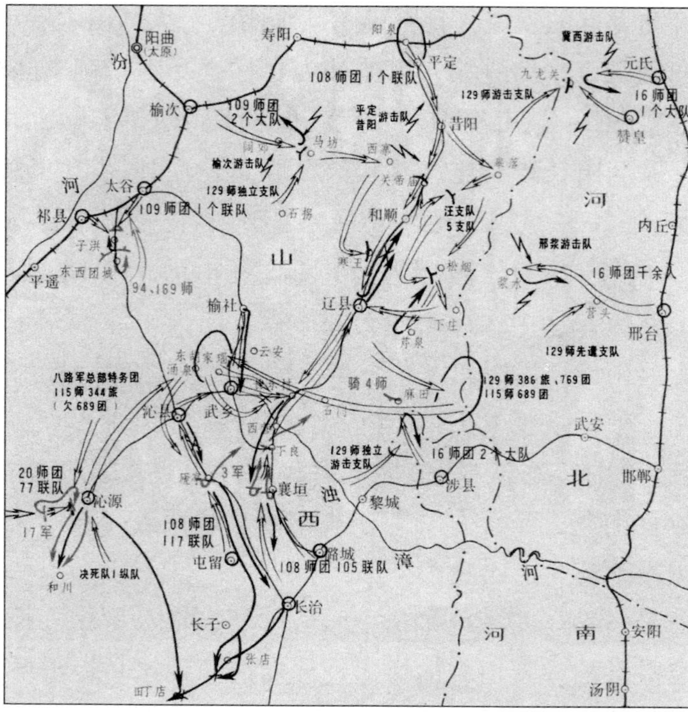

晋东南反九路围攻作战要图

击网，阻击与迷惑日军，主力撤至云安村、合璧村一带隐蔽待击。长乐村这场恶战结束后，经清点，第129师以伤亡800人的代价，消灭日军2000多人，缴获60多支步枪，3挺轻机枪，战马10余匹。而整个反“九路围攻”打掉敌人4000人以上。

长乐村战斗是粉碎日军九路围攻中具有决定意义的一仗，日军遭到歼灭性打击后，其他各路纷纷回窜。第129师各部乘胜追击，有力地打击日军残部，先后收复辽县、黎城、潞城、襄垣、屯留、沁县、沁源、高平、晋城等18座县城，使长治之敌陷于孤立。到4月下旬，长治日军经白晋公路和曲（沃）高（平）公路向同蒲路南段撤退，又被第344旅、决死第一纵队袭击，伤亡近千。这样，经过半个多月的浴血奋战，日军的“九路围攻”被彻底粉碎了。

破袭白晋路，打破日军“囚笼政策”

1940年春，日军在华北推行“囚笼政策”，加紧修筑晋东南地区的白（圭）晋（城）铁路，企图分割和封锁太行、太岳抗日根据地。为打破日军的“囚笼政策”，破坏其筑路计划，八路军第129师师长刘伯承、政治委员邓小平，决心动员太行、太岳区军民，对白晋铁路北段实行大规模破击作战。这次破击战意义深远，使抗日军民不仅在开展对日交通斗争上锻炼了自己，而且为彻底粉碎“囚笼政策”积累了重要经验。

白晋铁路北起太谷县的白圭镇，南经长治到达晋城，是日军驻太原大本营向晋东南地区运送军火物资的主要交通线。以白晋线为界，日军把晋东南抗日根据地分割为太行、太岳两块，企图以铁路为“柱”，公路为“链”，碉堡为“锁”，辅之以封锁沟墙，构成网状压缩包围，以“囚笼政策”摧毁晋东南抗日根据地。

1940年，襄垣人常向先就跟随八路军将士们来祁县选“区长”，他回忆说：“白晋线一修通，就生生地把一个祁县割成了两半：抗日队伍被压在铁路东边，过不到路西。东边虽然地方大，但却是三大沟，即上庄沟、东峪沟、南凤沟，要人没人，要粮没粮，生存条件非常恶劣。为解决这个问题，祁县县委想方设法打通路西，成立了二区，路东便成了一区。路东归太行，路西则归太岳。同样的情形，武乡也划成武东武西。”

1940 年初，日军全面强化铁路交通的情报不断汇集到八路军第 129 师指挥部，刘伯承师长明确指出 ：“敌人以铁路为大血管，公路为小血管……铁路是日军活动的生命线，是‘扫荡’八路军的基地，日军倘若失去铁路、公路，凭着两只泥足行军作战，运输军用物资，其困难将不堪想象。”邓小平政委则在会上发出号召 ：“从现在起，面向交通线广泛、深入地展开交通斗争，反击日军的‘囚笼政策’”。

4 月下旬，日军为了加快修通白晋铁路，置重兵于线路南段，进攻高平、晋城、陵川一带，以解除其修建铁路的侧背威胁 ；在线路北段仅以第 36 师团两个联队各一部守备已修好的白圭至沁县区间路线。刘伯承、邓小平决定乘隙发起破击战役，集中力量打击敌人强化铁路交通的计划。

5 月 2 日，刘伯承向各参战部队下达战役计划。5 日，白晋战役发起，各破击部队在 2 万余群众协助下，在 200 余里的铁路线上展开声势浩大的破击战，猛烈地袭击白晋沿线沁县、固亦、漳源、权店、南关及来远各据点的日军。师特务团在地方游击队的配合下，破击东观至来远区间；第 385 旅、平汉纵队主力与边区纵队 1 团和 3 团，破击来远至权店区间 ；第 386 旅及决死第 1 纵队破击权店至柳村区间。武乡县分水岭、岩庄一带的民兵、群众则配合主力部队，全力投入了战斗。

战斗初期，民兵们在夜里用地雷、石雷封锁了通向敌护路据点要道口 ；土炮手们选择好地形，把炮口对准敌人的岗楼；广大民兵、群众不分男女老幼，扛着锹、镐，手握铁扳手，纷纷参加破击战斗。顿时，破路大军在日军碉堡和岗楼之间，五人一组，十人一班，抡锤舞镐，挖路基，扒铁轨，扛枕木，割电线，铁路上人山人海，战

敌后军民破坏敌占区铁路

斗紧张地进行。在人民战争的强大威力下，日军吓得龟缩在炮楼里不敢露头。

开始，民兵们用铁扳手拧开道钉和夹板，一截一截地把铁轨扒起，再把枕木一根一根搬开。后来他们就几十人一排一排站在铁道一旁，把枕木下面挖空。然后人人肩扛枕木，手把道轨，指挥者号令一下，几十个人一起用力扛起枕木，几十米长的铁轨就来了个大翻身。

常向先回忆说："当时打击白晋线就是一项经常性的工作，撬下钢轨，由壮小伙们扛着长途运输。从来远山沟里钻到榆社，再从榆社走到武乡的洪水，然后翻山扛到黎城黄崖洞兵工厂。这些钢轨的最终命运是造枪。另外就是割电话线，抢夺火车上的运输物资。”

群众开展“破击战”，日军就在铁路沿线增兵布点，加强防卫，加强修复，强行通车。就这样，敌人白天修路，民兵晚上破路。经过半个多月的群众性大破击，日寇苦心经营一年之久的白晋线，被破坏得像一条遍体鳞伤的“死蛇”一样，瘫痪在那里。

民兵们在破路的同时，还寻找战机袭击敌人的火车。“白晋铁路向南过了北关以后，有一个大弧度的拐弯。在这个弯道上火车都要慢下来，我方人员多在这时扒上火车，往下抛掷运输物资。”

到5月5日夜，第385旅769团攻入白晋线上的重要据点南关火车站。南关位于白圭至沁县的中间，地处武乡、祁县、平遥三县交界的峡谷中。铁路从该镇南北曲折延伸而去，而南关站是白晋铁路线上的一个重要补给站。经过一夜激战，八路军歼敌近300人，缴获炸药近2000箱和大批军用物资，解救了日军从河北、山东抓来的近千余名修路民工，炸毁了车站，将已修建的白晋铁路北段拦腰切断了。

白晋战役破坏铁路50余公里，毁坏大小桥梁50余座，火车一列。这是广大抗日军民沉重打击日军“囚笼政策”的一次重大战役，使日军临邯铁路被迫停修。白晋铁路费时一年多仅修至夏店镇，打破了日军原拟修至晋城，再南接道清铁路（河南道口至清化）的企图。

粉碎晋西事变

太原失守后，以国民党为主的华北正规战就结束了，而以八路军为主体的游击战则如火如荼地开展起来，共产党领导的抗日民众力量日益壮大。蒋介石国民党对于共产党由山西出发而发展起来的华北抗日游击战争的政治局面是极端仇视和不甘心的。武汉失守以后，蒋介石国民党采取了严格限制与打击共产党的政策，加紧了同共产党的摩擦，以至于在1939年底掀起了第一次反共高潮的逆风恶浪。在这次反共高潮中，阎锡山充当了蒋介石国民党的急先锋，发动了旧派进攻新派、旧军进攻新军的反革命事件，时称“晋西事变”或“十二月事变”。

对于一切以维护山西封建统治权力为转移的阎锡山而言，无论是牺盟会掌握的地方政权还是新军等进步力量的迅猛发展，都无法掌控，这使阎锡山心里产生了严重的危机感：自己在山西的主导、统治地位正在失去，抗战胜利之时，就可能是自己丢掉整个山西地盘之日。于是阎锡山开始了取消牺盟会、消灭新军、破坏统一战线的阴谋策划。

1938年2月，阎锡山在临汾附近的温泉村召开了一次检讨第二战区抗战工作的军政民高级干部会议，以所谓“集中力量，加强本战区的动员工作”为借口，策动成立“民族革命同志会”，这是阎锡山纠结反共顽固派向革命势力发动进攻的第一个重要步骤。1938年6月和9月，阎锡山先后在吉县的古贤村召开了两次军政干部会议，确定了“重整旧军，压制新军”的方针，把原计划给“决死队”两个军的番号转给了旧军，同时还指使旧军各部队开办军政学校，以培养反共人才，意图从思想上和组织上加强旧军、压制新军。随着武汉失守和国民党政策上的变化，1939年1月国民党五中全会确定了“溶共、防共、限共、反共”方针，日军也对阎锡山展开政治诱降，日阎之间暂时停止大型战事的局面给了阎锡山喘息的时间。阎锡山以为是时候了，可以动手了。

1939年3月，阎锡山在陕西省宜川县秋林镇召开“军政民高级干部会议”（通称“秋林会议”）。会上，阎锡山加紧了取消牺盟会和新军的活动。对新军，阎锡山首先从取消新军的政委制上开刀，紧接着他又提出“统一编制”，企图从事实上彻底吞并新军。会议在4月22日宣布结束，牺盟会和新军的主要负责人都被阎羁绊在秋林走不脱。薄一波把牺盟会、新军与会人员找来，对大家说：“这样和阎锡山争论下去，把我们牵制在秋林很危险，他可以把军队掌握了，我们应假装同意取消政委制。”大家都赞成他的意见。与会的牺盟会和新军的部分领导人才得以脱身。

策动晋西事变时的阎锡山

1939年12月1日，阎锡山以对日军发动“冬季攻势”为名，命令决死第2纵队于12月5日向同蒲路实行突击，同时命旧军为“预备队”，置于新军之后。就在第2纵队准备向日军发动攻势之际，旧军从背后向第2纵队开了枪。12月7日，决死第2纵队政治部主任韩钧义愤难忍，以个人名义致电阎锡山，痛斥这一行为。阎锡山收到电报后马上召开高干会议，在会上宣读了韩钧的电报。他说："韩电对我说12月12日誓师，表示不相隶属了，韩钧反了！"以此为借口，阎锡山通电全国讨伐新军，酝酿已久的晋西事变终于爆发了。事变中，薄一波发电要求所有新军部队，必须明确表态站在第2纵队一边，予以支持。各部队和牺盟会的领导人，也纷纷致电阎锡山，抗议反革命事件。与此同时，八路军也大力协助新军。

决死第2纵队在晋西南区党委和八路军支持下，应战自卫。但因新旧军兵力悬殊，第2纵队经过艰苦奋战，越过离（石）军（渡）公路，转移至晋西北的临县招贤镇地区。阎锡山不肯罢休，命令赵承绶骑兵第1军和郭宗汾第33军，会同第61军、第19军以临县为中心，阻止第2纵队与晋西北的新军和八路军会合，妄图"剿灭"决死第2纵队。12月底，中共中央军委电令晋西北八路军接应决死第2纵队北上，同时命令赴冀中开辟根据地的第120师主力星夜赶回晋西北，以便集中力量反击赵承绶、郭宗汾的军事进攻。

此时，新军续范亭的暂编第1师抢先占据了赤坚岭要地。彭绍辉、罗贵波则率八路军第358旅前出接应，顽军已处劣势。1940年1月10日，在中央军委参谋长滕代远的统一指挥下，决死第2纵队、晋西支队、第209旅从东面进攻，第358旅、第4纵队、暂1师从北面进攻，1月13日同时迫近临县城郊。赵承绶、郭宗汾部当天晚上弃城逃走，经过离石公路向晋西南而去，其副师长以下2700余人被俘。接着，八路军和新军又将岢岚、河曲、保德等地的顽军肃清，彻底将反共顽固势力赶出了晋西北，使晋西北变成了巩固的抗日民主根据地。

在阎锡山向新军各部发起全面进攻时，决死第1纵队做了充分准备，在八路军第386旅和总部特务团的支持下，打退了蒋军和阎

决死队第 1 纵队在临（汾）屯（留）公路上阻击顽军

军的进攻，基本上未受损失。决死第 1 纵队在事变中胜利突围，与转移到太岳根据地的第 212 旅、第 213 旅胜利会师，后经过调整编为决死第 1 纵队，纳入八路军战斗序列，直接归八路军总部领导。

决死第 4 纵队在事变中采取主动，于 12 月 12 日夜全军行动，逮捕了部队内部所有顽固军官，取得了反顽斗争的胜利。事变后，第 4 纵队撤离交城，会师临县，继续执行反顽斗争新任务。

决死第 3 纵队没有坚决执行在秋林商定的对策，未采取有力措施掌握部队，在事变中损失惨重。反动军官胁迫拉走了 1 个纵队司令部、1 个旅司令部、3 个部队、1 个建制营、3 个连，共计 4000 余人，有 150 余名党员干部和政工干部被捕被俘，其中 30 余人惨遭杀害。反共顽固派先后夺取 9 座县城，摧毁了这些县的抗日民主政府和部分抗日武装，袭击了第 5 专署和牺盟会长治中心区，屠杀共产党和进步分子 70 余人。第 3 纵队付出血的代价，也使部队擦亮了眼睛，受到了深刻教育。1940 年 3 月，决死第 3 纵队进行整编，将反顽斗争中胜利突围的部队及部分县独立营，组成了 3 个团，归八路军第 129 师领导。

阎锡山发动晋西事变，原想灭新扶旧，没想到事变后，决死队有 33 个团脱离了阎军序列，公开和八路军站到了一起。他的旧军也因此受到重创，溃不成军。一个半月多的时间中，他失去了整个晋西北。蒋介石乘机令 10 万中央军进入山西，抢占了阎锡山 10 多个县。面对这样的局面，阎锡山心惊肉跳地说："我不亡于共，也要亡于蒋。"续范亭讥讽他说："阎王定下杀马计，跑了马儿又伤身。"

全面推进敌后根据地建设

1941 年至 1942 年，是中国敌后抗战最为困难的时期。日军企图把中国变成其太平洋战争的后方基地，加紧了对华作战步伐。在华北，日本推行“治安强化运动”，对占领区人民实施残暴的殖民统治、经济掠夺和奴化教育；对抗日根据地进行“扫荡”和“蚕食”，残酷地实施“三光”政策。日军的侵略行动，国民党的封锁包围，以及百年未遇的自然灾害，都使根据地遭受了重大损失。为了克服这些严重困难，中国共产党采取了多项有力措施。

北方局召开著名的“黎城会议”

1940 年 4 月 11 日至 26 日，中共中央北方局决定在晋东南黎城县召开太行、太岳、冀南地区高级干部会议。会议由北方局书记杨尚昆主持并作《目前政治形势与统一战线中的策略问题》的报告，中心议题是加强根据地政权建设，并提出了建党、建军、建政三项具体任务。这就是历史上著名的“黎城会议”。

为什么要召开黎城会议呢？这与当时我党的整体抗战部署和华北地区的实际情况有关。国民党顽固派发动第一次反共高潮后，消

中共中央北方局高级干部会议（史称黎城会议）黎城县北社村旧址

极抗日、积极反共的本质越来越明显。为此，中共中央特别作出指示，当前的战略部署是在坚持游击战争的总任务下，粉碎敌人进攻，建立敌后政权，扩大人民军队，争取时局好转；争取把晋东南建设成为一个大抗日根据地。

当时，八路军第129师已完全控制冀南全部、太行北部、太岳北部的广大地区，但这些地方却存在一些亟待解决的现实问题。比如各根据地政权不统一，在财政上各自为政；新军决死队并入八路军后，需要改变过去的工作方法和工作作风；华北日军的"囚笼战略"切断我军各战区之间的正常联系，妄图把我根据地军民困死饿死；八路军队伍已经发展到近40万人，经费问题越来越紧张等。

同时，华北地区的党组织，自抗战以来有了很大发展，新党员人数骤增，他们大部分来自农民和小资产阶级，不可避免地带有各种非无产阶级思想。因此，要开展党的知识教育和政治理论学习，使党员树立无产阶级思想。为了提高党的战斗力，要密切联系群众，造成一种氛围，使党员、干部注意群众生活，关心群众切身利益，反对“党老爷”“党官”那种脱离群众的坏作风。会议认为，八路军是在中国共产党领导下成长起来的一支人民武装，它是党的路线、策略的宣传者和执行者；军队建设要加强部队的政治工作，提高部队的政治素质；要把地方性武装逐步纳入正规军，补充兵力，扩大主力部队，要加强部队的作战训练和队伍训练，制定各种条令、法规，使部队逐步实现正规化。

就整个华北地区来说，随着顽固势力的基本清除，着力推进根据地民主政权建设就提上了日程。在当时的斗争形势下，只有建立根据地才能使革命生根，因而会议强调，地方党组织和军队要把建设巩固的根据地看成头等的重要任务，任何形势下都不能把这个问题忘记。关于政权的结构，会议认为，要让赞成抗日又赞成民主的地主、资产阶级、小资产阶级和无产阶级在政权组织中各占三分之一，并按专署、县、区、乡四级政权分开的方式，而不是笼统的按全部人员进行计算。会议特别指出，目前华北地区主要偏向是企图造成清一色政权，有一部分党员干部存在“一党专政”的错误认识，他们在“提拔工农成分”的口号下，想让一些不识字的农民担任主要领导岗位，这是一种“左”的包办错误。

还有一个让大家感到头疼的事情，就是当时的财政经费拮据。根据地扩大了，行政人员渐渐多起来，军队战士也渐渐多起来。先不说部队打仗要消费，单说保证这么多人每天吃上饭，就很不容易。尽管采取了各种方式多方筹措资金，还是不能满足部队的正常开支。

黎城会议上，邓小平提出的许多建议和方案，不但得到与会代表的认可，且有力缓解了根据地财政不足的问题。邓小平说，根据地的财政经济做到自给自足是完全可能的，这就需要发展生产，加强财政管理。比如说，政权和经济机关要在发展生产中起调剂作用，不能对生产进行包办。对于商人、富农经济，要留给他们一定的发展空间，不能把他们赶到敌占区去，因为如果把他们赶走了，就等于增加了敌人的收入。要发挥银行的作用，让它们刺激国民经济的发展。要统一收支，要节流，要反对贪污浪费。各项经费要由北方局统一管理，执行预算、决算制度，制定经费使用条例。要重新审查税收标准，每3个月到半年根据具体经济状况审定一次。政府除正当规定外，不准筹款。军队、游击队、党、民一个钱也不能筹，更不允许"乐捐"。军队一定要种地，现在先种菜，以后再减菜金。邓小平的这些财经思想对缓解和改善根据地的财经状况，起了十分重要的指导作用。现在，许多研究中共党史的学者对邓小平的上述财经思想非常赞赏。他们认为，邓小平在抗日根据地建设时期积累起来的经济工作经验，恐怕也是中华人民共和国成立以后他领导社会主义建设的重要"资本"。

黎城会议制订和完善了各种政策，对晋冀鲁豫根据地的巩固和建设具有重要意义。黎城会议的召开，是晋冀豫抗日根据地从分散领导走向统一领导的标志，它使根据地建设逐步走向正规，是中国共产党按照新民主主义思想指导进行政权、经济、社会建设的开始。

精兵简政与生产自救

1941年至1942年，山西各敌后根据地的对敌斗争空前残酷、极其艰难，经过几年斗争而逐渐发展起来的抗战机构显得庞大臃肿，已不能适应复杂多变的敌后作战形势了。因此，精兵简政和生产自救被提上了日程。

1941年底，中共中央发出《关于太平洋战争爆发后敌后抗日根据地工作的指示》，指示说："敌后抗战能否长期坚持的最重要的条件，就是这些根据地居民能否养活我们，能否维持抗日的积极性，""我党政军均应了解，假若民力很快消耗，假若老百姓因负担过重而消极，而与我们脱离，那么不管我们其他政策怎样正确也无济于事。”党中央从抗日战争相持阶段极为复杂困难的实际情况出发，提出了实行“精兵简政”的号召。在精兵方面，要求缩编主力部队和指挥机关，充实连队，主力军部分实行地方化，加强地方武装和民兵，加紧整训，提高战斗力。在简政方面，要求抗日根据地切实整顿各级组织，紧缩机关和人员编制，加强基层，提高效能，节约人力物力，反对官僚主义。毛泽东说:“目前我们须得变一变，把我们的身体变得小些，但是变得更加扎实些，我们就会变成无敌的了。”精兵简政，解决了机构庞大和受到战争破坏的社会经济缺乏足够承受能力之间的矛盾，减轻了人民的负担，是使各抗日根据地能够度过极端困难时期的一项重大措施。

负责第129师精简工作的邓小平讲得更为具体一些：“减少人民对抗日的负担，减轻人民对我们的负担，从两方面着手：第一精兵简政，减少脱离生产人员；第二，机关部队本身生产节约，反对贪污浪费，自己解决部分经费。”

当时不存在干部的终身制，也不存在只上不下的情况。所以，当时精简下来的很多干部，什么去向的都有。年轻力壮的被动员参军，老弱的、家在本地区的被动员回家，家在外地区的安置到农村工作。还有的县、区干部回到农村，或去开荒种地、养猪、养羊，或在商店、合作社工作。也

战士们在太行山开荒

战士们在纺线

有相当一部分文化水平高、有工作能力的人，充实到了根据地基层的政权中。精简后的军政机关，加强了战斗力，改善军队供给，提高基层政权战斗力，适应了战争形势的变化，同时节约了人力、财力，减轻和稳定了人民的负担，极大地提高了工作效率，克服了官僚主义。

1942 年，日军华北方面军司令官冈村宁次带给根据地人民的不仅仅是一次军事进攻，同时带来的还有灭绝人性的“三光”政策。日军所到之处，无不烧光杀光抢光。有些东西烧不掉又拿不走，日军就投毒或炸毁，企图使根据地人民饮无水食无锅，破坏人们最基本的生存条件。这一招，比军事手段更加阴险毒辣。日军的烧杀抢掠，激起根据地人民更大愤慨，使军民团结得更加紧密。在当时艰苦卓绝的环境中，根据地军民咬紧牙关，共渡难关。那时，有的军队干部每餐只有五根缺盐的萝卜条和填不饱肚子的小米饭。老百姓看着，十分心疼，经常会将他们仅有的一些柿子皮和玉米馍送给八路军子弟兵。

为了解决困难，各根据地遵照中央指示精神，积极开展了生产自救运动。第 129 师专门增设了生产部，负责组织、领导部队的生产工作。在他们的试验场里，不只是低水平地耕土地种粮食，还试种了“金皇后”玉米、西红柿，繁殖了产蛋多的来享鸡。师直机关的干部、家属也都参加到这场规模空前的大生产运动中来。刘伯承

战士们在打草鞋

的夫人汪荣华、邓小平的夫人卓琳所在的生产小组种的一个大萝卜，有6斤重，被邓小平称为“萝卜大王”。

在晋冀鲁豫边区和第129师召开的生产运动大会上，邓小平提出了建立“奖勤罚懒”制度的建议，他说：“个人生产模范、劳动英雄，给予100元到200元的奖金。有的同志说，这是否高了？我说不高。这是由其劳动所得的，又不是贪污所得，这是应该的。对于懒惰不积极的，要给予处分。懒惰、生产不好的单位必须自己吃苦，否则，赏罚不明，就不能将这一项工作做好。”后来，邓小平又把奖金数额提高到200—300元，这在当时部队战士每月津贴只有1.5元的情况下，可谓是重奖。正是这种奖勤罚懒政策的贯彻落实，极大地提高了部队和机关的生产积极性，为度过灾荒、保证人民的生活发挥了重要作用。

开展大生产的同时，根据地军民还厉行节约。当时提出了这样的口号：“白天多做事，夜晚少点灯。”刘伯承更是“发明”了一种“吝啬”至极的用纸方法：先用铅笔写，然后再用毛笔写，写完一面，翻过来再用两次。当时，师司令部考虑到刘伯承的眼睛不好，曾想给他用大一些的纸，写大一点的字，但被刘伯承拒绝了。他说：“现在号召大家节省，我怎么能特殊呢？何况，我还有个放大镜，‘装备’比别人优越得多哩！”

精兵简政政策的落实和生产自救运动的成功，使八路军和敌后根据地顺利地渡过了难关，有力地支援了全国战略反攻和夺取抗日战争的最后胜利。

八路军总部伙食单位生产节约方案

八路军太行纪念馆主题展览抗战史陈列馆里，珍藏有一幅图片——八路军总部首长制定的《滕杨方案》。这是 1944 年 4 月，八路军总部出台的一个文件，全名为《滕参谋长杨副参谋长手订总部伙食单位生产节约方案》，简称《滕杨方案》。目睹图片，人们仿佛回到了那个战火纷飞的艰苦岁月。

抗日战争进入战略相持阶段后，日军对太行山根据地的扫荡日益疯狂，国民党顽固派也不断进行封锁和破坏，再加上连年的旱灾和蝗灾，根据地经济陷入了极端困难的境地。中共中央北方局代理书记邓小平与八路军前方总部参谋长滕代远、副参谋长杨立三经过认真研究，决定最大限度调动个人的积极性，鼓励个人生产，奖勤罚懒。根据“奖勤罚懒”的精神，杨立三最先拟定了一个《总部伙食单位生产节约方案》。之后又与滕代远一起切磋，决定在部队公布执行，这就是《滕杨方案》。

《滕杨方案》有 5 个部分，即“写在前面”“积极生产”“奖励节约”“提倡私人积蓄”和“帮助群众生产问题”。

“积极生产”部分明确规定了每个人参加农业生产、手工业生产、副业生产的任务、办法及收益分配标准。如：凡能参加生产劳动者，每人须开垦荒地两亩生产出 3 个月口粮（每天 0.75 公斤）和全年的蔬菜（每天 0.5 公斤），超额完成任务者，按 20% 提奖；鼓励个人利用业余时间捻毛线、打毛衣，公家代办原料、代销成品，所得盈利自得 70%，余下 30% 归伙食单位，等等。

“奖励节约”部分详细规定了服装、办公用品、粮、煤、厨房用具、

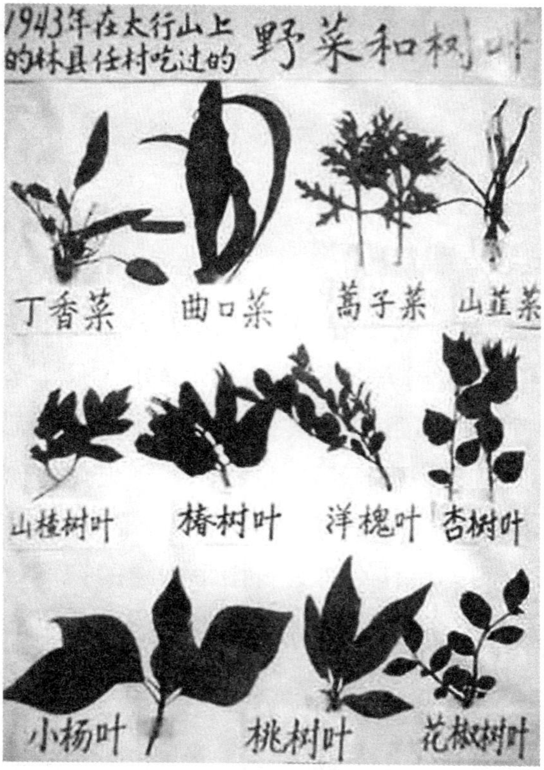

太行山上任村可吃的野菜和树叶

公用物品、牲口用具等8个方面的节约要求及奖励办法。如：用煤标准。热天（5月—9月）每人每天12两，冷天每人每天14两（均按16两1斤计），节约部分按市价二八分红，伙食单位得八，炊事员得二；一切服装（包括衣服、鞋袜、毛巾），每人必须保有两套以上，在不受冻、不打赤脚的原则下，按照应发标准节约的，节约部分全部折款归个人所有；完成开荒任务，未损坏镢头者，奖现金10元，等等。

《滕杨方案》调动了根据地党政军民努力生产的积极性。八路军总部机关当年就开垦荒地500多亩，并种上了谷子、豆子、玉米、土豆、萝卜等。大家干劲大，肯吃苦，庄稼大都获得了丰收。地方党政机关也取得了可喜的成绩，1944年太行区党政机关新垦荒地7629亩，共种地10332亩，生产细粮10.5万公斤，蔬菜75万公斤，平均每人自给两个月粮食和全年的蔬菜。

《滕杨方案》也促进了厉行节约工作。比如太行军区特务营一连，以往每月烧柴要用5000元，执行“方案”后，每月只用2000元，节约率达到60%。他们种的粮食和蔬菜，除了供本连使用外，每班还向军区上交蔬菜6000公斤，上交粮食30公斤。

滕代远的夫人林一当年就在八路军前方总部情报处担任一科（派遣）科长。她亲自参加过辽县（今左权县）武军寺后山下武村等处的荒地开垦，所以留下的记忆颇为真切。她回忆说：“当时机关留下少数人值班，大部分男女同志都上山开荒。早晨趁太阳还未升起，就扛起锄头爬上高山。女同志并不落后，开荒时和男同志一样，齐头并进向前冲。等到太阳出来，劳动得又饥又渴，见到炊事员把开水和饭桶抬送到山上，大家真高兴。不洗脸不梳头，忙着盛碗小米干饭，泡点萝卜条菜，坐到山坡上，吃得非常香。吃完喝点水继续劳动，到中午才下山。……由于女同志体力差，以后不让上山开荒，先从合作社借点钱，买粗羊毛线织成毛衣，再卖到合作社，可得到手工钱，是二八分红，八成交公，二成留给自己用。……”人们就是这样从生产节约中，度过了艰苦困难的岁月。虽然困难，但没有人叫苦，更没有人对革命动摇。

《滕杨方案》制定者滕代远和杨立三也参加了各种劳动，体验更为深切。滕代远回忆说：“（当时）实行了每人每天节约粮食 2 两的政策，节约下来的粮食用于救济工人和贫下中农的难民；向各单位要求，组织起来自己负责种菜，自己运粮、运煤，减轻抗日根据地人民的负担；不久又在驻地动员组织了参谋处、情报处的指战员，登上麻田南面的高山，开荒 500 亩，种了粮食；自己采摘榆树叶和柳树叶和着饭吃；建议各军区、军分区、各部队、各机关注意推行，抓紧增产节约；在麻田小河沟还创建了水车，帮助农民群众旱地灌溉；垒了石头，围了沙地，种菜、种粮食；还在河边搞了两个纺棉线的小工厂。”

《滕杨方案》是在艰苦的战争年代，对“公私兼顾”经济政策的一次大胆尝试，是把马克思主义生产力理论具体运用于战争环境的一个伟大创举，不仅在太行山根据地成效显著，还直接影响到了晋察冀根据地和陕甘宁边区。

八路军的反腐败反贪污斗争

山西抗日根据地创立后，在相对稳定的生活环境下，少数八路军干部不同程度地存在着贪污、浪费行为，有些人利用职权谋取私利，有些人利用政策漏洞攫取好处，不仅使业已困难的部队供给雪上加霜，而且直接影响了八路军的纯洁性和在群众中的形象。如某团政治委员刘振环，曾经参加过五次反“围剿”和长征，在平型关战役中身负重伤，荣立战功，后来因为贪污公款500元，被总政治部党务委员会开除了党籍。在冀晋军区所属机关部队中，犯严重贪污罪的张海山、张清波等人，被开除党籍、军籍，送军法处严惩，其中张海山由于罪行严重被依法枪决。

为了有力地打击贪污腐败行为、杜绝腐化现象，八路军制定了一些奖惩条例，一方面规范了党员干部的行为，另一方面也使惩治腐败有法可依、有章可循。如《晋西北惩治贪污条例》《晋察冀边区惩治贪污条例》《晋冀鲁豫边区惩治贪污暂行办法》《晋察冀边区稽征人员舞弊惩处暂行条例》等。

1938年2月1日，朱德、彭德怀等联名签发《整军训令》:“在思想斗争中应注意反对存在着的贪污、腐化、散漫、堕落现象，反对生长着的军阀主义和忽视政治工作与党的领导作用之倾向。”1938年6月，《晋冀鲁豫边区惩治贪污暂行办法》对于贪污腐败官员的惩处措施做出了详细规定：“贪污公款500元以上者枪决；300元以上至500元者处3年以上的劳役或禁闭；100元以上至300元者，处1年以上3年以下的劳役或禁闭；30元以上至100元者处1月以上至2年以下的劳役或禁闭；5元至30元者处1月以下的劳役或禁闭；贪污5元以下者处1月以下的禁闭或警告。”

1938年至1939年，八路军第120师下发《关于建立经济审查委员会的训令》《关于建立严格的供给制度的训令》等训令，颁布了《经济审查委员会工作暂行条例》《惩办贪污条例》等条例，防范和治理贪污浪费：贺龙和关向应签发的《关于建立经济审查委员会的训令》指出了第120师存在的贪污浪费问题及其危害，明确了经济审查委员会的人员组成和职能任务："最近部队中、地方工作中发现不少的贪污浪费现象，这不仅损害我军的荣誉，而且影响到供给制度的彻底建立。为着杜绝一切贪污浪费，改善部队物质生活，加强廉朴艰苦的作风，决定组织各级经济审查委员会并印发工作条例。"《经济审查委员会工作暂行条例》规定经审查确有以下情形之一者，审查委员会得提出意见报告同级或高级首长决定处分："确有贪污行为或企图者；具有变相的贪污行为或企图者；因浪费公款致公家受损失者；擅拨公款攫取私人利益者；收入不正当在群众中造成极大不良影响者；玩忽业务致公家受损失者；暗留公款隐瞒不报者。"

1942年3月26日，贺龙、关向应、甘泗淇等联名下发《开展节省运动反对贪污浪费的指示》："巩固和发展晋西北的抗日根据地，严防贪污腐化堕落……厉行节约运动反对贪污浪费，是迫不及待的任务"，"如果发现贪污浪费时，经该级政治机关组织反贪污浪费的斗争，按照轻重实行必要的处分，甚至组织群众公审以教育大家"，"建立轮流采买的值日制度，以防贪污舞弊。加紧杂务人员的管理教育与严格检查督促，防止贪污浪费"。多项办法条例为严肃军纪、惩治贪污浪费提供了强有力的支撑，法规内容包含着民主立法的思想和科学立法观念，在特定时期内使惩治贪污腐败分子有法可依。

毛泽东说："艰苦奋斗，以身作则，工作之外，还要生产，奖励廉洁，禁绝贪污，这是中国解放区的特色之一。"为了营造一种崇尚节俭、戒奢倡廉的社会氛围，身居高位的八路军领导干部以身作则，践行反腐败倡勤俭的理念。

彭德怀在抗战时期立有一条军令：下部队巡察，不许为他另炒小菜。为救济太行山一带的灾民，他也和士兵一起以野菜充饥，还将个人稿费捐了出来。在太行山区有句俗话说：有钱不住东南房，冬不暖来夏不凉。因此东南房多被人们当作储藏间，不在此居住。

可是，朱德在率领八路军总部转战武乡的寨上、王家峪、砖壁的两年半时间里，住的几乎全是东南房。1937年，贺龙率领八路军第120师东渡黄河，开赴山西抗日前线。当时，贺龙的外甥谢平在第120师。一次，贺龙率部队外出作战，谢平乘机偷来贺龙的印章，跑到供给处私领公款。贺龙知道后传令："拉出枪毙，立即执行。"不少人为谢平求情，但贺龙却严厉地说："亲戚犯法，与百姓同罪。谁再要为他求情，与他同罪。"

八路军第129师在左权县西河头驻扎时，一天，一名战士找到村民李玉龙家："老乡，徐向前副师长是你们山西人，想吃点酸菜。"李玉龙盛了满满一大碗给他。战士非给钱不可，他硬是不收。战士很为难地说："你不要，我咋交代？徐副师长可不允许我们违反纪律。"看着小战士恳求的样子，他只得收下。

晋察冀边区政府从政府主席到普通工作人员皆以勤俭简朴为准则，"边区政府主席每月生活费只有18元，各县行政工作人员生活费普通都在10元左右，一切个人的应酬、膳食、衣服且均为自备，而许多廉洁的县长还节约其生活费之一部捐助于抗战或群众团体。在晋冀豫当一个县长，在山西五区是40元，三区是20元，冀西尤为刻苦，在最初建立县政府的时候，他们没有化（花）过一分钱，后来算有了五元一角的月薪，最近因经济困难，连这五元钱都要取消了"。按照现行的供给制，"行署最高负责人的每月津贴不过五元，专员四元，县长有三元，一般工作人员一二元，每人每日按规定供给二十两小米及六分菜钱，但是现在至多只能有黑豆吃，菜是谈不到的"。

领导干部以身作则、艰苦奋斗、遵守纪律，从思想上杜绝享乐主义，保持廉洁自律，依靠严肃的法纪约束更是八路军开展反腐倡廉建设的重要手段。八路军在山西根据地的群众中树立了勤俭节约、军纪严明的正面形象，赢得了群众的拥护和信赖，提高了民众的革命积极性和抗战热情。

八路军召开后勤工作会议

军队后勤是随军队的出现而产生的。随着军事的快速发展，正规化程度越高，对后勤的依赖性越大，尤其在战争时期，后勤的地位和作用就更为重要。后勤工作标准制度是部队后勤工作的章法，没有标准制度，后勤工作就没有依据，就不能有效地提供军事保障。八路军的后勤供给标准，最早是毛泽东在井冈山提出来的。八路军挺进山西之后，在供给工作上发扬了红军时期的优良传统，一方面克服困难，开辟供给来源；一方面逐步健全标准制度，使供给工作有所遵循。

1940年是八路军后勤工作前进幅度较大，各项标准制度进一步完善的一年。这年2月，军委总供给部颁发了《八路军新四军供给工作条例》。4月，中共中央北方局在山西省黎城召开了太行、太岳、冀南地区的党政军高级干部会议，提出了建党、建军、建政三大任务和统筹统支、反对浪费的要求，在财政经济建设上，初步确定了自力更生的建设方针；在财政开支上，提出了克服各自为政的现象，要求做到量入而出，并规定了“军二政一”的开支比例。7月下旬，左权副参谋长提出，为加强后方建设，贯彻黎城会议精神，有必要召开一次后勤工作会议，而且这件事还要抓紧准备。

在经过调查研究和充分准备之后，八路军的第一次后勤工作会议，于 1940 年 12 月 22 日至 27 日在辽县桐峪镇召开。彭德怀副总司令致开幕词，杨立三部长作了后勤工作报告，左权副参谋长对这次会议作了总结。参加会议的有总部各部门的负责同志及第 129 师旅以上军政领导和供给、卫生处处长。彭总在开幕词中精辟地分析了当时抗战的形势后指出："1941 年将是抗战中空前困难的一年。敌人对我们的扫荡和各方面的摧毁，在 1941 年中会较以前任何一年剧烈、频繁、残酷。""后勤工作者也许会首先感到这种困难。但是，我们共产党人是不怕困难的，我们不粉饰和掩盖困难，我们是要深刻认识和研究困难，准备力量去克服困难。"彭总的讲话使到会的同志认清了形势，明确了后勤工作在建军中的重要地位和作用，从而

八路军总部首长、第 129 师和晋察冀抗日根据地领导在辽县（今左权县）桐峪八路军总部

更加重视和热爱后勤工作。根据彭总讲话精神，会议深入研究了抗战后勤工作的任务、特点，系统总结了抗战以来后勤工作取得的成就和存在的问题，研究制订了各种供给标准和规章制度，以及加强生产、厉行节约、反对贪污浪费的措施。会议特别强调了统一财政收支、建立预算制度、决算制度和审计制度。会后不久，在彭总亲自提议下，八路军总部成立了由参谋长、政治部主任、后勤部长、供给部长参加的审计委员会，部队团以上供给机关也都成立了审计机构。同时，各级还组建了生产委员会，负责领导生产工作。

这次会议是全面研究后勤工作建设、使八路军后勤工作逐步走向正规的一次历史性的会议，对整个八路军后勤工作发挥了重要的指导作用，同时为迎接即将到来的更加艰苦阶段作了充分的思想动员和准备。

中国人民抗日军事政治大学分校在山西

中国抗日红军大学于1936年6月在陕北瓦窑堡成立，1937年1月改称中国人民抗日军事政治大学，简称“抗大”。这是党领导下的八路军、新四军的最高军事和政治学府。

1940年3月，抗大总校校部从武乡县蟠龙镇开拔，先转移到黎城县西井一带，不久又转移到河北省邢台县浆水镇一带。抗大一分校于1939年2月底在屯留县故县镇开办。1938年12月，抗大二分校在晋察冀建立，校长陈伯钧，后更名为华北军政大学，即石家庄陆军指挥学院前身。抗大第六分校于1940年12月中旬，建于武乡县东沟村一带，然后转到黎城县东、西黄须和霞庄村一带，最后并入总校。1943年1月，抗大第六分校重建，归八路军第129师领导，校长徐深吉，政治委员袁子钦，同年冬天结束。抗大第七分校于1941年7月以兴县李家湾的第120师教导团为基础创办。太岳分校校址由山西沁水县上、下木亭迁移至阳城县上、下山沟一带，陈赓司令员兼校长，学员大多为八路军第386旅和决死纵队第1旅的基层干部。太行分校主要是为八路军第129师短期轮训基层干部。

黎城霞庄村抗大卫生处旧址

太岳陆军中学的学员主要是从第129师和第386旅及山西青年抗敌决死纵队精兵简政中编余的连排长、优秀班长和老战士中挑选出来的。

中国人民抗日军政大学共培养了10万余名干部，其中在山西办学培养的干部占有较大的比重。从1939年7月到1945年，抗大及其分校在山西共招收学员4万余人，这些学员中有经过长征的红军干部，有八路军干部，有山西决死纵队的青年干部，也有山西当地的工农干部，还有全国各地的知识青年及爱国华侨等。他们在山西抗日根据地艰苦、流动频繁的战斗环境下学习，完成了教学任务，对山西抗日根据地的建设做出了重要贡献。

在抗大一面战斗、一面接受教育的宝贵经历，让学员们时刻热血沸腾，在他们日后的成长与发展中起到了重要的作用。据不少学员回忆，朱德总司令、左权副参谋长等八路军首长时常出现在学校的课堂上，学员们备受精神鼓舞。罗瑞卿在抗大二分校的政治动员上告诉大家，“抗大抗大，越抗越大”是事实，不是笑话！学校距离敌人经常不到100里，战斗频繁，炮声、机关枪声经常可以听到。反扫荡期间随时就是“说走就走”！没有固定的课堂、自修室，天然的原野、山冈便是课堂。每天清晨，唱着嘹亮的歌曲，不畏严寒、不惧酷暑，整齐划一地进行着军事训练。学员们灯下学习，认真思考、积极讨论，废寝忘食！通过学习，让学员明白抗战为什么要分三个阶段，持久战为什么一定能取得最后胜利；让大家更加明确是非观

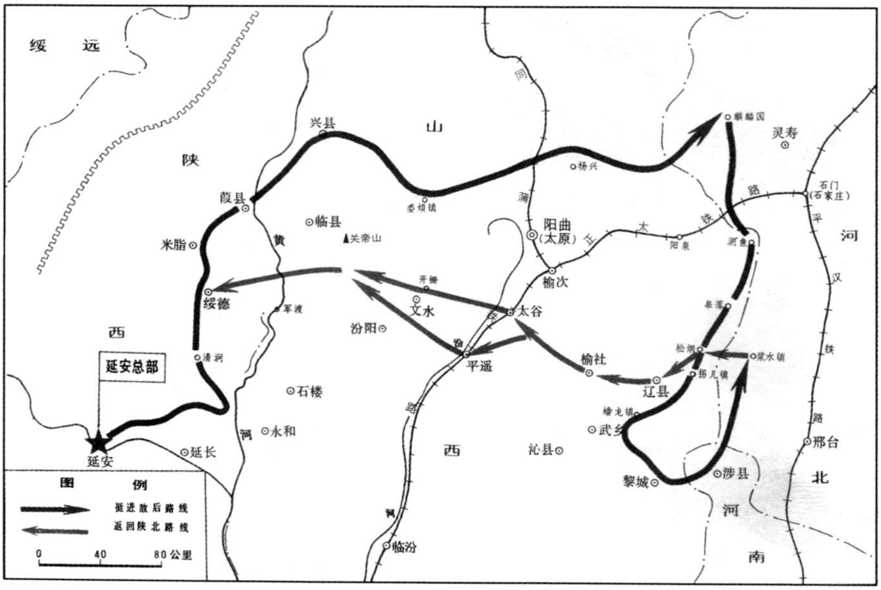

抗日军政大学总校挺进敌后及返回陕北路线示意图

与价值观，以及如何团结群众和团结群众的重要意义。

2011年，河津市小梁乡伯王村发现了一张中国人民抗日军事政治大学的毕业证书，证书主人名叫张和鉴，签发时间是1938年12月22日。他的儿子张可平一直珍藏着这段延续70多年的红色记忆。毕业证长19厘米，宽15厘米，编号为4201。毕业证左半部分有毛泽东的题词："勇敢、坚定、沉着。向斗争中学习。为民族解放事业随时准备牺牲自己的一切！"右半部分的内容是："中国人民抗日军事政治大学校第四期第一大队第二支队学员张和鉴学习期满经本校考察学习成绩尚属合格准于毕业特发毕业证书。"落款为：校长林彪、副校长罗瑞卿。

组织百团大战打击日军

1940年，日本帝国主义急于结束侵华战争，以集结更多兵力南下，夺取英、法在东南亚和南亚的殖民地，便采取威逼利诱的方式拉拢蒋介石、汪精卫政权。为遏制国民党的妥协投降，中国共产党希望通过八路军的英勇抗战激励全国军民的抗战热情，降低蒋介石政权投敌的可能性。当时，时任日本华北方面军司令官多田骏在华北地区建立了3000余个据点、1万多个碉堡、5000余公里铁路、3万余公里公路。这种严密而便捷的军事网络，使兵力有限的日军形成一个整体，把抗日根据地与其他地区之间、根据地与根据地之间隔离开来。刘伯承把日军部署称之为"以铁路为柱，以公路为链，以碉堡为锁"的"囚笼政策"。由于日军据点相互呼应，要打破这种"囚笼政策"，就必须在比较广阔的地区同时发起攻击。

1940年开始，日军实施的囚笼政策给敌后抗日根据地造成了严重困难。为了打破封锁，争取华北战局向更有利于敌后抗战的方向发展，八路军副总指挥彭德怀、副参谋长左权以及聂荣臻、刘伯承、邓小平商讨决定，发动一场大的破袭战，切断正太铁路，打击日本

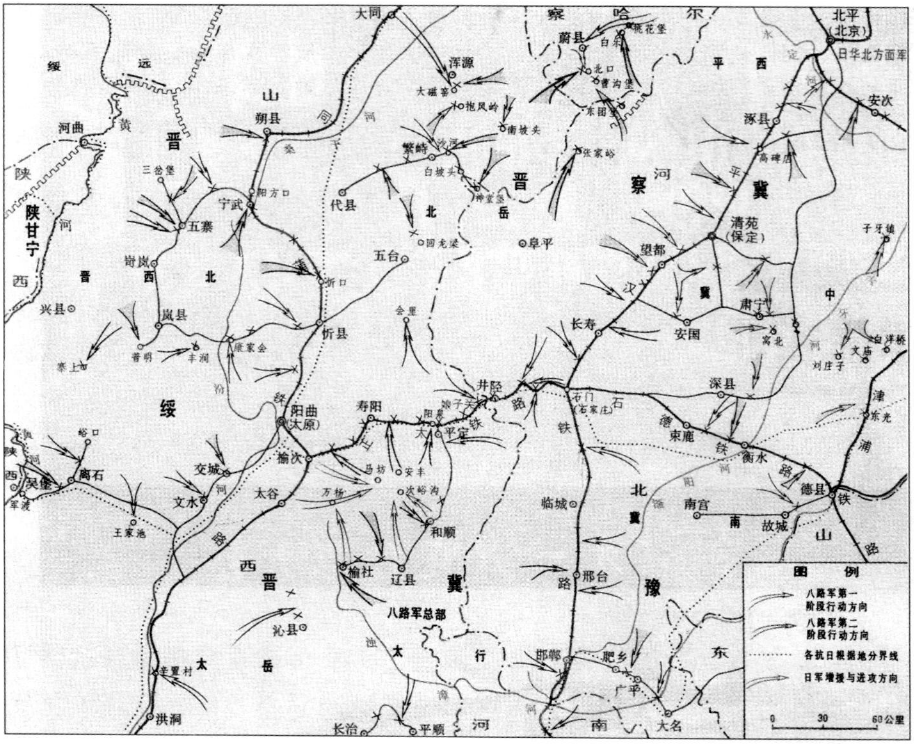

百团大战第一、二阶段作战要图

侵略军的嚣张气焰。

正太铁路横越太行山，连接平汉、同蒲两条铁路，是日军在华北的重要战略运输线之一。1940 年 8 月 20 日，八路军冒雨通过山谷河流，避开了日军的外围据点，直接运动到正太路的两侧，敌人毫无察觉。当日夜晚，晋察冀军区、第 129 师在八路军总部的统一指挥下，对驻扎在正太铁路沿线的日军发起攻击，正太铁路破袭战全面爆发。一颗颗红色信号弹升空，突击部队像猛虎下山一般，扑向敌人的据点和碉堡，雷鸣般的爆炸声一处接着一处，响彻正太路全线。由于战前保密和佯动准备充分，日军一点也没察觉到八路军会有这么大的战役行动。战斗一打响，沿线据点同时被攻击，日军猝不及防，顿时陷入全线被动。

第 129 师一部破坏正太铁路

晋察冀军区右路纵队负责攻击正太铁路娘子关段的敌人。战斗开始后，战士们攀登着陡峭的山坡，迎着浓密的火网，勇猛地向敌人攻击。虽然八路军指挥员在战斗开始前就预计到了战斗的艰巨性，但意想不到的事还是发生了。攻击娘子关的当晚，日军有两列火车的 800 多名退伍军人恰巧从此经过，于是原本针对日军守备中队的战斗演变成了一场大战。经过反复争夺，八路军部队在黎明时分攻克了娘子关的堡垒，将敌人全部歼灭，娘子关成了正太线最早被攻克的战略要塞。

为了掩护破袭作战，战役一开始，第 129 师一部即占领阳泉西南 4 公里处的狮脑山，对阳泉构成了严重威胁。敌人为了扭转局势，派重兵连日进犯，甚至还出动了飞机、动用了毒气。第 14 团坚守 6 昼夜，歼敌 400 余人，给敌人以极大的杀伤。晋察冀军区中央纵队的主攻目标是井陉煤矿，在战斗中八路军战士在夜色的掩护下，用镰刀劈开日军铁丝网，抱着炸药包冲进碉堡，与敌人展开殊死搏斗。经过一夜激战，全歼守敌，并在工人的帮助下破坏了煤矿的机器设备，搬走了大部分物资，使煤矿不得不停产半年以上。

由于战役的突然性，石家庄、阳泉、太原的日军旅团司令部的指挥官一时手足无措，驻扎在太原的日军第一集团军司令部无兵可调，只能抽调出包括卫生兵在内的 40 人的兵力增援寿阳、阳泉一线

阳泉百团大战纪念馆

的敌人。

在这场战役中，八路军破坏了敌人的铁轨、桥梁、隧道等关键设施，同时还切断了主要公路，使日军华北地区的交通线全部瘫痪。截至9月16日，八路军共歼灭日伪军7000余人，攻克据点91座，同时缴获大批军事物资。战役的成果大大超出了人们的预料，但更加令人惊叹的是战役的规模。统计作战数据时，左权惊奇地发现，此次战役实际投入参战的兵力达到了105个团，近20万人。随后，彭德怀和左权致电参战各部队并报中央军委：正太战役我军使用兵力约百个团，于20日晚开始战斗，序战胜利已经取得，此次战役定名为“百团大战”。这是“百团大战”的字眼第一次出现在八路军的正式文件上。次日，新华日报刊登了战果，捷报的标题就是《胜利展开“百团大战”》，从此以后，这个响亮的名称就传开了。

9月16日，彭德怀决定抓住战机，扩大战果，下达了第二阶段的命令。八路军部队趁日军抽调部队掩护修复正太铁路，很多据点兵力空虚之际，针对敌人位于交通线两侧和深入根据地的据点，在同蒲路北段、涞灵地区、榆辽地区继续扩大战果。他们发动了“涞

八路军攻克娘子关

灵战役”“榆辽战役”，打了几场有声有色的运动攻坚战。

9 月 22 日，涞灵战役率先打响。攻打东团堡据点时，八路军攻击部队冒着敌人猛烈的火力和不断施放的毒气，连续勇猛进攻，经过两天激战，攻克该村周围堡垒，将残敌压至村中民房内。残敌突围无望，全部自焚。八路军的英勇顽强，给日军极大的震动。他们调集了 3000 余人、20 多辆坦克进行增援。为了避敌锋芒，晋察冀军区司令聂荣臻决定放弃夺取涞源县城，将攻击重点转移到日军防守薄弱的灵丘地区。在灵丘，邓华指挥部队与敌人激战五天五夜，攻克 5 个碉堡，歼敌 200 多人。为了策应涞灵战役，第 129 师展开了榆辽战役。八路军经过几次血战，拔除了日军在根据地内的大量据点，捣毁了日军交通线，重创了多田骏的“囚笼政策”。

为了稳住战局，从 10 月 6 日开始，日军调集重兵对敌后抗日根据地进行疯狂的报复和大规模扫荡，企图趁八路军未及休整之际，打击八路军主力，破坏抗日根据地，战役也随即进入了反扫荡的第三阶段，抗日军民于武乡地区、沁源地区、平西地区与敌激战，重创敌军。

百团大战期间，八路军在地方武装和广大人民群众的紧密配合下，仅前三个半月即进行了 1824 次战斗，毙伤日军 20645 人、伪军 5155 人，俘虏日军 281 人，伪军 18407 人，破坏公路 1502 公里。

百团大战是抗日战争时期，党领导的抗日军民针对日军在华北地区占领所发动的一次大规模战役，这次战役沉重打击了日伪军，鼓舞了中国军民的斗志，振奋了全国人民的精神，并充分显示出八路军已成为一支不可战胜的正义力量。

沁源军民粉碎日军“山岳剿共实验”计划

从 1941 年起，敌后抗日根据地开始出现极端困难的局面。为了改变这种状况，中国共产党领导山西各抗日根据地军民采取主力部队、地方武装和政治斗争相结合的方针，深入开展了反扫荡、反“蚕食”斗争。晋东南沁源围困战就是中国人民在抗日战争中因地制宜反击敌人的伟大创举。

沁源位于山西省中南部，抗日战争时期是太岳区党委和太岳军区所在地，是中共中央北方局和太行八路军总部的天然屏障，也是晋察冀和华中抗日根据地通往延安的一条重要干线。1942 年 10 月，日军侵入沁源，企图在这里建立“山岳剿共实验区”，使沁源成为蚕食我太岳解放区的前哨基地。在中国共产党领导下，沁源人民与八路军以及决死 1 纵队一起，采取空室清野、长期围困和伏击战等各种战术，使敌人内不可生存，外不能相援，“山岳剿共实验区”的梦想最终化为泡影。

沁源地处太岳抗日根据地腹心，四面群山环抱，是太岳区党政军领导机关所在地。长期以来，被日军视为“眼中钉、肉中刺”，曾八次闯入沁源疯狂扫荡。

1942 年 10 月 20 日，日军第 36 师团的原子、斋藤、菱辛大队，第 69 师团的伊藤、早川大队等 9 个大队，共 1 万余人，由第一军参谋长花谷正统一指挥，兵分七路，用所谓的“铁壁合围”战术，围剿只有 8 万多人的沁源抗日根据地。当时正值秋收时节，强敌压境，中共太岳区党委、沁源县委根据历次反扫荡的经验，当即决定：一方面避其锋芒，击其虚弱，内线坚持和外线出击相结合，一方面及时组织机关和城关万余群众转移至城西猴神岭山中，让敌人扑了个空。敌军以重兵占领沁源后，将沁源作为“山岳剿共实验区”，一面在全县重要村镇安扎据点，进行分区“清剿”；一面筑碉堡、修公路，妄图配合政治上的怀柔笼络，逐步“蚕食”抗日根据地，实现沁源伪化的目的。10 月底，日军又在沁源增加兵力，采用“钉子”战术“钉”在沁源，目标直指太岳根据地。

大敌当前，中共太岳区党委书记、太岳纵队兼军区政委薄一波在认真分析了日军动向及敌我力量对比后，迅速向沁源县委发出指示：充分发动群众，采取以己之长，击敌之短的“围困”战术，战胜敌人。11 月 18 日，沁源围困指挥部正式成立，然后又根据地形条件和群众集结地区，将全县划分为 11 个战区，以一旅第 38 团、25 团、59 团和洪赵

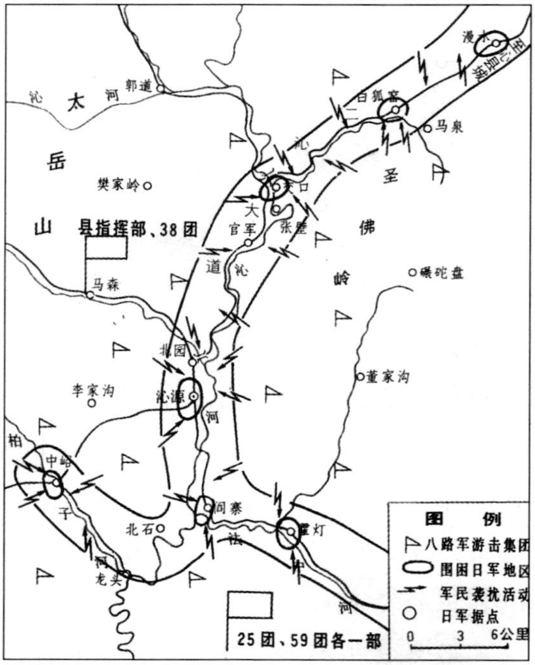

沁源围困战示意图

支队各一部为骨干，结合全县民兵和基干队，组成了 13 个游击集团，发动广大群众，对驻沁源日军展开为期两年半的围困斗争。

11 月下旬，日军又纠集 2 万兵力对太岳根据地实施大“扫荡”。沁源围困指挥部当即做出重大决策，把日军侵占的安泽至沁源路和沁源至沁县路两旁据点 5 里以内 23 个村镇的群众，全部疏散隐蔽到沁河两岸的深山密林之中。在转移老百姓前，先把粮食运走、水井填死、碾磨炸毁，把所有能够使用的东西都掩藏了起来，给敌人留下了一个无人世界。接下来，各围困部队隐匿在深山老林中，用麻雀战、伏击战、破击战、冷枪战、地雷战等战术，用榆木炮等土制武器，昼夜袭扰，与敌人周旋。敌人在占领沁源县城后，既见不到人，又吃不上粮，喝不上水，外来供应也常常受到截击，完全失去赖以生存的物质条件。接着，八路军为了解决转移后百姓的给需，又掀起了“抢粮运动”，组织群众乘夜摸进敌据点将敌人抢劫的粮食运出，断其给养；各游击队“八仙过海，各显神通”，挑选军队和民兵中的神枪手，埋伏在日军进山的路口、山头打冷枪；后来又发展到“劫敌运动”，不仅夺回敌人抢走的羊、牛和其他财物，而且连敌人的衣服、靴子等军用物资也“劫”了来，使日寇惊恐万状，惶惶不可终日。

1943 年 1 月，不得已的日军从白晋路调第 36 师团 222 联队之斋藤大队接任沁源防务。但是在沁源军民的强力围困下，斋藤被迫放弃阎寨、中峪店等据点，集中兵力守备沁源城关和交口两点，并加修二沁（沁县至沁源）公路，以保证同外围日军的联系。为此，八路军将围困重点放在二沁公路和沁源城关。指挥部把受过训练的民兵编成“轮战队”，在二沁公路上和城关的据点周围，甚至敌人住处埋下地雷、三角钉、针刺。寒冷的冬天，民兵在道路转弯处泼水冻冰，使敌人的运粮车相撞。当时为沁源日军送粮、送物的日伪军中流传着一首顺口溜：“送粮怕进鬼门关，背粮怕走沁河滩，过了圣佛岭，进入鬼门关。如若死不了，就是活神仙。”这样，各武装部队对敌不断进行袭扰和阻击，敌人不仅心惊胆战，而且死伤惨重。

8 月，无奈的日军又调第 62 师团 64 旅团的上崎大队接防。9 月，冈村宁次亲自指挥山西派遣军第 1 军第 37、62、69 师团各一部共 16 个大队，配合伪军共两万余人，运用“铁滚式三层阵地新战法”，对太岳根据地进行大规模“扫荡”。太岳军区决定分遣三分之一基干兵团、人民武装，坚持腹地游击战，主力部队转至外线，破坏敌交通，攻取敌据点，有力地打击了日军的嚣张气焰。

社論

向沁源軍民致敬

《解放日报》发表的社论

1945 年春，沁源党政军民实行总动员，对敌人发动了更大规模的反攻。在交通线上、敌人据点周围布雷 1.5 万余颗，用灰土、柴草、圪针刺进行伪装，明雷暗雷相结合，布下地雷阵，使敌人寸步难行，陷入极为窘迫境地。到了 4 月份，沁源的敌人再也待不下去了，便在沁县 1000 余日军接应下弃城逃走了。

沁源围困战历时两年半，抗日军民以弱胜强，用地雷战、麻雀战等方式作战 2730 次，毙伤日伪军 4000 余人，俘虏日伪军 200 余人，解救被抓群众 1700 余人，彻底粉碎了日军所谓的“山岳剿共实验”计划。沁源围困战成功创造了对占领八路军腹心地区之敌进行斗争的范例，受到了中央的表彰。早在 1944 年 1 月 17 日，党中央机关报《解放日报》就特地发表了《向沁源军民致敬》的社论，指出“模范的沁源，坚强不屈的沁源，是太岳抗日民主根据地的一面旗帜，是敌后抗战中的模范典型之一”。

巧借美国飞机绝密中转

1945年8月15日，日本宣布无条件投降。国共关系再次成为国外关注的焦点。蒋介石采取假和谈真内战的两面手法于1945年8月电邀毛泽东赴重庆谈判，以争取准备内战的时间。在这种形势下，党中央、毛泽东考虑到去重庆谈判，绝不会一帆风顺，必定是一个边谈边打的过程，因此决定采取针锋相对的方针，将东北、华东、晋冀鲁豫等地划分为战略区，要求各地部队坚决在这些战略区保卫抗战胜利果实。然而，此时各根据地军政领导尚在延安学习，如何安排他们尽快回到各自指挥前沿，就成为毛泽东在赴重庆谈判前必须解决的重要问题。

1945年8月23日，中共中央于在延安召开政治局扩大会议，提出通过和平途径，建设一个独立、民主、和平的新中国。认为抗日战争阶段已经结束，新的阶段是和平建设，应当力争一个和平建设时期，避免内战或使全面内战尽可能地推迟爆发。于是，中共中央派毛泽东、周恩来、王若飞为代表，赴重庆与国民党谈判。但此时对于蒋介石的心计，毛泽东自然是再清楚不过了。在毛泽东看来，

刘伯承（站，右四）、邓小平（站，右五）等从延安飞回太行区

你蒋介石如果对和谈没有诚意，我在拿出诚意的同时还要对你可能采取的措施做好充分的防范准备。因此，党中央、毛泽东决定采取针锋相对的方针，将东北、华东、晋冀鲁豫等地划分为战略区，要求各地部队坚决保卫这些战略区，保卫抗战胜利的果实。其中对各地部队的要求，首要一点是各地部队的首长要在各地领导指挥各自的部队。

然而，自1943年下半年起，各抗日根据地的大部分领导同志已奉命回延安参加整风学习和党的第七次全国代表大会，眼下尚在延安，必须尽快返回前线。但当时延安没有现代化的交通工具，从延安到太行山八路军总部近800公里，步行要经过黄河天险、黄土高原、晋南山地的沟壑。为了能够把在延安的高级将领迅速、安全地送往各战略区域，毛泽东和周恩来找来负责中央外事工作的叶剑英与杨尚昆商议对策。叶剑英同杨尚昆进行了认真研究，提出了一个大胆的设想："是不是可以借用美军观察组的飞机把我军将领从延安送出去？当然这有风险。"杨尚昆觉得在理："参谋长，事到如今也只有这个办法了，但这样做确实有点儿冒险，因为要送的都是我党我军的精英，万一有个闪失，要承受多么大的压力和历史责任啊！"最后两人决定把这一方案向毛泽东汇报，请主席决定。

听完叶剑英、杨尚昆的汇报，毛泽东认为这个办法可以考虑。为慎重起见，毛泽东又召集刘少奇、周恩来、朱德、任弼时等进行磋商。最终毛泽东做出一个大胆的决定——“借”一架美国飞机，将这些将领尽快送回前线，并责成叶剑英、杨尚昆尽快与美军观察组取得联系并付诸实施，必须确保安全，做到万无一失。

借飞机的任务就交给了与美军驻延安观察组素有交往且关系不错的叶剑英。紧接着，中央外事组与美军观察组在延安举办了一次气氛十分活跃而又非常融洽的聚会。中间休息时，叶剑英、杨尚昆不露声色地同美军观察组负责人提及了这件事。因为是试探，叶剑英、杨尚昆自然没有将这批指挥员的姓名、职务及其他有关情况透露出去。没想到美军观察组负责人竟连他的上司都没有请示，也无意继续探问，就毫不犹豫地答应了。或许在他们看来，这次飞行只不过是对日战争双方合作的一个友好表示。

美军观察组如此爽快地答应此事，除了八路军与他们有长期的友好合作、延安方面为这种合作提供了诸多方便外，还因为他们对空运的目的地——山西黎城长宁机场有着一份特殊的印象和感情。这里的人民在抗战期间曾经和美军飞行员建立了深厚的友谊。1944年秋，美军一架B–29轰炸机在执行任务时被日军防空火炮击中坠落在驴角蛟，11名机组人员跳伞逃生。听到这一消息，太行军区第四军分区司令员石志本命令当时在县里参阅的当地民兵立即赶回去抢救。与此同时，日军已从潞城赶往出事地点，抢抓美军飞行员。最终当地民兵跑步赶了50里路抢先到达，当天晚上就把11名美国飞行员全部找了回来，集中住在被服厂总部并给予了很好的照料。飞行员乘飞机回西安时，李达将军还亲自送他们到黎城长宁机场并合影留念。1945年3月的一天，曾有一架美国飞机来到这里，空投下了许多糖果。大家都说是那些美国飞行员来感谢村里人的。同样，在1944年还有一架美军B–26飞机在黎城岩井乡坟交村附近的山头上撞毁，其中一名美军飞行员牺牲。黎城军民将尸体洗净，用白布裹好，将尸体和几名生还的美军一起送至长宁机场。太行军民在与援华美军交往中结下深厚友谊的这一个个感动人的故事，都给美军

黎城长宁飞机场遗址

观察组留下了深刻的印象。美军飞机曾多次往返于长宁与延安之间，对这条路线也比较熟悉，因此非常痛快地答应了叶剑英、杨尚昆的请求，长宁空运迈出了成功的第一步。

这件事一直在秘密地筹划着。1945 年 8 月 25 日，事先接到通知的刘伯承、邓小平、林彪、陈毅、薄一波、滕代远、陈赓、萧劲光、杨得志、邓华、李天佑、陈锡联、陈再道、宋时轮、傅秋涛、江华、聂鹤亭、王近山、张际春、邓克明等 20 位各战区负责同志陆续来到延安城郊的东关机场。叶剑英、杨尚昆在机场与奔赴前线的将领们亲切握手话别，反复说“一路平安”，充分反映了大家的担心和期望，体现这次飞行在他们心中的分量。

这架绿色的货运机发动了，轰鸣着向前驶去，越来越快，带着党中央的嘱托慢慢飞上蓝天。飞机一路颠簸，4 个多小时后终于到达目的地黎城县长宁临时机场的上空。8 月 24 日，太行军区司令员李达就接到了中央要求接机的电报，说刘邓 25 日上午到达。他立即率领一个骑兵排星夜赶到长宁，准备好柴草、火堆、午饭、开水、西瓜等。25 日中午时分，在长宁临时机场飞机跑道两侧，30 多名八路军战士持枪警戒，并在跑道两侧燃起了 3 个柴草堆，向飞机发出着陆信号。

当飞机平安落地后，太行军区迅速将飞机安全着陆的情况报告给了延安。叶剑英、杨尚昆心中的一块石头终于落了地，他俩旋即向焦急等待中的毛泽东和周恩来报告。听到这一消息，毛泽东、周恩来都长长松了口气。这次绝密空运，使本来至少需要两个多月艰苦跋涉的输送任务，在半天之内即告完成。这批高级将领们在机场附近稍事休息后，便迅速以山西为出发地抢先一步到达各自战区集结主力，编组野战兵团，从容地选择战场和把握战机，波澜壮阔的解放战争大幕由此掀开。

第二编　战事战役

“七七事变”后，日军入侵华北，妄图以此为依托吞占中国。面对日军的疯狂进攻，国民党华北正面战场渐呈溃败之势。鉴于山西抗日民族统一战线工作开展顺利和成效显著，加之自身优越的地理环境条件，共产党决定发动并开展以山西为中心的抗日游击战争。在整个抗战过程中，中国共产党广泛发动群众参军参战，逐步锤炼出一支英勇善战的抗战队伍。在刘伯承等著名军事家的指挥下，他们时而乘敌不备夜袭阳明堡，时而预先设伏伏击薛公岭，时而依托阵地保卫黄崖洞，时而攻心与战役相结合围困蟠龙敌人。他们重叠待伏，“吸打敌援”，知己知彼，智慧用兵，每一场悲壮感人、浴血杀敌的战斗，都展现出山西抗战军民的高昂斗志和无私爱国的高尚情操，打击了敌人嚣张的气焰，砥砺着国人抗战的决心，直接推动着山西抗战乃至全国抗战走向伟大的胜利。

雁门关伏击战

1937年8月下旬，日军攻陷察哈尔省平绥线各据点后，不久便从茹越口突破，进入长城以南的繁峙、代县附近，严重威胁到第二战区司令部所在地——太原。为确保山西不失，蒋介石令卫立煌率第14集团军的4个师外加两个旅从河北驰援山西，配合第二战区晋绥军组织忻口会战。为紧密配合国民党军队在忻口的正面防御作战，中共中央军委主席毛泽东向八路军总部指示：八路军要在敌之翼侧和后方积极打击与钳制敌人，配合友军保卫忻口、太原。遵照总部指示，八路军第120师、第115师开赴日军侧后作战，以积极的行动打击日军，配合国民党军在忻口防御。

雁门关北依雁北高原，南屏忻定盆地，雄峙于北岳恒山西颠，地形险要，自古就是兵家必争之地。1937年10月，大同至代县的公路成为日军后方最主要的交通运输线。日军的运输汽车，每天满载给养、弹药和兵员，往返于大同至忻口之间，途中必须经过地势险峻的雁门关。八路军为配合中央军守住忻口，确保太原无虞，对侵入华北平原之日军侧背造成严重威胁，亦必在雁门关成功堵截日军。由于日军忙于前线战事，后方交通沿线戒备相对松弛，针对这种情况，第 120 师部决定在雁门关伏击日军运输队。

1937 年 10 月 13 日，第 120 师 716 团接受了在雁门关伏击日寇的战斗任务，第 716 团在团长贺炳炎、政委廖汉生率领下，从神池西部出发，经过 3 天急行军，到达雁门关西南 10 余里的老窝村驻扎，并勘察地形，侦察敌情。

10 月 18 日黎明，贺炳炎、廖汉生率部从老窝村出发，插入雁门关以南的黑石头沟，在公路两侧山顶上的险要处埋伏下来。担任主攻任务的三营，埋伏在北起石墙沟梁，南到城上大架 1500 米的山梁上，一、二营也埋伏在了陡沟梁南北，密切注视和警戒从阳明堡

第 120 师领导人贺龙、周士第、关向应、甘泗淇（从右至左）在晋西北前线观察地形

方向可能来增援的日军。

上午10时左右，第716团刚刚进入前沿阵地，只见50多辆满载日本兵的汽车，浩浩荡荡由北向南驶进伏击圈。贺炳炎团长以鸣枪为号发起攻击，密集的手榴弹在车队中接连爆炸，多辆汽车被炸毁。后面来的日军汽车见遭到突然袭击，都急忙停留在青石架山崖下进行抵抗。三营战士用各种枪弹横扫猛打，有的战士索性与敌人展开白刃战、肉搏战。无法开进的日军只好扔下汽车，在3架日机的掩护下，从石墙沟、段西沟、牛大沟等处蜂拥爬坡，占领了高地。激战中，又有200余辆敌车从阳明堡方向朝北驶来，为免遭南北夹击，腹背受敌，第716团及时撤离战场。这次战斗，共毙伤敌军300余人，击毁汽车20多辆。

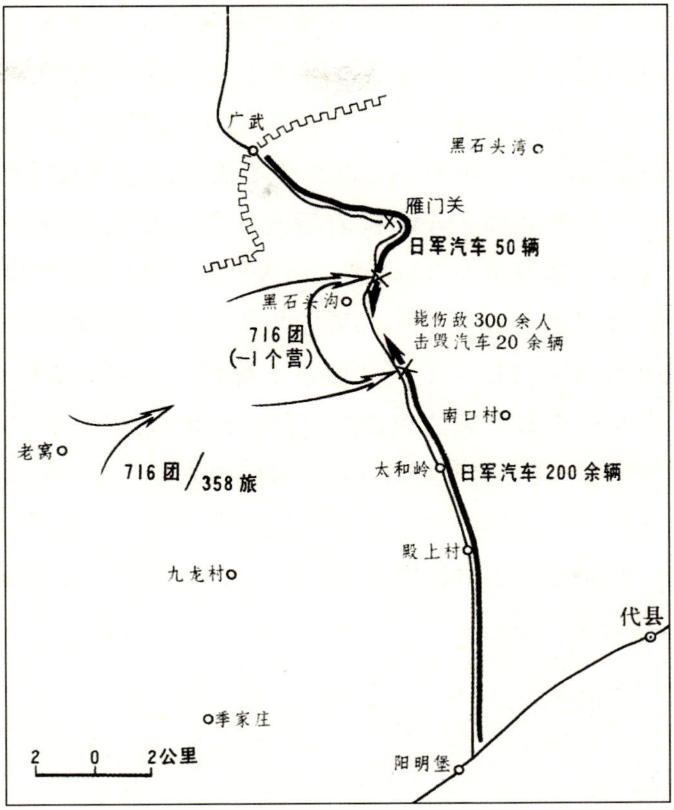

雁门关伏击战示意图

19日，侦察员又对雁门关一带的地形、地物、敌情进行了更为详细的侦察。20日晚在当地群众的配合下，拆毁公路桥梁两座，折断电杆5根，破坏了日军的交通和通讯。

21日，第716团又在前伏击地第二次设伏。上午日军100多辆满载忻口前线死亡日军的汽车由忻口方向向北开来，因桥梁被断，不能行驶，日军下车察看时，第716团官兵居高临下，猛烈攻击。这次战斗，击毙日军100余人。烧毁敌汽车数十辆。

第120师716团在前后两次雁门关伏击战中，共歼灭日军200余人，击毁军车30余辆，一度中断了日军后方运输补给线，有力地配合了第二战区统一部署的忻口会战，受到了国民党政府嘉奖。毛泽东主席对此给予高度评价，称赞“太原北部忻口战役时，雁门关南北游击战所起的战役配合作用是很大的”。忻口会战前敌总指挥卫立煌在雁门关伏击战结束后对周恩来说：“八路军把敌人几条后路都截断了，为我们忻口正面作战的军队帮了大忙。”而这场战役作为第120师抗战之初有代表性的一仗，也被载入了八路军英勇抗战的光荣史册。

夜袭阳明堡

1937 年 10 月上旬，忻口会战打响。日军凭借其空中优势，频繁出动飞机，轮番轰炸，致使忻口战场上的国民党官兵伤亡惨重。为了策应国民党军队作战，夺取忻口战役的主动权，八路军对日军阳明堡机场进行了一次夜间突袭。担任此次突袭任务的是八路军第 129 师 385 旅 769 团。

1937 年 9 月下旬，刚刚改编完毕的八路军第 129 师在师长刘伯承的率领下，从陕西庄里镇出发，东渡黄河，日夜兼程，开赴山西抗日前线。此时，山西的形势已经岌岌可危，刘伯承命令师先头部队第 385 旅 769 团侧击从雁门关向忻口进攻的日军。

10 月 16 日，第 769 团进抵代县以南滹沱河东岸的苏龙口一带。到达不久，团长陈锡联发现附近不断有日军飞机接二连三地从头上掠过，飞行架次之频、高度之低前所未见。“难道附近有敌人的飞机场？”陈锡联脑子里一闪。果不其然，经当地老乡证实，隔河 10 来里外的阳明堡有敌人的一个简易机场。得知这一消息，指战员们纷纷向团长请战：“下命令吧，干掉它！”但陈锡联明白，这毕竟是部队第一次

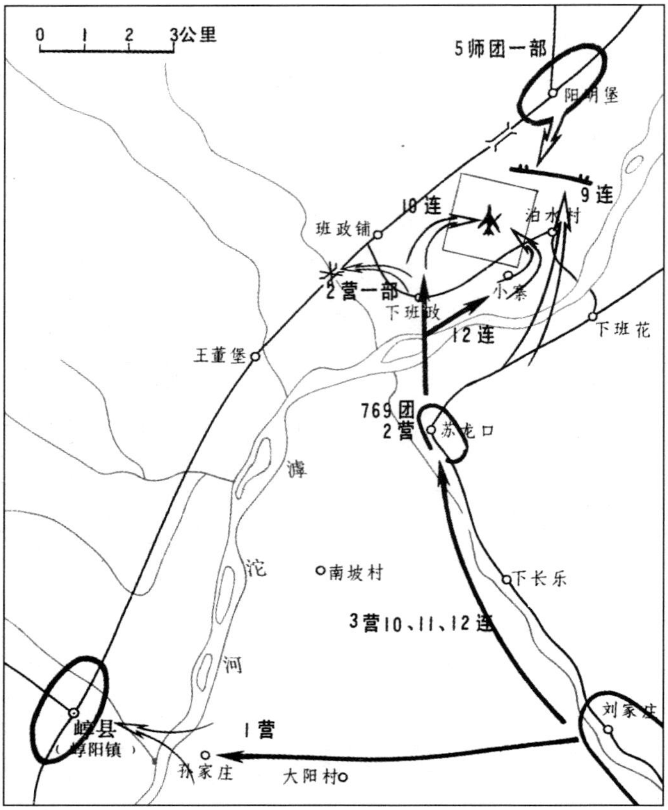

夜袭阳明堡飞机场示意图

与日军交手，如果打不赢，会影响战士们的士气；如果不打，又会错过这个千载难逢的机会！看着大家急切的眼神，陈锡联下定决心：打！

第二天，他就带着几个营长去附近察看地形。大家沿着滹沱河一路南下，刚爬上一个土坡，突然有人叫道："飞机！"大家闻言望去，只见24架飞机成三列停放，每列八架，整整齐齐地排列在河对岸的一片空地上。在返回的路上，他们巧遇一位从机场逃出来的老乡，仔细询问后，终于摸清了机场内外的情况：机场位于阳明堡镇南侧5里处，负责守卫的日军大部分住在阳明堡镇，机场里只有200人左右的警卫部队。回到团里，陈锡联马上和指挥人员制定作战方案：第3营袭击机场，第1营阻击崞县之敌，第2营作为预备队，团迫击炮和机枪连支援第3营战斗。

担任主攻任务的第3营是一支有着光荣历史的英雄部队，在红军时期就被授予"以一胜百"的锦旗。营长赵崇德年轻有为、经验

阳明堡飞机场遗址

丰富，打起仗来英勇无比。他经常挂在嘴边的一句话就是："说我无能可以，可别说我怕死！"行军中，他从不怕苦；打仗时，他身先士卒，被战士们亲切地称为"打仗如虎，爱兵如母"。得知自己的队伍要去端鬼子的机场，赵崇德把仅有的3块银圆交给了副团长汪乃贵，说："要是我阵亡了，不要让敌人得了，这就算我交的党费吧。"营长的举动感染了所有在场的人，战士们齐声高呼："营长的决心就是我们的决心！"

10月19日午夜，作战命令下达。趁着夜色掩护，赵崇德率领第3营的战士们悄无声息地越过敌人道道防线，神不知鬼不觉地摸进机场。随后，部队依次展开：第10连从机场西北角狙击敌人警备队，第11连由机场东侧发动攻击，执行爆炸任务；第12连为预备队，负责支援和接应。就在这时，一名日军突然哇啦哇啦地叫起来，紧接着响起了一串枪声。"打！"赵营长大吼一声，第10连、第11连同时开火，顷刻间整个机场枪声大作，爆炸声轰鸣！敌人发现有人袭击飞机场，立即冲杀出来，但遭到第10连战士的顽强狙击。与此

赵崇德

同时，第 11 连的战士们也在与机舱里执勤的日军交火，战斗进行得十分激烈。营长赵崇德一马当先冲在前面，一边与敌人拼杀，一边命令战士们："同志们！快往飞机肚子里扔手榴弹！炸它个稀巴烂！"战士们赶紧将一捆捆手榴弹扔进机舱里，"轰隆！轰隆！……"随着一阵阵震耳欲聋的爆炸声，一架架飞机开始燃烧起来。战士们愈战愈勇，边打边喊："这一架算我的！""我再报销它一架！"不一会儿，火乘风势，风助火威，熊熊的烈火卷着滚滚浓烟，很快整个机场变成了一片火海。

火光映照下，赵崇德发现还有几架飞机没被炸掉，于是带领战士们冲过去。突然，一颗冷弹击中了他的胸部，通讯员赶紧背起他往后撤。赵崇德用尽力气喊道："不要管我，去炸，去……"凶恶的敌人又打来一梭子弹，赵崇德和通讯员身中数弹，倒在地上。"为赵营长报仇！"战士满怀悲愤，抓起手榴弹向敌机冲去。有的战士甚至把成捆的手榴弹绑在自己身上，跳进机舱，拉燃导火索，与敌机同归于尽……经过一个多小时的激烈战斗，日军守卫部队大部被歼，日军飞机也全部报废。

阳明堡一战，第 386 旅以伤亡 30 余人的代价，炸毁敌机 24 架，使日军一度失去了空中力量，有力地支援了国民党军队在忻口的作战。20 日早晨，忻口阵地上空突然没有了日军飞机的袭扰，当听说是八路军袭击了日军机场，国民党阵地顿时一阵欢腾，有人兴奋得连连高呼："中华民族万岁！中华民族万岁！"忻口战役总指挥卫立煌，专门致电周恩来同志："我代表忻口正面作战的将士对贵军表示感谢！”战斗胜利的消息很快传遍了太行山。当地民众传唱道：

万里长城万里长，雁门关下古战场，
阳明堡里一把火，鬼子飞机全扫光。
七六九团英雄多，誓死捍卫我中国。
出征抗日第一仗，功在千秋赵崇德！

七亘村伏击战

1937年10月，日军在娘子关和旧关的进攻接连受挫之后，决定兵分两路：以第109师团继续向娘子关寻求正面突破，以第20师团取道石门关向平定县迂回进攻，妄图两面夹击娘子关正面守军。战况危急，八路军第129师师长刘伯承率第386旅火速赶赴娘子关东南，向日军侧后进攻，支援国民党军作战。在平定县七亘村附近，刘伯承以过人的胆识和韬略，一反“战胜不复”“兵不重伏”的常规，在三天之内连续两次在同一个地点，用同一支部队，伏击同一股敌人，创造了“重叠待伏”的战争奇迹！

七亘村位于太行山脉中段，地处平定、昔阳、井陉3县的交界地带。该村四面环山，重峦叠嶂，沟壑纵横，峡谷陡峭，道路奇险，犹如一座“石城垣”，素有“龙虎环抱”“绕凤友鸾”之称，地势果然险要！

10月25日，日军第20师团开始向平定方向进犯，还有辎重部队约1000余人，在距七亘村10公里的测鱼镇宿营。刘师长得知这个消息，马上对师部作战人员说：“七亘是测鱼镇通往平定的必由之

七亘村大捷纪念碑

路，敌人一定会经这里向前方输送军需物资。这次送到嘴边的‘狗肉’，我们可要吃干抹净喽！”讲到这里，他拿起铅笔，走到地图前，在“七亘村”3个字周围果断地划了一个红圈，接着又说：“就在这里设伏，切断日军20师团的交通，夺其辎重。”

作战方案确定以后，第772团副团长王近山主动请缨，要求率第3营执行伏击任务。战前动员大会上，陈赓旅长抑制不住内心的激动，慷慨激昂地说道：“同志们，抗日以来，‘大哥’115师在平型关打了大胜仗，‘二哥’120师在雁门关一带也打了胜仗。现在，129师可就看我们的了。”陈旅长富有感染力的讲话，一下子就把战士们的战斗情绪调动起来，大家摩拳擦掌，振臂高呼：“不辱使命，保家卫国！”随后，王副团长部署具体任务：第12连担任主攻，夺其辎重；第11连执行穿插、阻击和包围任务；特务连的一个排负责阻击后退之敌；第9、10两个连为预备队，于村南青垴山高地集结待命。任务下达后，战士们迅速占领阵地，伪装隐蔽，悄无声息地潜伏在蒿草丛中。秋风萧瑟，万籁俱寂，日军无论如何也想不到：八路军的“神兵天将”已为他们布下了“天罗地网”。

26日一早，驻测鱼镇日军辎重部队在200多名步兵的掩护下大摇大摆地出现在七亘村东的路上。9时许，敌先头部队进入伏击区，战士们有意将其放过，不动声色地静待着辎重部队的靠近。90米、50米、20米、10米……随着“进攻”一声令下，成群的手榴弹、密集的子弹，像从山崖上泻下来的瀑布倾向敌群。敌人的骡马和骆驼受到惊吓，四处乱窜，只见畜撞畜、人撞人、人畜相撞，在狭窄的道路上自相践踏，尘土飞扬，血肉四溅。日军先头部队见情势不妙，试图掉头增援，但遭到第11连的顽强狙击；敌人的殿后部队则被横躺竖卧的马匹、骆驼及抛弃的军用物资挡住道路，也前进不得；被夹在中间的辎重部队，上天无路，入地无门，只能垂死挣扎。激战至11时左右，日军除少数漏网者逃回测鱼镇外，其余均被歼灭。

“五行不定，输得干干净净！”这是刘伯承常挂在嘴边的一句话。第一次伏击战仅用两个多小时便胜利结束了。第3营以伤

七亘村八路军驻防洞外景

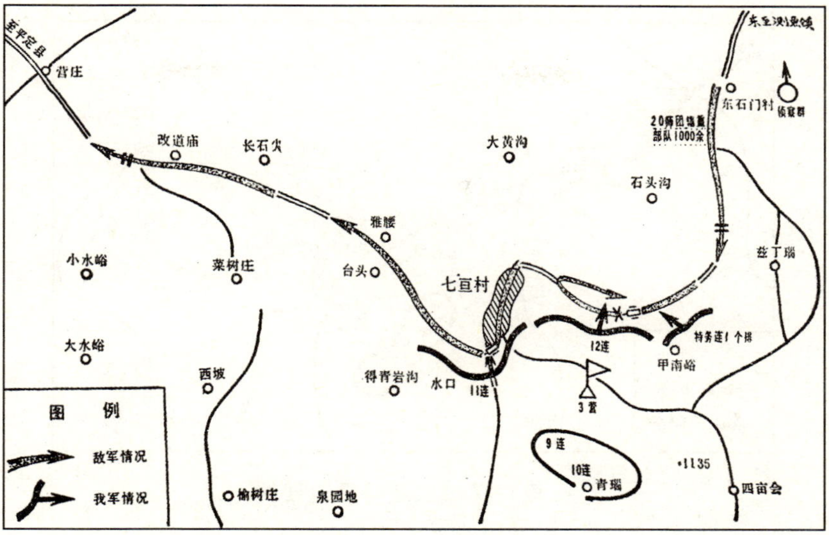

七亘村第一次战斗经过要图

亡 10 余人的代价毙敌 300 余人，缴获大批军用物资。颇具讽刺意味的是，缴获的战利品中有一份中国印的山西省和华北地区的军用地图。之前刘伯承途经太原时，曾向阎锡山要过，但他说没有。无奈之下八路军只好用中学生的袖珍本地图代替。现在看到这两张缴获的军用地图，刘伯承风趣地说："怪不得阎锡山说没有，原来是跑到日本人手里了。他对八路军这么小气，对日本人倒是大方得很啊！"

第一次伏击战取得胜利后，刘伯承进一步判断：敌人的作战计划虽然被打乱，但在未打通正太线以前，七亘村仍是日军输送补给的必经之路；而且日军军官熟读中国古代兵法，他们深知"战胜不复"的道理，绝不会想到八路军会在同一个地方开展两次伏击战。对此，他做了一个大胆的决定：再打一次七亘伏击战！不出所料，28 日早晨日军辎重部队在 400 多兵力的掩护下又循原路而来。这次他们明显比上次小心翼翼多了，一路上加强了搜索警戒，遇有可疑之处便向村里村外不停地炮击。但是有了第一次战斗的胜利，第 3 营指战

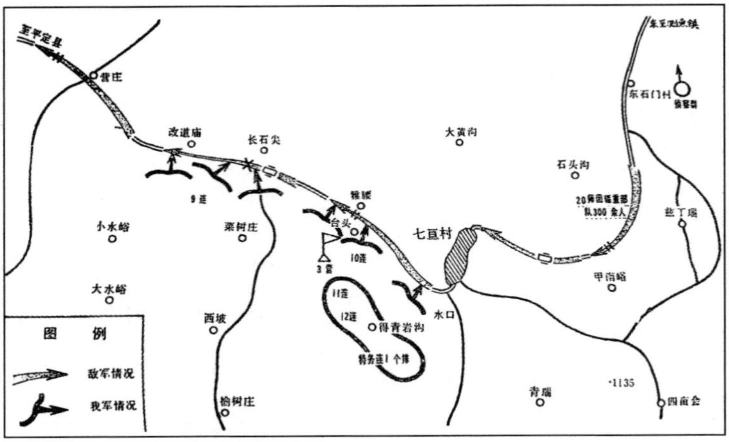

七亘村第二次战斗经过要图

员们斗志十分旺盛，经验更加丰富，纵使炸弹落在身边，他们仍隐蔽如初，纹丝不动。终于敌人全部进入伏击圈，战士们以泰山压顶之势迅速向日军发起猛烈的火力袭击。顿时，日军被打得人仰马翻，鬼哭狼嚎。这次战斗，第386旅伤亡20余人，歼敌100多名，并缴获大批军用物资。

七亘村伏击战沉重地打击了日军不可一世的狂妄气焰，鼓舞了全国人民对日作战的勇气和信心。事后，刘伯承将一部分缴获的日军战马、军刀、大衣等战利品，送给国民党第二战区副司令长官卫立煌。卫立煌佩服地说：“看来，还是你们的游击战行啊！”

广阳伏击战

1937 年 10 月，沿平汉铁路进攻的日军占领石家庄后，以第 20、109 师团沿正太铁路西犯，企图配合沿同蒲铁路南犯的日军会攻太原。10 月下旬，日军进逼娘子关，国民政府令第 26、27 路军和第 3 军等部组织防御。

为配合国民党军队保卫太原，八路军总部命令第 115 师师部率第 343 旅于 25 日夜由五台山南下，驰援娘子关，协同在正太铁路以南作战的八路军第 129 师侧击西犯日军。1937 年 10 月底，娘子关失守，战争形势十分紧迫。西进日军左翼第 20 师团师团长川岸文三郎是个日本皇族，飞扬跋扈，生怕第 5 师团长板垣征四郎先占太原抢头功，便命令第 40 旅团旅团长山下奉文率部沿平定、昔阳向榆次、太原进攻。这种情况下，原定驰援娘子关的八路军第 115 师 343 旅奉命向昔阳县以西的沾尚镇附近进发，待机打击左翼进犯之敌。

11 月 2 日，日军第 40 旅团先头部队第 79 联队主力逼近昔阳城西马道岭。第 343 旅 686 团 2 营节节抗击，迟滞和拖住日军。3 日，日军由沾尚向广阳开来。广阳是一个不到 200 户人家的小村镇，地处沾尚镇至松塔镇之间。从沾尚经松塔至榆次的公路从村边经过，这条路年久失修，加上山洪暴发、沙石冲击，已经破烂得不成样子，似路非路，似河非河，不便于机械化部队运动。村子四周山峦重叠，沟壑纵横，不仅地形复杂，又有疏落树木，正是进行伏击的好地方。

当晚，第 343 旅主力迅速占领广阳及其以东道路南侧的有利地形，完成了兵力部署：李天佑团长指挥的第 686 团 1 营、3 营为主要突击部队进入广阳以南瑶村、前小寒以北的高地；杨得志团长指挥的第 685 团 3 营由狼窝沟北山出击，协同第 686 团歼灭进入伏击地区的日军；其余部队占领有利阵地，准备打击回援的日军。

初冬的夜空，群星闪烁，寒风将山头上的树摇得呼呼作响。李

广阳伏击战纪念碑

描绘广阳伏击战的油画

天佑团长站在山头上仔细观察部队埋伏的现场，当走到第3营阵地时，发现战士三三两两挤在一起，背靠着背取暖。由于天冷，谁也睡不着，还有一个人在讲着什么，其他人都围着他，聚精会神地听着。李天佑慢慢走近这些战士，听他们谈话的内容。原来是参加过平型关战斗的同志，正给周围几个新战友讲打日军的经验。

“不是说日军很难打吗？”一个战士问。

“这都是那些恐日派造出来的。”又是那个讲故事的战士说，“他们不敢打，就说日军厉害、难打。其实日军也是人，子弹照样打得进，刺刀照样穿得过，只要勇敢地打，一定能把他们消灭掉。”

“这么说，明天我们一定能打胜了？”

“当然啦。只要隐蔽好，事先别让敌人发觉，那就保准打个大胜仗。”听到这里，李天佑暗暗为有这些信心十足、士气旺盛的战士们而高兴。

4日下午1时许，日军先头两个联队4000余人通过伏击区进至松塔。八路军预伏部队采取避强击弱的战法，放过其先头主力。两

广阳伏击战中缴获的日军战马

个小时后，日军前锋已到松塔镇，而后卫辎重部队还在广阳附近，最佳的出击时机到了。随着一声信号枪响，第685、686团的各路伏兵从山间林中突然杀出，将日军队形分割成两段。一时间，喊杀声、枪炮声响成一片，震撼山谷。八路军将士乘势杀入敌阵，与日军展开白刃格斗。

战至夜幕降临，谷地里的枪声渐渐稀疏下来。第685团的战士们，一部分从正面用机枪向敌人扫射，一部分绕到土岔村和广阳村北面在敌人背后扔手榴弹，很快把这些日军从石崖下轰了出来。逃到小河边的敌人像没头苍蝇一样来回乱窜，不一会就被“报销”了。天色不知不觉暗了下来，各营不断用电话报告胜利的消息，第343旅参谋长陈士榘向师部报告战果：“686团已全歼被围之敌，初步统计歼敌在500人以上。685团也歼敌近500人……”

陈士榘还没有放下电话，第686团3营通信员就跑过来报告：部队已进入广阳镇，除有极少数散兵负隅顽抗外，包围圈内再没有日军的踪迹了。

当陈士榘和李天佑走进广阳镇时，天已完全黑了。街上有两处房子还被几个日军占据着，不时传出几声枪响。待陈士榘等人走近时，战士们已经用手榴弹消灭了房子里的日军，只剩下一个日本兵躲在一个小院子里，不时向外打枪。

有人主张用手榴弹炸死他算了，陈士榘马上制止：“不能炸死，要抓活的。现在要消灭他很容易，一颗手榴弹或几粒子弹就够了，可是上级一再要求我们最好能抓到俘虏。”

当时，抗日战争已进行了一段时间，上万名日军战死，居然无一被俘。陈士榘的儿子陈人康在《一生紧随毛泽东——回忆我的父亲开国上将陈士榘》一书中披露：“当时，我父亲有捉俘虏的念头，就学日语在战场喊话，别人都没太当回事，但父亲很用心，暗中把敦促日军投降的日本话背得滚瓜烂熟。”

于是，陈士榘对李天佑说：“我还能说几句日语，让我带上几个人去看看。”说完就带上师侦察科科长苏静等人冲进了院子里。

那个日本兵躲藏在小院子里南房的里间屋。陈士榘让战士们先将小房子团团围住，然后自己利用夜幕掩护，悄悄地移到了窗口，用不久前才学会的几句日语向里面喊道：“缴枪不杀，宽待俘虏！”可那个日本兵仍不肯出来，继续向外打枪。

陈士榘又耐心喊了一阵子，那个日本兵才不再开枪了。过了好大一会儿，只听见里面传出了几句生硬的中国话：“明白，明白。”可又等了一会儿，仍不见他出来。不能再这样拖下去了，陈士榘一挥手，率领战士们猛地冲进屋去。原来那个日本兵蹲在老乡的粮食筐里，欲动不能，挣扎无用。见八路军战士冲进来，吓得浑身发抖，两腿打战。见陈士榘带了个活的日本兵来，李天佑高兴地说：“好啊，你终于抓了个活的回来了。”

11 月 7 日，第 129 师 386 旅旅长陈赓指挥所部及第 385 旅 769 团，在第 115 师 343 旅的配合下，又于广阳以东地区设伏。17 时许，当由沾尚镇西进的日军先头部队进至大寨口、中山村、户封村伏击区时，设伏部队迅即发起攻击。日军据村顽抗，八路军英勇冲杀，经过一小时激战，歼灭日军 250 余人。两次战斗，八路军歼灭日军 1000 余人，缴获骡马 700 余匹、步枪 300 余支以及大批军需物资。两次广阳伏击战，沉重打击了西犯的日军，有力地支援了友军作战，对保卫太原起了重要作用。

两战长生口

长生口位于井陉西部，是由东部平原过娘子关进入山西的必经之路。卢沟桥事变后，日军随即向石家庄地区发动进攻，并于1937年10月14日攻占了井陉城。日军的川岸文三郎第20师团和山冈重厚第109师团除沿正太路继续向娘子关进攻外，还分兵一部沿古驿道，经板桥、长生口、核桃园向山西旧关进发，企图迂回至娘子关背后，夹击坚守娘子关的国民党曾万钟部。在国民党军队节节退守的关键时刻，八路军第129师按照中共中央部署，依托太行山，在正太铁路沿线发动群众，配合娘子关国民党守军实施作战。

为配合娘子关国民党守军，根据第129师师部决定，由第386旅旅长陈赓带领一部分部队，在长生口一带伺机打击敌人。接到命令后，陈赓率领第772团从山西出发，于10月20日到达距旧关20余华里井陉境内的支沙口，准备阻击日军。21日晚，在部队赶到长生口河沟即将登上西部山坡时，突然发现从板桥方向开来一股日军，约有100多人。第772团团长叶成焕、副团长王近山立即让战士们迅速散开，选择河沟两侧有利地形，等候来犯之敌。当日军全部进入伏击圈后，战士们的机枪、步枪、手榴弹，一齐向敌群射击和投去。深更半夜里，这突如其来的伏击使日军晕头转向，不知所措，一边盲目还击，一边慌忙退守。八路军战士们步步为营，以四周的房屋和残垣为掩体，继续猛烈攻击。战斗持续了一个小时，除少部日军逃走外，八路军共击毙日军 50 余人，缴获军用骡马 4 匹及部分枪支弹药。这次长生口伏击战，打击了敌人的锐气，大大鼓舞了八路军将士们与敌寇作战的勇气。这次战斗使敌人气急败坏，疯狂报复，多次对附近村庄进行扫荡，烧杀抢掠无恶不作，欠下了累累血债。这更加激起抗日军民的极大仇恨。

1938 年 2 月 19 日，刘伯承率第 129 师顺羊肠小路，翻山越涧，抵达山西平定县长岭村，立即召集第 386 旅和第 385 旅的干部开会，决定再次在长生口给敌人以打击。当时，长生口东边的井陉驻有敌人大部队，西边旧关驻有 200 多敌人，倚仗坚固工事，死守据点。刘伯承师长是这样部署的：用第 769 团的兵力佯攻旧关，对敌人实施包围，但并不切断敌人的电话线，让他们向井陉的敌人求援，迫使井陉的敌人不得不走出据点，向旧关增援。一旦敌人出了据点，我军就可以趁机在途中将敌人歼灭。

21 日晚上，陈赓命第 772 团团长叶成焕率领号称“夜老虎”的第 2 营拂晓前赶到长生口南山进入战斗准备；同时，派遣一个连的兵力连夜赶赴井陉城南关附近的山地潜伏，侦察敌情，相机而动；又令第 771 团派一个连设伏在核桃园与旧关之间，准备截击西边的援敌。2 月 22 日，天气十分寒冷。陈赓随同战士们顶着凛冽的北风，匍匐在阵地上，静候敌人。凌晨 4 时许，从山西方向传来密集的枪声，这是第 769 团在佯攻敌军，目的是吸引井陉的敌军出动。果然不出刘伯承师长所料，6 时左右，从井陉方向的公路上传来了援救部队的汽车马达声，只见 8 辆汽车满载 200 余名日军急速驰来。战士们静静地伏在阵地上，等待汽车全部进入伏击圈后，迅速发起猛烈的进攻。日军措手不及，顷刻人仰车翻，乱作一团。战士们立即发起冲锋，与日军展开白刃战，仅半个小时，战斗胜利结束。这次伏击战，共击毙日军官兵130余人，炸毁汽车5辆，其驻井陉南关警备队长荒井丰吉少佐被击毙，还缴获迫击炮两门、九二式重机枪两挺、其他各类枪百余支及一大批弹药等军用物资。

第386旅在长生口“旗开得胜”，复战又捷。尤其是第二次伏击战的胜利，调动了日军大批的兵力，从而钳制了日军向晋南的进攻，减轻了其他战场的压力。长生口又一次的胜利消息，很快传遍了附近饱受日军蹂躏的村镇，群众箪食壶浆，热烈欢迎子弟兵，踊跃参加抗日活动，抗战热情更加高涨。

神头岭、响堂铺伏击战

1938 年 3 月，八路军第 129 师在晋东南地区接连取得了神头岭伏击战和响堂铺伏击战的胜利。在黎城县神头岭，第 129 师在狭长的公路边设伏，出其不意给日军以痛歼。在响堂铺，第 129 师以 3 个主力团一举歼灭了日军的运输队，切断了敌人的运输线。神头岭伏击战、响堂铺伏击战的胜利，是游击战思想的胜利，是第 129 师在长生口伏击战之后再次取得的辉煌战果。

神头岭伏击战

神头岭伏击战是第 129 师在长生口伏击战之后，又一次采取围点打援战法所取得的辉煌战例，被日军称为“支那一流的游击战”。该伏击战取胜的关键有二：一是攻击点就是打击日军所必救的要点，完全调动日军按照八路军的设想来增援；二是伏击地点的选择，一反常规地选在没有任何隐蔽物的狭窄公路上，将部队隐蔽在日军每天司空见惯的路边破旧工事中，收到了出其不意的效果，这正是八路军游击战的精髓之所在。

1938 年 3 月，八路军第 129 师奉总部命令，侧击由邯郸经东阳

神头岭伏击战纪念碑

关向潞城、长治进犯的日军第 108 师团。黎城是日军在邯郸至长治公路线上的重要兵站基地，潞城则有日军重兵据守，两城之间有浊漳河相隔。师长刘伯承、政委邓小平决定采用“吸打敌援”的战术，以第 385 旅 769 团为左翼袭击黎城，以陈赓旅长的第 386 旅为右翼在潞河村与微子镇之间设伏，歼灭潞城出援的日军。

3 月 3 日，在接到命令后，陈赓主持召开了第 386 旅团以上指挥员作战会议，讨论具体的伏击点和兵力部署，决定在神头岭伏击日军。会后，陈赓带领 10 多个人骑马去察看地形和道路。到了神头岭后才发现，实地跟图上大不一样。图上显示公路在沟底，公路两边有山梁，可实地是公路不在沟底而在山梁上，山梁宽一二百米，路的两边没有任何隐蔽物，仅有一些国民党军队残留的破旧工事。看到这一切，有的同志心里发急，心想这样的地形不利于打伏击呀！只见陈赓一个人低着头，在那些废弃的工事边走来走去，细细打量，

神头岭地形

认真地记录着什么，时不时地皱起眉头凝望远方。

晚上回来会议继续进行。等大家发表一通意见后，陈赓站起来说："我看，这一仗还要在神头岭打。""神头岭？！"大家都不相信自己的耳朵，异口同声地喊了出来。"对，就在神头岭打！"陈赓接着说："一般来看，神头岭确实不是一个打伏击的好地方，我们这样认为，敌人肯定也会这样认为。地形不险要，敌人就会麻痹，这正是我们出其不意地伏击敌人的好地方。当然，打伏击嘛，要是有隐蔽接敌的地形那是最好，虽然那儿没有这些，但有国民党军队给我们留下的破旧工事，近的离公路几十米，最远也不过100来米，鬼子对这些东西早已司空见惯了，如果我们把部队提前隐蔽到工事里，敌人有可能发现不了。山梁狭窄，不利于我军展开，也不利于敌人展开。大家说说，在独木桥上打架对谁更有利？"旅长一席话，会场上立刻沸腾了起来，大家心里都明白了，陈旅长的部署是：利用破旧工事在公路两侧设伏，战斗打响后形成两面夹击之势，把鬼子堵在狭长的公路上痛打猛揍。

3 月 16 日凌晨，担任“钓鱼”任务的第 769 团开始对黎城发起攻击。同时，陈赓率领第 386 旅主力进驻神头岭，埋伏在路边的工事内。上午 8 时半，增援的日军出现在神头村前，离潜伏部队越来越近，所有人的心都提到了嗓子眼，空气好像凝固了一样。然而正像战前陈旅长预想的那样，鬼子对脚下的“情况”连看都没有看一眼。他们做梦也不会想到，八路军会在他们的“蹄子底下”打伏击。日军未见异常，便大摇大摆地继续前进。9 时半，日军全部进入伏击圈，陈赓发出攻击命令。一时间，平静的山梁变成了喷发的火山，第 386 旅的 3 个团从三面向敌人发起了攻击，手榴弹雨点般地落在了日军的队伍里，枪炮声、爆炸声响成一片；横飞的弹片、闪闪的火光、弥漫的硝烟、滚滚的黄土一起汇成了愤怒的火龙，把鬼子连同整条公路都吞没了。战后，参加过战斗的日本随军记者本多德治胆战心惊地回忆：“在几公里长的地段上的山梁上，露出一两千张脸，连被憎恶的心燃烧着的充满着敌忾心的目光也可以清楚地看到。”

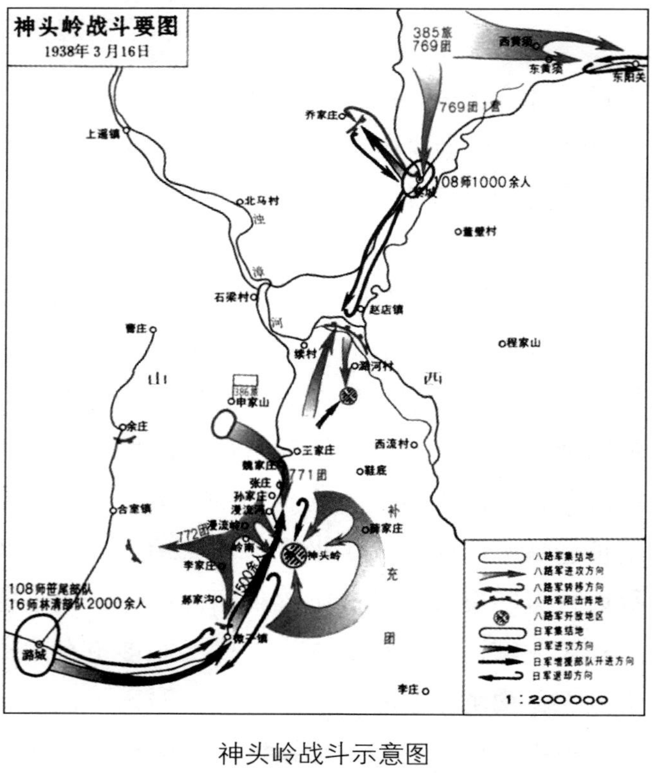

神头岭战斗示意图

日军这才知道上当，但公路狭窄根本展不

神头岭伏击战指挥部旧址

开，呼喊声、马叫声乱作一团。毕竟，日军是在武士道精神毒化下的兽兵，虽然到已无路可退，但还在做垂死的挣扎。一位日军少佐抽出军刀指挥反抗，一发迫击炮弹落在他的身边，轰的一声化作一团血水。日军有的趴在地上进行还击，有的滚进水沟里掩身，有的以死马为掩体进行顽抗，也有的被吓破了胆。

当日军伤亡过半时，第 386 旅的勇士们高呼着冲了上去，与日军展开了肉搏战，日军大部分成了刀下鬼。一小股日军向西逃窜，逃到神头村后，利用民房和窑洞进行抗击，想固守待援。陈赓发现后命令紧靠村子的一个排："立刻把村子夺回来！"这个排没有辜负旅长的期望。他们用机枪火力作掩护，一个班从正面攻，两个班从侧面攻，一个猛冲，连续攻占两幢民房，硬是把日军赶出了村子。将近中午时分，战斗结束了。除 100 多个日军逃回潞城之外，1400 多日军在神头岭被消灭。

神头岭伏击战是八路军继平型关、广阳伏击战后进行的又一次较大规模的歼灭战。日本随军记者也不得不称此战是八路军第129师的“典型游击战术”。刘伯承对神头岭的伏击战术作了精辟的分析：“这次采用‘吸打敌援’的战术。袭击黎城驻守之敌，以吸引涉县、潞城两地敌人来援，在必经之路东、西黄须和神头岭予以伏击。袭击是手段，伏击才是目的。”

响堂铺伏击战

1938年3月下旬，八路军第129师得知日军在邯（郸）长（治）公路上运输频繁，为进一步破坏日军的交通运输线，打击向晋东南进攻之敌，第129师决定以3个主力团，在响堂铺一带设伏歼灭日军的运输车队，切断敌人的运输线。

响堂铺是邯长公路上的一个村镇，是由河北进入山西，翻越太行山的咽喉。这里南侧山势陡峭，北侧虽是高山，但山势较平缓。两山之间的峡谷中是日军修建的一条简易公路。选择在这里设伏，不但利于八路军展开战斗，而且还可抓住敌人要害予以痛击。

邯长大道，东起平汉线上的邯郸，西至山西的长治，中经武安、涉县、黎城、潞城等地，横贯太行山脉，与临屯公路相连。1938年，日军第108师团重兵侵犯上党，黎城东阳关内外的一段公路，就成为日军重要的后方交通线。3月上旬八路军总司令朱德指示第129师师长刘伯承、副师长徐向前：“相机袭取黎城、潞城，占领东阳关，打击增援队。”八路军第129师南下襄垣、武乡地区，打击一支日军从黎城开往涉县的180辆运输车队，而伏击地域就选择在响堂铺。

1938年3月30日晚，八路军第129师所部从秋树垣、马家峪、庙上村隐蔽地向响堂铺地域开进。副师长徐向前命令各团31日拂晓前进入阵地。

徐向前指挥所设在响堂铺路北的后狄村山坡上。第769团在响堂铺以东，位于杨家山、江家庄一线；第771团在响堂铺正面，位

响堂铺伏击战遗址

于宽嶂、后宽嶂一线；陈赓的旅指挥所在第 771 团的阵地后面；第 772 团位于师指挥所右后方的马家拐，掩护伏击部队右后方的安全。整个设伏阵地，多是背阴面，坑坑洼洼里积雪刚刚融化，但夜间又结冻了一层冰，战士们忍受着寒冷，一动不动地隐蔽着。

徐向前对伏击战有过专门的论述，对于实施伏击，"伏"是手段，"击"是目的，"伏"是为"击"创造条件，"击"是"伏"的必然结果。"伏"的好差，决定着"击"的效果大小。这两者是一个完整的战斗过程。伏击战斗，当敌人没有到来之前，待伏部队必须要耐心沉着地等待，就是敌人来了，但还没有全部进入我阵地之前，也仍然需要指挥员和部队保持沉着及冷静的头脑，不急不躁，很好地观察情况和准确地掌握攻击的时机。

31 日清晨，陈赓旅长向徐向前报告："东阳关之敌 200 余人进至马家峪；长宁东南高地有敌骑兵，向我侧后运动。"陈赓判断，敌人可能发现了设伏行动，企图从右翼侧击，截断后路，此时是否把主力撤回到庙上村、鸭儿山去截击敌人？“料敌计险，必察远近，将之道也”。徐向前认真研究地图思考敌情变化，最后他果断认定情报不可靠。如果敌人真的发现了此地的伏击行动，决不会只派这么一点兵力前来“打草惊蛇”或“自投罗网”，肯定会以大部队来围攻。日军应另有他图。于是徐向前立即下达命令：“没有我的命令，原计划不得变更，部队不能动，要严密埋伏，不得暴露。情况先不要向下传。”并派出参谋人员到东阳关和苏家蛟方向去探听虚实，搞准情况。

此时，徐向前又要求所有参加伏击的各部队，一定要有耐心，一定要沉得住气，一定要准确分析判断情况，千万不要让错综复杂的战场情况所迷惑，更不要因判断的失误而导致行动的错误，那样将会使整个伏击战斗前功尽弃，或者会遭到敌人的算计而吃亏上当。

上午 8 时 30 分，日军 180 多辆汽车，掩护部队 170 余人，排着长龙式的队伍，由黎城经东阳关，向响堂铺路段开来。

当日军车队的先头一辆车进到小河底，最后一辆车也进入伏击区时，徐向前及时发出了攻击命令，两个团同时突然向敌开火。步枪、机枪、迫击炮顷刻间一齐开火，暴雨般地洒向日军车队。毫无戒备的日军被这突如其来的猛烈打击打得晕头转向，惊慌失措，汽车在山沟里像没头苍蝇一样乱冲乱撞，整个行军队形失去控制，混乱不堪。有的敌人在汽车上还来不及把迫击炮、机关枪架起来，就被火力消灭了。由于战斗突然发起后，整个行军编队被汽车的瘫痪和起火分隔成数段，使日军无法协调和支援。战斗中，部分日军分成几股向南山脚下逃窜，大部分被预伏部队的机枪、手榴弹压回到大道上消灭得一干二净。

在日军毫无还手之力之时，徐向前果断下令：向残敌发起冲击。埋伏了一夜的八路军战士，犹如猛虎下山一样冲入敌阵，以手榴弹、刺刀、梭镖和大刀片消灭了那些负隅顽抗的敌人。经两个多小时的激战，共毙伤日军森木少佐以下400多名，180多辆汽车全部被摧毁。之后，日军发起的几次增援也全部被打退。到下午5时，日军出动了10多架飞机，对响堂铺地区实施了近2个小时的狂轰滥炸。但此时，徐向前已率领部队转移到秋树垣一带，响堂铺伏击战取得了彻底胜利。

徐向前在战场情况发生突变的紧急关头，沉着做出正确判断，而未放弃战机，至关重要。当徐向前见到刘伯承时，刘伯承道贺说：“向前还是当年之勇，沉着果断！”

从战略上讲，响堂铺一战沉重地打击了日军的嚣张气焰和狂妄野心，使中国共产党领导的八路军在群众中威信高涨，加快了晋东南抗日根据地的开辟，策应了晋西和晋西北的抗战，有力地配合了黄河两岸的防御作战。

午城战斗

1938 年 3 月 14 日至 18 日，八路军第 115 师代师长陈光（师长林彪负伤离队）、政治部主任罗荣桓，率主力部队第 343 旅 685 团、686 团，由新军决死纵队汾西游击支队配合，先后在隰县午城、大宁县罗曲、上下乌落、蒲县井沟等地抗击企图强占黄河渡口马斗关的日军，其中午城战斗影响较大。在这次战斗中，第 343 旅创造了接连重创日军的“连环”战法：先是“以弱示强”，掩护主力机动；尔后“避实击虚”，打击敌人小股部队；接着“乘胜追击”，不给惊恐之敌喘息时机；最后，“攻其必救”，一举歼灭敌人主力。

午城镇，位于山西省隰县西南，地处吕梁山腹地，是陕甘宁边区的东部屏障和联系晋冀豫抗日根据地的纽带，战略地位十分重要。1938 年 2 月，日军占领临汾，又攻陷隰县。为了支援晋南国民党军作战，巩固刚创建的吕梁山抗日根据地，中共中央指示第 115 师第 343 旅主力部队赶赴隰县、大宁一带相机歼敌。说起八路军第 343 旅可不简单，它是第 115 师的主力旅之一，以善打硬仗恶仗出名。他们刚刚参加了平型关战斗，打破日军不可战胜的神话，这次听说

午城战斗遗址

有新的作战任务，战士们顾不得疲累，士气都十分高涨。

3月14日，第115师先遣部队在午城镇以东地区，与由蒲县西犯的日军步骑兵1000余人先期遭遇。战士们按作战计划迅速抢占有利地形，与10倍于己的日军顽强抗击2小时，为掩护主力部队进入预定位置争取了时间。当天下午，敌人占领午城，并继续向西进犯，进占大宁。

16日，经过急行军，第343旅主力进入预定位置，隐蔽在大宁以东的罗曲、午城、井沟公路两侧，等待歼敌时机。当天，敌人的辎重部队200余人，骡马100余匹，由午城西行至罗曲村附近时，遭到隐蔽在此的第685团的猛烈攻击，全军覆没了。

尽管连遭打击，但不到黄河心不死的日军选择继续冒进。17日，日军60多辆满载各种物资的汽车，在6卡车步兵的保护下再次由蒲城向大宁驶来。大宁也派出500多人，携带两门火炮接应，但是刚出城不久就遭到第685团的猛烈袭击，被迫龟缩回城内。从蒲城出发的敌人则被第686团打得丢下200余具尸体后仓皇逃入午城。战士们乘胜追击，当夜袭入午城，很快就将敌人的工事和据点占领，并歼灭日军50余人，缴获机枪、步枪60余支，日军的汽车也因在黑暗中乱冲乱撞而大部被毁。

经过连续几天的作战，敌人损失惨重。受到袭击后的敌人还会不会上钩？是按原计划进行设伏还是及时调整作战部署？陈士榘、肖华、杨勇等部队首长判断，日军主力已深入大宁，其后援也必须跟上。由于部分辎重部队已遭歼灭，敌人主力决不会善罢甘休，一定会前来报复。于是连夜做好战斗部署：第685团控制午城镇和牵制大宁出援之敌，第686团迅速赶到佛连里附近集结，和汾西游击队埋伏于井沟至张庄以北的各条小沟内。

不出所料，18日一早，由临汾驰援的敌人第108师团在飞机的掩护下，出动600余名步兵、200余名骑兵和一个炮兵中队气势汹汹地向午城开来。14时许，日军先头部队进至井沟地区，这里山高谷深，敌人有所戒备，不断向公路两侧高地实施火力侦察。但距离

午城、井沟战斗要图

日军只有 200 米的埋伏部队沉着隐蔽，敌人丝毫没有察觉，大摇大摆地开进八路军预先设好的“口袋阵”。待其后续部队全部进入伏击圈时，冲锋号随即响起，八路军突然从两侧山腰发起冲击，敌人顿时陷于混乱，一部分窜入井沟、张庄据守，一部分占领张庄以南地域顽抗。八路军迅速调整部署，乘敌立足未稳，对其展开围歼战。被围之敌在猛烈炮火掩护下，疯狂反扑，企图突围，6 架敌机轮番轰炸扫射，但都遭到战士们的顽强阻击。当晚，第 343 旅在游击支队的配合下，再次向敌发起猛攻，并以小分队组成战斗群，逐个歼灭隐藏于窑洞的小股敌人。战斗持续了一夜，至 19 日拂晓，除 100 余人逃窜外，其余全部被歼灭。

至此，经过五昼夜的浴血奋战，午城、井沟战斗共毙伤敌军 1000 余人、俘敌 10 余人，毁敌汽车 79 辆，缴获步枪 200 余支和骡马 200 余匹，以及其他大批军用物资。午城、井沟战斗的胜利，切断了蒲县至大宁段的交通，有力地打击了敌人的疯狂气焰，对开辟晋西南抗日根据地和巩固陕甘宁边区都有重要意义。

薛公岭三战三捷

1938 年 9 月上旬，为策应武汉会战、侵占大西北，日军华北方面军以第 108 师团一部沿汾（阳）离（石）公路一路西进，相继占领离石、柳林、碛口等地，并炮击黄河西岸宋家川，直接威胁陕甘宁边区。为了保卫延安，巩固晋西北抗日根据地，八路军第 115 师 343 旅 686 团奉上级命令迅速进至汾离公路东段，破袭日军的交通线，同时伺机打击敌人。在吕梁山的薛公岭一带，团长杨勇利用有利地形，巧用神兵，精心布阵，三次设伏，并且取得三战三捷的辉煌战果。

午城战斗后，接到新任务的八路军第 686 团又马不停蹄地赶往汾离公路一带，继续狙击日军第 108 师团。当他们来到薛公岭时，只见这里沟壑纵横、峰峦叠嶂，岭下平行并排着四条南北方向的山沟，茅草、蒿草、灌木，漫山遍沟。如果在这里设伏，那就是磨道里等驴——插翅也难逃啊！团长杨勇第一次看到这里，就开始谋算着如何打一场漂亮的伏击战。战斗的机会很快来了！

9 月 11 日，第 686 团收到情报：敌人 20 辆满载弹药和渡河器材的汽车，将在两天后从汾阳起运。战事紧急，杨勇团长再次带领各营干部来到薛公岭勘察地形。这时，侦察队长刘善福指着对面一个山头上的碉堡说："这里地形不错，就是那个碉堡太讨厌！"原来敌人对这段凹地也十分警惕，事先已在对面的制高点修了一座高大的碉堡。面对这个"拦路虎"，杨勇一时拿不定主意。他朝迫击炮连连长吴嘉德看了一眼，老吴心领神会，自信地说："这个任务就交给我们吧！保证三炮消灭碉堡。"于是方案定了下来。

9月14日清晨，浓雾渐渐散去，此刻，第686团的战士们早已悄无声息地趴在蒿草丛中"恭候"着敌人的到来。9点左右，日军出现了。只听轰隆轰隆的马达声由远及近，不一会儿20多辆汽车便一辆接一辆地开进第686团的伏击圈。"开炮"！随着口令的下达，"轰"的一声，第一发炮弹不偏不倚落在那个碉堡前。紧接着"砰砰"两炮，碉堡随着一团烟雾灰飞烟灭了。"冲啊"，隐藏在草丛中的战士们从各个山沟、各个角落一齐冲杀出来，霎时间，冲锋号声、呐喊声响彻了整个山谷。埋伏在北山坡的战士们迅速占领碉堡前的

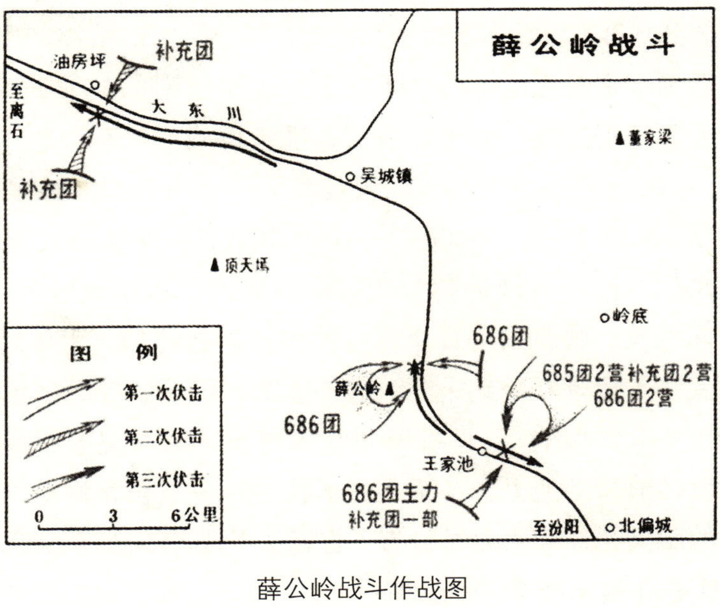

薛公岭战斗作战图

阵地，堵住了日军车队的前进道路；南山坡的战士们向敌车队尾部猛烈开火，成排的手榴弹投向敌人的汽车。在战士们的前后夹击下，不到一个小时，200 多名日军除 3 人投降外，其余全部被歼。

这场漂亮的伏击战可苦了远在黄河边的日军山口少将。因为得不到后方支援，他的粮秣和弹药严重短缺，只好一边杀马充饥，一边电告汾阳求救。一周后，不到黄河心不死的鬼子再次组织运输。这次他们派了两辆军用大卡车装了 100 多士兵先做了一次试探，这点“雕虫小技”杨勇自然不会上当，他让这两辆车顺利通过，给山口送了个“人情”。敌人果然中了圈套，9 月 19 日，18 辆装满军用物资和渡河器材的载重汽车，由 200 名日军护送再次从汾阳城出发。到达薛公岭后，日军的神情异常紧张。突然从路旁的草丛里窜出来一只地鼠，吓得十几车日军立刻停车，又是机枪扫射，又是小炮轰炸，还进行了一次莫名其妙的冲锋，闹了天大的笑话。不一会儿汽车队终于前行至油房坪大拐弯，正当日军为自己逃过一劫而暗自庆幸时，只听“轰隆”一声巨响，一颗手榴弹从路旁飞上汽车。“同志们，冲啊！”指挥员一声令下，八路军立刻铺天盖地而来，喊杀声惊天动地。经过激烈的战斗，200 多日军全部被歼。

迟迟等不来救援的山口扛不住了！这时，第 115 师师部发来电报：敌人有撤退迹象，要不顾疲劳，准备再战！“不入虎穴，焉得虎子！”这次杨勇决定在敌人的眼皮底下——薛公岭东南的王家池附近设伏。9 月 21 日，山口带领 1000 多名日兵垂头丧气地由离石开始撤离。一路上各地方游击队对山口兵团“沿途欢送”，三里打一枪，五里甩一弹，闹得日军打打停停，停停打打。中午时分，疲惫的敌人终于出现在公路上，辎重、炮车、步兵前拥后挤填满了王家池的山谷。“冲啊！”只听得冲锋号齐响，杀声震天，战士们像洪水暴发一般压向敌人，一千多鬼子被围在一条长长的窄沟里，就像砧上的肥肉，任凭八路军处置。激战一个小时，日军大部被歼，山口少将也在这次战斗中一命呜呼！

薛公岭伏击战三战三捷，共歼灭日军1200余人，毁、缴汽车30余辆，严重挫败了敌人西渡黄河的阴谋。战后，汾阳城四门紧闭，城内烟雾弥漫，臭气冲天，敌人焚烧了好几天的尸体。不久，杨勇收到日军驻汾阳联队司令官的一封挑战书：“唯贵部作战全靠山岭隘路，乘人不备，袭人不意，毫无正大光明可言。现皇军约贵部在兑九峪平原决一雌雄，看吕梁究竟是谁家天下……”读到这里，杨勇不禁哈哈大笑。看来，敌人被八路军的山地游击战折腾得实在是无计可施了！后来，日军果真在兑九峪集结了大量兵力，并到处宣扬要找第115师广阳团（686团代号）决战。但日军哪里知道，等待他们的不是什么兑九峪的决斗，而是整个吕梁山区更为炽烈的游击战争！

宋家川河防保卫战

1937 年太原失守后，日军侵华战争的战略重点转向了华中和华南，但同时他们也妄图以山西为基地，强行西渡黄河进犯陕甘宁边区。宋家川是黄河一个极为重要的渡口。抗日战争期间，宋家川是秦晋交通要冲，有公路与汾（阳）离（石）公路紧相衔接，汽车可直达河岸附近，这里是日军进攻陕北延安的重要“跳板”，也是陕甘宁边区千里河防的重点地带。有一首诗至今流传：“吴堡县城宋家川，黄河岸边一条滩。背靠牛虎龙凤山，觌打对面红崖湾。”

宋家川背山靠水，且有天然河湾为屏障，自古以来就是兵家必争之地。1938 年春开始，日军以梅津第 110 师团为主力并第 109、118、26 等师团，以宋家川对面的山西黄河军渡、碛口一带的渡口为进攻地，频繁向晋西北抗日根据地和陕甘宁边区河防发动进攻，并相继占领了一些黄河渡口，严重威胁到中共中央同各抗日根据地的联系。毛泽东致电朱德、彭德怀并八路军三个师的负责人，让第 120 师巩固北段河防，保障后路；第 115 师 344 旅立即北移，巩固中段河防。

1939年6月7日，中共中央召开书记处会议讨论河防问题。八路军后方留守处主任兼河防司令员萧劲光报告说，日军约一个师团以上的兵力于6月6日进攻山西军渡，有进攻陕甘宁边区的可能。毛泽东指出：蒋介石有借口对付日军而占领陕甘宁边区的企图，河防必须坚守。毛泽东拍着萧劲光的肩膀说："我在延安，就是靠留守兵团吃饭。"

萧劲光坐镇陕甘宁边区，统一指挥留守兵团和边区保安部队及游击队，与进犯日军在千里黄河上打响了缺少铁甲利舰而唯有抗日军民钢筋铁骨的"水上保卫战"，特别是前后六次宋家川河防战斗，彻底阻止了西犯日军侵犯延安的企图。

第一次宋家川河防战斗。《萧劲光回忆录》这样写道："1938年5月初，河东离石一带的敌人，兵力增到一个旅团，附炮30余门，气势汹汹，企图在我宋家川附近渡河西犯。10日晚，其先头部队已进抵王老婆山，后续部队仍在源源推进。我河防部队由于侦察工作做得较好，准确掌握了敌人的行动，没等敌人到达河边，文年生团长便亲自率领一支部队东渡黄河，乘敌人立足未稳之际，夜袭刚进到王老婆山的敌人一个大队。经数小时激战，歼敌200余人，缴获步枪机枪20余支。敌人遭此突然打击，掉头向东退去。"王老婆山位于离石、柳林、碛口之间，是离石通往碛口的必经之路，该据点的拔除使敌人失去了西进的一个重要依托点。

第二次宋家川、马头关、凉水岩河防战斗。1939年6月4日和5日，日军一万余人进占军渡，在东岸各山头构筑工事，并以炮火轰击河西宋家川、枣林坪一线的河防阵地。6日，日军又以1.5万兵力进攻孟门、碛口，用飞机滥炸河西的李家沟阵地及沿河城镇。同时，日军另一部2000余人占领马头关与凉水岩的河东阵地，伺机实施强渡。留守兵团依托坚固的工事，以猛烈的火力封锁河西，在宋家川方向经过三昼夜的激战，粉碎了日军渡河的企图。同时，河东八路军又猛击敌人侧背，破坏敌人交通运输，进犯河防日军被迫撤退。此时，留守兵团一部又乘机东渡，收复了李家垣、柳林。此次战斗歼敌 80 余人，缴枪 10 余支。

第三次宋家川河防战斗。1939 年 9 月 4 日，在山西的日军三四千人，附炮 30 门，进占军渡构筑工事，强令群众修复军渡到离石的公路，旨在巩固河东阵地，待机渡河占领宋家川。乘日军在东岸立足未稳时，河东游击侦察部队猛袭穆村、薛村，破坏公路，在孟门、暖泉等地抗击日军。此时，河防部队也派一部兵力渡河迂回到了敌后柳林、穆村、军渡间，日军多面受袭，于 12 日龟缩进了柳林地区，进犯宋家川的企图又失败了。此次战斗共歼敌 30 余人，缴枪 5 支。

第四次宋家川河防战斗。1939 年 12 月初，日军集结 4000 兵力附炮 20 余门，再次进犯军渡，炮击宋家川。12 日，日军占领李家垣后，加强对河西阵地的炮击，企图强渡黄河。河东游击侦察部队在河防司令部的指挥下，于李家垣以南山地阻击日军，之后又在军（渡）离（石）公路上打击日军。由于日军在侧后不断受到袭击，不得不于 16 日向东撤至柳林，河防部队乘机收复军渡、李家垣，共歼敌 20 余人。

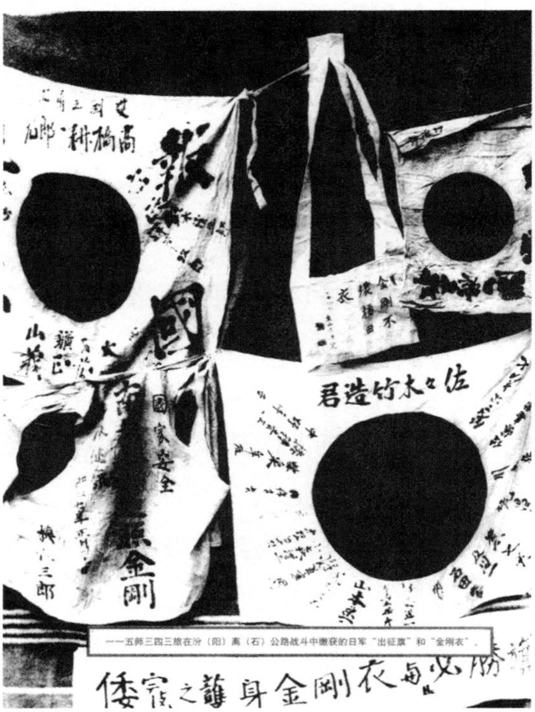

缴获的日军“出征旗”和“金刚衣”

第五次宋家川河防战斗。日军鉴于先前的失败教训，这次耍了个花招。1941 年，日军调集一批军队，主攻方向本是宋家川，但事先没有直接进攻宋家川，而是先后炮轰了宋家川上下各个河防阵地，蓄意在各地造成紧张局势，妄图迫使河防部队从宋家川抽兵支援，以削弱宋家川的防御力量，然后集中兵力强攻宋家川。守备兵团司令部深知日军这次进犯河防的战略企图，始终以主力部队固守宋家川，日军的阴谋计划再次流产了。

第六次宋家川河防战斗。1942 年 3 月，日军又调兵“扫荡”黄河沿岸，守备兵团司令部立即下达紧急动员令，要求部队于 16 日凌晨进入阵地，做好一切迎战的准备工作。由于河防部队的顽强抵抗，日军的进攻势头很快被遏制住了，战斗进入了相持阶段。之后，河防指挥员果断地从绥德义合镇调总部炮兵团进入宋家川河防炮兵阵地。4 月 4 日黎明时分，当日军炮兵刚一露头，准备向西岸射击时，河防炮兵先发制人，一发发震惊天地的炮弹准确地落在日本人的炮兵阵地上，打得日军晕头转向，失去了招架之力，连大炮也顾不上拖走就狼狈撤去了。经过这次激烈的河防保卫战，日军妄图突破黄河天险进而占领陕甘宁边区的阴谋终于彻底破产了。

留守兵团在晋西北、晋西、晋西南八路军的配合下，先后对日作战达 70 余次，歼灭日军近万人。到 1944 年 9 月，八路军配合当地游击队，智取军渡玉皇顶，全歼守敌，河防战事胜利结束。

血战狮脑山、关家垴

1940 年，抗日战争进入相持阶段后，日军一面对华北抗日根据地实施“囚笼政策”，一面对国民党政府进行政治诱降。为了有力地打击敌人，扩大敌后抗日根据地，坚定全国人民抗战的决心，八路军出动 105 个团，在 2500 公里长的战线上，发动了举世闻名的“百团大战”。百团大战历时 5 个月，期间发生了许多惊心动魄的战斗，其中尤以狮脑山、关家垴两役最为惨烈。

百团大战的第一阶段是破坏正太线。8 月 20 日晚 22 时，由聂荣臻指挥的晋察冀军区预先埋伏在正太路旁的 15 个团的兵力，同时向铁路线上猛扑。坐落在阳泉火车站以西数里的狮脑山是阳泉的屋脊，控制了狮脑山就等于卡住了正太铁路的咽喉。为了牵制驻扎在阳泉的日军，掩护正太路西段军民破路，第 385 旅 769 团（老九团）和 14 团，在暴风雨中连夜登上狮脑山。驻阳泉日寇万万没有想到，不到一夜，一座荒山就被八路军修筑成为坚强的战斗阵地。巍峨的狮脑山峰，像一只张开大口的雄狮，等待着敢于来犯的敌人。

21 日凌晨，驻守日军遭到第 14 团迫击炮连的猛烈轰击。霎时

第 129 师 385 旅某部在狮脑山战斗中

间，阵阵炮弹打得敌人如羊群碰上了猛虎，倒的倒，散的散。敌人勉强组合成散兵队形，向八路军阵地前沿高坡扑来，第 14 团 5 连、6 连战士以密集火力猛烈扫射敌人，使敌人寸步难移，匍匐不前，最后只好弃下倒毙的尸体缩回阳泉。敌人的第一次反扑就这样被击退了。当日下午三点钟左右，日寇又增集了 150 多人，绕到狮脑山右侧的西峪村，想从狮脑山的背面迂回第 14 团阵地。这时，第 385 旅旅长陈锡联正在这一带察看地形，发现这股敌人之后，他果断命令："769 团 1 营、3 营赶快上来，立即投入战斗！"第 14 团也发觉了敌人的企图，团长孔庆德命令第 3 营 9 连、11 连冲下去。日寇本想从侧后迂回八路军，没想到却陷入八路军的三面夹击。犹如瓮中之鳖的敌人虽有督战队的嗥叫，但士兵仍趴在地下，不敢前进，战斗一直打到黄昏，敌军毫无进展，两个中队大部分被歼了，一部分跳崖逃跑了。

此后几天，恼羞成怒的敌人又向狮脑山发起多次进攻，但都遭到了惨败。8 月 25 日，发狂的敌人天一亮就出动了 20 多架飞机，并集中炮兵火力猛轰狮脑山。大量的炮弹、炸弹飞向八路军阵地，狮脑山主峰淹没在一片硝烟中。经过一番狂轰滥炸，敌人以为八路军已丧失了战斗力，没想到刚冲到第 14 团一营的阵地前几十米，就被战士们甩出的几百枚手榴弹炸得血肉横飞。双方立即展开了白刃格斗，有的战士的刺刀穿透了鬼子的胸膛，撞在石头上，把刺刀捅弯了，拔都拔不出来；有的战士抡起枪托砸敌人，把自己的虎口都震裂了；有的战士徒手和鬼子厮打起来，最后把鬼子活活掐死。这一场血战一直持续到天黑，直到把敌人全部赶了下去。

8 月 26 日，完成预定计划的八路军撤离狮脑山。至此，第 129 师 385 旅的勇士们在奇峰陡立的狮脑山上苦战了六个昼夜，他们为百团大战第一阶段的全面胜利立了首功。

从 10 月 6 日起，颜面尽失的日军以数万人的兵力对中共中央北方局、八路军总部等领导机关所在的太行抗日根据地开展了连续的“扫荡”。25 日，连日扫荡的日军冈崎大队 500 多人，误入辽县、武乡县、黎城县交界的黄崖洞地区，严重地威胁着八路军兵工厂的安全。彭德怀得到消息后，立即命令第 129 师 386 旅赶往黄崖洞，消灭这伙胆大包天的日军。

28 日，冈崎大队窜逃至位于武乡县蟠龙镇的关家垴地区。关家垴是群岭环抱中的一个高岗，山顶是一块方圆几百平方米的平地，北面是断崖陡壁，东西两侧坡度较陡，仅有南坡较平缓，方便出入，从军事地形上看，可谓易守难攻之地。冈崎大队占据关家垴后，马上构筑工事。他们不仅挖了坑道，还拆下当地人家的门窗架在上面，筑成隐蔽所，在山顶平地上，设置了机枪阵地。这样，冈崎大队在关家垴构筑了一个严密的防御阵地。

29 日下午，彭总赶到蟠龙镇的石门村，亲自下达了战斗命令。随即，刘伯承和邓小平指挥第 129 师部队将关家垴四面包围，展开攻击。广大指战员冒着飞机轮番轰炸、扫射和从山垴顶倾泻的火力，勇猛冲杀。第 386 旅 772 团负责东北方向的攻击，由于攻击地形十分不利，能接近日军阵地的只有一条约一尺宽的小路，战斗打得异常残酷。战士们一次又一次地攻击，一个台阶一个台阶往上爬，反复与日军短兵相接，伤亡极大。战至 30 日中午，第 772 团 1 营原本 70 多人的第 1 连只剩下 3 人；50 多人的第 3 连只剩下指导员和两名伤员；近 70 人的第 4 连只剩下 10 余人。日军居高临下，战士们像割韭菜一样一茬茬倒下。看到这里，刘伯承和邓小平心急如焚，敌人在山顶，八路军在山底，硬攻显然不可取。不得已，刘伯承和邓小平去见彭德怀，请示彭总是否停止冲锋。彭德怀没有同意，战事一直处于胶着状态。

战至 31 日晨，关家垴仍未攻下，而武乡、辽县之日军 2500 余人已经出动，试图围歼第 129 师主力。在这种情形下，刘伯承再次打电话给彭德怀，建议部队暂时撤围，另寻战机。彭德怀一听，按捺不住往上直窜的火气，在电话中告诉刘伯承："拿不下关家垴，就撤掉第 129 师的番号，杀头不论大小。"军令如山，刘伯承只得调整部署，重新组织进攻。这一次，他首先命令工兵部队进行土工作业，从山下部挖洞通向垴顶。工兵部队轮班作业，经过一夜一天不停地挖掘，一个通向关家垴顶的通道打通了。冲锋部队借此在火力掩护下，终于攻上了关家垴山顶，战斗僵局被打开了。战士们用大刀、手榴弹、炸药包逐个地消灭负隅顽抗的日军，残敌 60 多人被压缩在一个狭小地域，固守待援。这时，由黄崖洞方向来的日军援军 1500 人已逼近关家垴，再战下去对八路军不利。彭总看到关家垴被围之敌基本歼灭，便下令部队

关家垴战斗烈士纪念碑

撤出战斗。

在关家垴战斗中，八路军以劣势装备与日军进行了硬碰硬的攻坚战。尽管日军冈崎大队基本被歼，但八路军部队也伤亡惨重，许多连队的战士只剩下不足三分之一的人数。正因如此，这场战斗在日后的八路军史上也留下了诸多争议。

黄崖洞保卫战

黄崖洞兵工厂位于山西黎城县西北部，地处黎城县、辽县（今左权县）、武乡县之间，是八路军在抗战期间于华北敌后建立的最大的一个武器弹药生产基地。抗日战争时期，日军在与八路军的作战中曾夺得少量的由黄崖洞兵工厂生产的八一式步枪、五〇炮等武器，经研究后发现，这些武器的性能居然丝毫不比他们手中的同类武器差，这就引起了日军对黄崖洞兵工厂的注意。东京的新闻甚至报道说，黄崖洞兵工厂至少有3000名工人，是一个具有先进设备的现代化的兵工厂。日军更是将其视为心腹之患,必欲除之而后快。

黄崖洞兵工厂是1939年至1941年间在朱德、彭德怀等的关怀和左权的亲自领导下修建和完善起来的。早在1940年10月25日，华北日军在对太行区抗日根据地扫荡中，其冈崎大队曾闯进黄崖洞,被当地抗日军民击退。之后,为增强保卫黄崖洞兵工厂的力量，确保军工生产的安全，1940年11月八路军总部特务团奉彭总的命令进入黄崖洞设防，肩负起保卫兵工厂的光荣使命。

八路军总部特务团进驻黄崖洞后，左权副参谋长亲自指导设防

黄崖洞兵工厂

工作，到 1941 年 8 月下旬，就完成了以黄崖洞为中心的设防任务，筑起一个“以营为守备区、连为防区、排设阵地、班组筑工事有机联系的环形防御阵地”。各阵地的明碉暗堡群，形成交叉、直射、侧射、仰射、俯射的火力网，既能相互支援，又能独立作战。

对于即将到来的这一战，左权副参谋长心里还是有底的。“一是黄崖洞具备山地阵地防御十分有利的条件。当时黄崖洞有两个主要进出口:一条是东南方的南口,通向黎城,一条是西北方的左会垭口,通向武乡。另外，黄崖洞正面视野开阔，便于观察敌情，且有断桥，不利于敌人通行。二是黄崖洞周围已建起了坚固的防御工事，形成了严密的防御体系。三是黄崖洞中已储存了充足的武器弹药和食物，特务团在里面坚持十天半月毫无问题。四是特务团老兵成分多，战斗经验丰富，战斗力较强，对当地地形较熟。因此，只要在指挥上不出现大的失误，打退日军的进攻是有把握的。”

1941 年 11 月 10 日下午，日军兵力部署完毕，开始试炮，企图

黄崖洞保卫战烈士纪念塔

用炮弹扫雷，黄崖洞战役正式拉开序幕。

原广州军区副司令员欧致富在他的《黄崖洞保卫战》一文中，记载了这场战斗的许多细节。战斗的第一天拂晓，敌人的重炮、山炮、迫击炮一齐开火了，炮弹由远而近……接着，敌步兵开始进攻了，他们驱赶着100多只羊，在队前蹚雷，300多步兵跟在羊群后头，端着枪哇呀哇呀地向前涌来，步兵后面是100多名骑兵，也提着刀在怪叫着。突然千万个滚雷从天而降，第7连给敌人来了个地雷会餐。前沿各机枪阵地也猛烈开了火。敌阵里顿时乱成一片：躲得头顶的滚雷，又踩响脚底雷；工兵要起地雷，又被两侧地堡机枪打倒，马惊得竖起腿，人蒙得趴在地，可谓人仰马翻。不出半小时，敌人已七横八竖地丢下了200多具尸体……黄崖洞保卫战进行到第7天，温德胜、张仁成、王守城三名战士仍然坚守在这个重机枪工事里。他们居高临下，用重机枪扫射，压得敌人抬不起头来。日军气急败坏，调上了掷弹筒、迫击炮，猛轰这个机枪阵地。重机枪被打坏，三名战士被上百名日军围逼到悬崖绝顶。他们站在崖边，脱下军帽，向北山的战友挥舞着高呼:“同志们,永别了！”然后,纵身跳下悬崖。

仗已打了7天,可是日军却连兵工厂是什么样子都还不曾见到。一个小小的黄崖洞，让骄横不可一世的日本“皇军”吃尽了苦头。随后进攻黄崖洞的日军发疯似的向水窨洞口发起了更为猛烈的攻击，最终有一小股日军闯进了兵工厂区。但是，他们所见到的却是这样一种场景：

十几座厂房倒塌在一片碎石瓦砾之中，这里一个人也没有，不要说机器，就连带有兵工厂标志的一个螺丝钉都看不到。几十个敌人在工厂区折腾了半天，一无所获，反而引爆了埋在里面的各种地雷。敌人此时斗志全无,挨了子弹也不敢恋战,更顾不上找什么机器，一个个只好胆战心惊地贴崖站着或蹲着，等待援军的到来。

第7天，日军在飞机的掩护下，分三路向特务团第1营防守的左会垭口、南山、北山阵地发起了攻击。当日深夜，这股敌人遭到了特务团其他部队的反击，一部分被消灭，其余也趁机溜了。到了第8日晨，特务团恢复了对黄崖洞所有守备区的控制。日军逃出黄崖洞后，又陷入了第129师部队的埋伏圈。惊慌失措的日军无心恋战，在伤亡500多人后抱头鼠窜。左权下令乘胜追击，日军被迫于11月20日夜退出黎城。兵工厂前期转移的700余名职工，也安全返回了黄崖洞兵工厂。

八路军在抗战中多以游击战为主，在有利条件下也打一些运动战，打阵地战特别是阵地防御战的次数比较少见。1941年冬天的黄崖洞保卫战，就是八路军总部特务团打的一次成功的阵地防御战。黄崖洞保卫战打出了八路军小米加步枪的威风，打灭了日本侵略军的骄横，在抗战历史上创造了以少胜多、以劣质装备战胜优质装备的奇迹，开创了中日战史上敌我伤亡对比空前未有之纪录。

田家会大捷

1942 年 5 月，根据第二期“驻晋日军总进攻”作战计划，日军村川大队及伪军 700 余人奔袭八路军晋西北军区机关所在地兴县。八路军第 120 师 358 旅 716 团和兄弟部队密切配合,采用诱敌深入、欲擒故纵的策略，以少数兵力节节阻击和消耗敌人，紧急掩护党政军机关和群众安全转移。集中主力给敌痛击，此次战斗共歼敌 500 余人，创造了日伪军、八路军伤亡五比一的模范战例。

1942 年，日军对晋西北抗日根据地的“春季”大扫荡失败后，晋西北军区领导机关进驻兴县蔡家崖地区。经过战斗洗礼的八路军第 358 旅旅部驻扎在兴县以东的恶虎滩，第 716 团驻扎在界河口，工卫旅驻扎在李家截、饮马会地区，整训部队。

5 月 12 日、13 日，驻扎部队的岗哨接连收到情报：东南方向驻岚县寨子、东村之日军村川大队，连日来大肆拉夫、抢骡马，扬言要筑路修桥。5 月 14 日上午，驻扎部队又获得情报：村川已纠集 700 余人，准备进犯静乐县的娄烦镇（今娄烦县）。这些情报颇使人怀疑：历时 70 余天的春季“大扫荡”刚结束，日军损兵折将、疲惫不堪，目前应该还没有力量发动新的“大扫荡”；娄烦是一小镇，只

田家会战斗遗址

驻扎着少数八路军部队，日军何必如此兴师动众呢？综合分析各种信息后，八路军指挥员认为日军很可能是声东击西，明犯娄烦，暗取兴县。不巧的是，当时部队大部分都出去背粮了，留守兵力只有一个营和特务连，不过400多人。负责指挥工作的朱明、李夫克一面急向旅部报告，请求指示；一面加强对岚县方面的警戒，通知部队做好战斗准备。

1942年5月14日黄昏，兴县东南方向隐约传来枪声。日军独立第16混成旅团85大队大队长村川大佐率部700余人，骡马200余头，由东村出发，经寨子村、郭沙沟西犯兴县城。原来，其先头部队到吴家沟时，遭到八路军第120师特务团伏击。村川发现从大路奔袭兴县之企图已被识破，于是立即改变了前进路线，直奔兴县县城而来。两天来，八路军以少量兵力不停袭扰、迷惑敌人，使日军根本搞不清状况。17日，敌人侵入兴县城。这时根据地党政机关已带领城区居民全部转移，兴县已是一座空城。村川发现形势不妙，在城内只停了三四个小时就匆忙撤到城东南的白家堰，企图沿东南山路逃跑，被工卫旅、兴县游击大队和当地民兵阻击，行动迟缓。当天下午，第358旅716团派去背粮的第2、3营战士赶回来参加战斗，双方的力量对比顿时发生了变化。

5月18日拂晓，朝霞给群山镀上了一层金辉。在二京山埋伏了一夜的第716团战士们摩拳擦掌，准备投入战斗。上午，日军从白家堰突围，通过二京山，向肖家洼方向撤退。第716团先以猛烈的火力将敌先头部队100余人大部分歼灭，之后抢先夺取了龙尾峁东南高地，截断了敌人的退路。敌人着了急，向第358旅阵地连续冲击七八次，企图夺路逃跑。第716团顽强阻击，与敌人进行了数次白刃格斗。敌人突围未逞，于黄昏后转入防御。当夜日军偷袭八路军阵地，企图向东南突围逃跑，八路军发现后，立即跟踪追击，于5月19日黎明在田家会与孔家沟之间追上了敌人。先头部队工卫旅一部在田家会西北高地与敌交锋；第716团2营在崖窑湾北梁与敌人展开激战，第1营抢占了田家会西北制高点，第3营迂回到田家会西南高地，再次形成围敌态势。日军见逃跑无望，开始构筑工事，企图固守待援。

为了打击日军的嚣张气焰，旅首长决定一定要把敌人全部消灭在田家会。总攻的命令迅速传达到每个战士，虽然大家一天一夜没吃顿饱饭，非常饥渴疲劳，阵地上仍然掀起了参加突击队的热潮，不论干部、战士，百分之百报了名。正在这个时候，附近村庄的群众听说部队追赶敌人一天一夜没好好吃上一顿饭，都把仅有的一点能吃的东西送了来。战士们感动了，一次又一次向群众发誓：坚决彻底地消灭村川大队，为乡亲们报仇！

19日下午6时30分，总攻开始。突击队员们冒着狂风，迎着飞沙，像怒不可遏的洪流，从四面八方涌向田家会。枪声、喊杀声，压倒了狂风的呼啸，震撼着山谷。敌人自进入根据地以来，便处于“老鼠过街，人人喊打”的境地。他们吃不饱、喝不足，又遭八路军阻击、包围、追赶，疲惫不堪，毫无斗志。在有力攻击下，田家会周围的山头阵地，很快便被八路军占领，敌人全部龟缩到田家会村子里。战士们岂肯放松，紧跟着也冲进村子，与敌人展开窑洞争夺战。经过 3 个多小时的激战，整个村川大队，除极少数乘夜跑回去“报丧”以外，全被消灭了。

田家会战斗历经七天七夜，以百余人的伤亡，取得了歼敌 500 余人的战果，有效地保卫了晋西北中心地区，使得日伪军再也不敢妄自尊大、孤军深入晋西北根据地进行大扫荡了。

挫败日军“C 号作战计划”

1942 年，面对屡次扫荡后仍安然无恙的太行、太岳根据地，日军第 1 军司令长官岩松义雄革新战术，制定出新的“C 号作战计划”，决定以 3 万余人的兵力，从 5 月至 7 月对太行、太岳军区展开为期两个月的大扫荡。与以往不同的是，为了配合这次扫荡，他还特意组织了两个专门搞暗杀、破坏的“特别挺进杀人队”，妄图通过刺杀八路军高级领导人的卑鄙伎俩来达到自己的目的。

日军第 1 军军长岩松义雄组建的两支“特别挺进杀人队”分别是益子挺进队和大川挺进队。其中益子队隶属第 223 联队，由益子重雄任队长，重点破坏八路军总部，刺杀八路军副总司令彭德怀、副参谋长左权等；大川队隶属第 224 联队，由大川桃吉任队长，重点破坏八路军第 129 师师部，刺杀师长刘伯承、政委邓小平等。5 月，日军“C 号作战计划”悄然展开，大批挺进队的日军特务陆续潜入根据地。他们身穿八路军军服，携带电台和信鸽，自带数日粮秣和雨衣行囊，甚至脚穿草鞋，背大背包，不走大路，不生火做饭，不宿村庄客栈，每人手里都拿着印制的八路军首脑人物照片……一时间，太行山上黑云密布，杀机四伏。

刘伯承和邓小平转战太行山

日军的精心伪装，虽然使得八路军广泛的群众情报系统受到一定的干扰，但还是露出了一些蛛丝马迹。10 日，刘伯承得到太行第 1 军分区于 5 月 2 日发出的一份报告：据敌工站 2 日报，1. 敌北支派遣军饭诏守中将拟于 5 月份“扫荡”太岳区，闻正调集兵力。2. 敌方已将情报员派往我军方向，调查我是否有进攻破坏正太路之目的。余情正详查中……刘伯承一看时间，马上说：“情况的确是很紧急了。这个情报是 5 月 2 日发出来的，已经晚了 8 天！这说明传递情报很困难。我们要很快拟一个准备反‘扫荡’的通知。”12 日，第 129 师正式下发反扫荡命令，所属各部迅速转移。结果，命令刚发出去两天，日军即以第 36 师团、第 41 师团和第 6 混成旅团的 8 个大队共约 7000 人，在飞机的配合下对太岳根据地展开突袭。此时，邓小平正在沁河一带部署工作，5 月 18 日收到反扫荡通知后即从暖迪村转移，而大川挺进队 19 日便攻进了这个村子。虽然过程十分惊险，

刘伯承、邓小平旧居

但日军的这次暗算被八路军情报人员和刘伯承成功化解了。

但是不久，第129师师部进驻会理村的消息就为敌特获悉。23日，刘伯承又收到第5军分区的报告："小曲发现穿皮鞋、灰衣服的敌探100余，有向王堡、会理前进模样。"当时，在第129师师部担任守卫的仅有一个加强特务连，其余都是机关文员，基本上不能形成多大的战斗力。当晚，刘伯承立即带领师部转移到固新落脚。结果，仅仅过了不到3个小时，即有一股伪装成所谓"新六旅"的日军独立支队向会理村发起了攻击。他们抓到老百姓，就问刘伯承到哪里去了？这支"独立支队"，便是专门执行刺杀任务的大川挺进队。刘伯承再次化险为夷！

在对太岳区扫荡的同时，日军对太行区的扫荡也开始了。22日夜，益子挺进队向驻扎在武军寺的八路军总部发动偷袭，结果扑空。原来，当天早晨，他们的行踪在桐峪西北老林圪洞附近被民兵发现。

彭德怀、左权综合判断后决定将总部转移，这才躲过了偷袭。此后总部侦知了日军的作战意图，便开始频繁地变换驻地和行进路线。

益子挺进队当然不会善罢甘休，他们不断调整追击方向，并利用先进的电信情报技术，最终发现：郭家峪附近电话、电报讯号发送频繁。危险正悄悄地向彭德怀、左权所在的总部靠近……5 月 25 日，正在十字岭一带撤退的彭德怀纵队，突然遭到一万多日军的猛烈围攻。在这次突围中，尽管八路军总部最后突围成功，但也遭受重大挫折。

日军为取得如此“重大战果”而欣喜若狂。但吸取经验的八路军再也不会给日军任何机会，他们采取“居无定处，行无定向”的战略战术，一方面灵活而主动地牵着敌人主力在大山深处兜圈子，一方面令太行、太岳部队分头向敌人的补给线、铁路干线、城镇据点实施全面有力的破击。不久，曾被岩松义雄寄予厚望的“特别挺进杀人队”，也在八路军一次精心组织的复仇行动中被歼灭。这一年底，岩松义雄在给冈村宁次的电报中写道：“昭和十九年，太行山之刘邓及其附属部队羽翼日丰，方面军如不增派精锐兵力进剿，终为华北之最大祸患……”日军处心积虑炮制的“C 号作战计划”就这样破产了。

蟠龙围困战

抗日战争期间，日寇对抗日根据地主要采用“扫荡”与蚕食相结合的手段，以期达到分割、占领根据地的目的。在敌强我弱的形势下，针对敌人这一企图，开展全天候的、群众性的、长期性的围困战就成为对敌斗争的一种重要形式。蟠龙围困战，就是这种斗争形式的典型范例。从1943年6月14日到1944年2月27日长达8个月的时间里，太行三分区依靠广大人民群众，通过坚壁清野、游击生产、武装斗争等方式，与日军展开了一场艰苦卓绝的围困战，并最终迫使敌人弃镇而逃。

蟠龙古镇，位于武乡东部蟠洪河北岸，依山傍水，景色如画，这里不仅有着丰富的煤、铁和粮食资源，抗战时还是太行三分区的政治、经济、军事中心。对这个重要的战略基地，日军觊觎已久。1943年6月14日，日军第36师团葛目联队的小林大队指挥日伪军共约3000余人，在新一轮的“扫荡”中侵占了武（乡）东抗日根据地腹心要地蟠龙，太行三分区的形势变得异常严峻。敌军为了固守此重镇，还在该镇周围胡峦岭、侯家垴、白家庄、奶奶凹等地筑碉堡、挖外壕、拉铁丝网、修防卫城，连通了上百个大小据点，并在蟠武公路沿线的好多地方设立了哨棚。日本人扬言说：“蟠龙镇是皇军的铁打江山，两个月之内就让武乡县城变成我们的地盘。”

尽管敌人来势汹汹，太行三分区的党政领导们却早已做好了围困敌人的准备。他们发出“军民团结奋战，围困蟠龙敌人”的号召，得到当地军民的积极响应。6 月初，蟠龙镇 13 个村子的七八百户老百姓在武东抗日政府组织下，迅速向大有、洪水、东堡、西堡等山区革命根据地转移。临走时，他们堵死了水窖，藏严了门板、桌椅，把所有的粮食和衣物都藏在了自己身边。偌大的蟠龙镇一时间变成了空城。

在围困的过程中，广大军民凭借熟悉地理的优势，常常神出鬼没地打击、袭扰敌人。他们在地势较高的韩家垴、摩天岭和大凹顶设了三个岗哨，有一个岗哨立起高高的树杆，上面绑上草人，一发现敌情就把树干推倒。民兵们还悄悄地在大小路口埋上地雷。这样一来，敌人白天出来抓人，转悠一圈看不到一个人影；晚上出来抓人，刚一上路便到处挨炸。后来，鬼子急眼了，经常带上一伙人出来扫荡，这时，战士们又教群众打游击：敌人往前赶，大家往后退；敌人前庄折腾，大家后庄休息；敌人撤到炮楼里，大家再出来自由活动。

9 月的太行是秋收的时节。高粱地里一片通红，紫色老玉米飘着须子，黄黄的谷子压弯了腰。此时军民提出了“向荒山要粮，与敌人夺粮”的战斗口号。老百姓在主力部队的掩护下，先把离炮楼远一点的庄稼收割完。到了晚上，几个民兵在炮楼西边“噼里啪啦”地放起鞭炮。敌人以为西边出现了情况，一个个瞪起眼睛往西边看，大家就在东边迅速抢收。到了下半夜，民兵们又在炮楼东边放起鞭炮，敌人以为东面出现了情况，一个个瞪起眼睛又往东边看，大家就在西边迅速抢收。等到第二天天亮，敌人才发现上了当。日军看到炮楼周围的庄稼被老百姓收完了，便派大批伪军到其他地方抢割。

于是，根据地领导安排好作战队伍，事先在周围埋伏好。等到敌人费了一天工夫正准备把收割的粮食打包运走时，突然听到枪、炮、手榴弹一起开火，吓得敌人四处乱窜，扔下粮食只顾逃命。这时，我们的运输队伍赶到了，把粮食全部运回了根据地。大家风趣地说："这个办法好，敌人成了我们的收粮短工了。这个短工不收工钱，还连饭都顾不上吃呢！"

除了积极开展游击生产外，第3分区司令员陈锡联、政委彭涛等同志还考虑怎样在围困的基础上对敌人主动出击，一步步迫使敌人退出蟠龙。经过周密部署，八路军在长达50里的蟠武线上布下了天罗地网。1943年7月18日晚上，蟠龙战役开始了。第769团3连1排的战士们借着月光，神不知鬼不觉地扑向白家庄附近的一伪军据点。由于事先反复侦察过这里的地形，他们一下子冲到敌人的炮楼下，然后把炸药安放好。随着"哒哒哒"一阵枪响，睡梦中的敌人被突然惊醒，他们来不及穿衣服就往炮楼上跑。只听"轰"的一声巨响，炮楼就开了花。战士们冒着硝烟冲过去，十几分钟就把敌人一个连的兵力全部消灭了。接着工兵连攻下另一座炮楼。驻守在白家庄的日军木村中队龟缩在据点不敢出来，也被全部歼灭。不多久，胡峦岭、侯家垴、奶奶庙等多个据点也都传来了胜利的消息。

在军事打击的基础上，战士和群众还向敌人实施攻心战。他们深夜摸进蟠龙镇贴标语，散传单，还到炮楼附近专给伪军"上形势课"："日军是秋后的蚂蚱，没几天蹦跶了。一年打败希特勒，两年打败小日本，现在不反正，将来后悔也来不及了……""当汉奸是没有好下场的。就拿你们2团1营的陈德胜营长来说吧，打胡峦岭时，他负了5处伤，可日军的池田指导小队长，还鞭打着他，逼他出来指挥，又一次负伤，最后还是被日军用刺刀挑死了……"一颗颗攻心弹向敌人打去，不断有伪军在半夜里携枪偷跑出来投降。

全民性的对敌斗争，使蟠龙的日军处处受气，时时心惊。1944年2月28日，在四面楚歌、腹背受困的情况下，日本人葛目带着1000多人的残兵败将，悄悄地离开了蟠龙镇。太行三分区军民经过8个月零14天的艰苦斗争，终于取得了蟠龙围困战的全面胜利。

甄家庄歼灭战

1943 年初，按照党中央“把敌人挤出去”的指示，晋绥根据地经过半年多的努力，把日伪军“挤”到了据点和交通线附近。抗日根据地形势的好转，引起了日军极大的恐慌。1943 年 9 月，日军第 59 旅团、独立第 3 混成旅团及伪军共 3000 多人，开始对晋绥抗日根据地进行大规模扫荡，妄图破坏秋收和实行“反挤”。在反扫荡过程中，八路军第 120 师利用敌孤军深入、后方据点空虚的弱点，采用分段伏击、包围、进攻等战斗方式，在兴县以南甄家庄地区打了一场漂亮的歼灭战，上演了一幕“基本的游击战，不放松有利条件下的运动战”的战争活剧。

为了应对敌人的这次秋季扫荡，八路军各部一面深入敌后打击进犯的敌人，一面组织群众进行坚壁清野，这使敌人的行动处处受制，寸步难行。9 月 16 日，敌第 59 旅团主力被迫撤回，只剩下第 85 大队配合独立第 3 混成旅团继续维持小规模的扫荡。

9 月 27 日，第 85 大队 700 余人由白文镇、寨子村分两路出发，合击位于兴县城的八路军第 120 师兼晋绥军区领导机关。扑空之后，这股日军继续进占赵家川口、黑峪口，并炮击八路军的河防部队。

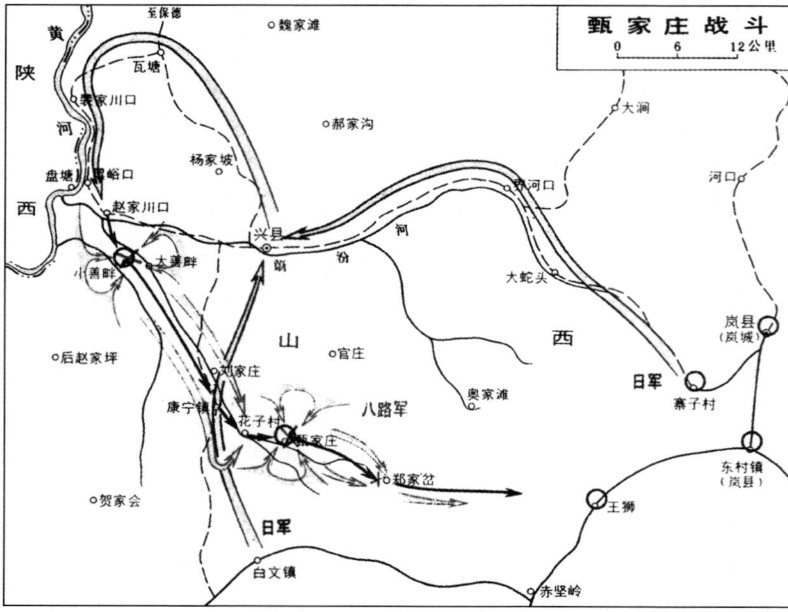

甄家庄歼灭战示意图

八路军当即还击，敌人不得不仓皇逃窜到赵家川口。此时，敌人已经深入根据地腹地，对他们来说是完全陌生的，但是对八路军来讲，却是个杀敌的好战场。此时这股敌人还不知道，120 师各部已经赶到，一张复仇的大网正悄悄展开。

原来，师部估计敌人明天可能经小善畔、小善村、大善村向康宁镇方向移动，于是命令第 36 团、第 17 团、第 26 团和军区警卫营，埋伏在以上村庄两侧的山上，准备乘敌在运动中予以歼灭，并对其他各部队都做了相应的部署。果然，10 月 5 日拂晓，日军从赵家川口出发，经小善畔朝康宁镇方向撤退时，突然遭到八路军的袭击。仓皇失措的日军只得沿着一条小路上小善畔山梁，结果又遇到刚刚赶到的第 36 团的猛烈阻击，日军数次冲击，伤亡惨重，仅占据了第一个山头构筑工事待援。到了晚上，八路军开始发起进攻，但日军死守阵地不敢出击。第 36 团指挥员分析，如果强攻的话部队伤亡太大，为了减少不必要的牺牲，准备将包围圈打开一角，将敌人放出去，在运动中歼灭。于是，八路军部队一面围困消耗日军，一面连夜派出部队，在小善畔至康宁镇的道路上设伏，组成了两个伏击圈，等待敌人自投罗网，并在各路口埋设了地雷。

10 月 6 日下午，敌人开始突围。他们先以炮兵对小善畔以北八路军阵地猛烈轰击，同时派出 100 多敌人向小善畔西北的冯家庄搜索前进。晚上 9 时许，日军退走阳塔村，沿途遭设伏部队袭击，伤亡惨重。10 月 7 日凌晨，敌人在飞机掩护下，不顾一切向南逃，撤至花子村以南高地，八路军第 17 团和工卫旅第 21 团战士奋勇追击，对敌人实行第二次包围。

日军为了夺路而逃，稍加休息后集中兵力，在 5 架飞机的掩护下向八路军阵地发起进攻，八路军第 21 团 2 连冒着敌机的轰炸冲上小高地，打退了敌人。到 7 日下午，敌人抵挡不住第 21 团的猛烈攻击，向东南溃退，又被截击于甄家庄附近，此时敌人已进退无路，于是又爬上甄家庄东南高山固守，八路军部队顺势对日伪军实行了第三次包围。

由于甄家庄东去不远是敌人控制的岚县至离石的公路，且距敌人的王狮据点较近，是敌人希望的突围方向。为了减少伤亡，消灭敌人，第 120 师参谋长周士第决定将敌调出甄家庄，在运动中予以消灭。他命令两个团在甄家庄东面布置“口袋”，其余部队袭扰敌人据点，使各据点的敌人自顾不暇，无力增援，负责包围敌人的部队不断向敌袭击，并在甄家庄南、北、西三面的大小山头上积极加修工事，虚张声势，逼敌就范。

敌人果然上当，再次进入了预设的伏击圈。战斗进行了三天三夜，困守在甄家庄东南高地的日军孤立无援，士气低落，仅靠飞机空投食物充饥，做垂死挣扎。而八路军则有广大群众的积极支援，附近村民积极给部队筹粮食抬担架，兴县游击队和民兵也积极参战，所以部队士气愈战愈旺，晋绥军区军民纷纷喊出了口号：“坚决把敌人消灭在甄家庄！”10 月 10 日，敌人仍固守于山上，敌机从早晨到黄昏对八路军阵地进行轮番轰炸，但各攻击部队毫不退缩。四面八方都是铜墙铁壁，漫山遍野都是喊声雷动，敌人真是上天无路，入地无门。这次战斗，除少数溃散之敌摸黑逃入王狮据点之外，其余全部被八路军消灭。

甄家庄歼灭战是对日伪军的又一次毁灭性打击，七天七夜的战斗共歼灭日军 700 余人、伪军 100 余人，缴获重机枪 2 挺、轻机枪 15 挺、长短枪 200 余支、子弹 3 万余发，有力地完成了保卫抗日根据地、保卫秋收的任务。

日军“战地观战团”的集体葬礼

面对屡次扫荡仍安然无恙的抗日根据地，日军伤透了脑筋。1943年秋，日军华北方面军司令冈村宁次调集2万多人，采取“铁壁合围”“铁滚扫荡”“梳篦清扫”的“铁滚式三层阵地新战法”，对太岳根据地进行毁灭性的秋季大扫荡。为了给这次“扫荡”造势，日军专门组织了一个军官“战地观战团”去太岳前线“捧场”。颇具戏剧性的是，奉命驰援陕甘宁边区的第386旅第16团，在赶赴延安的路上偶遇日军“战地观战团”，于是“顺手牵羊”，在韩略村设伏，使日军“战地观战团”的集体参观最终变成了他们的集体葬礼！

日军的这次“铁滚式三层阵地新战法”，是日本华北派遣军总司令冈村宁次亲自策划的。他将2万余日军分为三线：以第一线兵力分路合击，寻找八路军主力作战；第二线兵力“抉剔扫荡”，烧毁村庄、抢掠物资；第三线兵力分散“清剿”，捕捉零散人员及小股部队。冈村宁次向东京参谋本部夸口说：“这次要迫使共军在黄河岸边背水作战，不降即亡！”东京参谋本部也非常重视这一“杰作”，特抽调100多名军官组成“战地观战团”，由少将旅团长服部直臣带领。

此时，第 386 旅第 16 团在旅长王近山的带领下，冲过日军重重封锁，于 10 月 23 日抵达了洪洞县东南 25 公里处的韩略村。部队一到，当地党组织马上安排食宿，封锁消息，还主动介绍敌情：日军在村东面的高地上修了一个碉堡，大扫荡以来，每天都有十几辆军用卡车从临汾开出来，经过韩略村去支援“扫荡”的日军，下午又满载从根据地劫掠的物资返回临汾，并沿途骚扰。听到这些情况，王近山非常气愤。他注意到村子西南面公路两侧，多为两丈多高的峭壁，形成一条狭窄的胡同。这样的地形是打伏击战的好地方，他当即决定在此伏击日军，一来打击一下它的嚣张气焰，减轻敌人对当地百姓的侵害；二来也可以牵制敌人，配合腹地反扫荡作战。当天下午，王旅长就召集团里的主要干部一起研究兵力部署和具体战术。会上，大家热情高涨地说，现在部队的士气很高，战士们三天不打鬼子，手就痒痒。王旅长点点头，特别强调说：“出发前，陈赓司令员嘱咐我，如果途中遇到敌人，一定力求速战、速决、速离。我们一定要打个漂亮仗，向党中央、毛主席献礼！”

韩略伏击战纪念碑

24 日凌晨，参战部

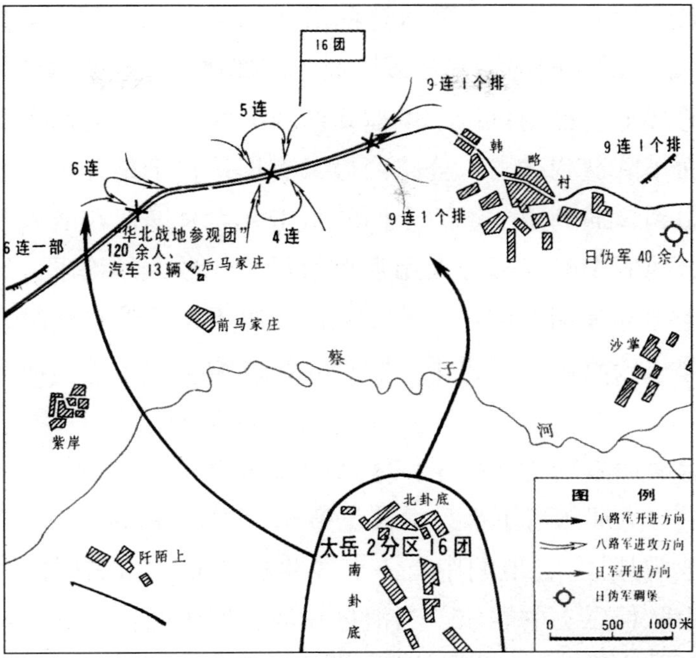

韩略村战斗要图

队全部进入预定阵地，并用田野的高粱秆、玉米秸进行了掩护。第9连以一个排的兵力和部分民兵，埋伏在敌人碉堡附近，控制敌人火力且不让日军出来增援，其余两个排埋伏在村头堵住敌人的去路；第6连在路的另一头埋伏好，等敌人进入埋伏圈后立即扎紧口袋，堵住敌人的回路；第4、5两个连分别埋伏在公路两侧的坡坎后面，准备左右夹击。时间一分一秒地过去了，战士们耐心地等待着敌人的到来。

10点钟左右，前方哨兵跑来报告："鬼子车队来了，整整13辆汽车。"王近山问:"有没有步兵？""没有。"王近山觉得有些蹊跷:"这出的是什么招？扫荡不派步兵！""随他们出什么招吧，见招拆招，各连队准备战斗！"话说完没多久，只见远处尘土飞扬，10辆卡车、3辆小车缓缓驶进埋伏圈。车上的日军又吃又喝，又说又笑，丝毫没发觉前面正埋伏着4个连的八路军战士！突然，两颗红色信号弹

"叭、叭"地升上天空。第6连的战士们迅速把一个个手榴弹扔向敌人的车队,最后的两辆车"轰"地一声爆炸了。公路两侧第4连、第5连的战士们也用机枪、手榴弹向敌人开了火。前面车上的日军看到后面车队遭到袭击，公路两边又有埋伏，于是开足马力想往前窜，没想到又遇到第9连战士们的狙击。再看埋伏在敌人碉堡附近的战士，他们中的一部分人用强火力封锁住敌人的枪眼，另一部分人则带上手榴弹匍匐前进。等爬到碉堡脚下，蓦然直起腰，把一颗颗手榴弹从枪眼硬塞了进去。随着几声巨响，碉堡里的敌人全都炸飞了。

战后清理战场时，战士们才从缴获的日军文件获知，这股日军竟然是由"支那派遣军步兵学校"第5、6中队和其他一些军官组成的"战地观战团"，他们中有一名少将旅团长、六名联队长，其余也都是中队长以上的职位。当消息在战士们中间传开的时候，大家一个个扬眉吐气："一下子消灭了那么多日本军官，这一仗可真解气啊！"太岳军区司令员陈赓得知后，也高度评价道："这比在战场上打死5万日本兵的意义还大。"

段村围攻战：坚决消灭拒降顽敌

1945年8月15日，日本宣布无条件投降，为了抢夺胜利果实，以蒋介石为首的国民党反动集团，命令八路军、新四军“立即原地驻防待命，不许向日军收缴武器”。同时，还命令伪军“就地维持治安”。日、伪军不仅拒绝向八路军缴械投降，而且还配合阎锡山军队袭击骚扰解放区。太行军区第三军分区部队遵照八路军总部8月10日发布的“限期解除当地日军武装，如遇拒绝投降缴械者坚决消灭之”的命令，开始了围歼段村之敌的战斗。

段村是日伪军统治时期改建的武乡县城，日伪军把这里作为窥视、分割太行三分区的重要据点，因此设防比较坚固。段村的城墙有7米高，四角筑有碉堡，城外有壕沟，城郊的北山、王家垴、东村都设有据点，城内主要街道也都修建了巷战工事。日军的指挥所建在城东北角，并有一个碉堡作掩护。在这里，共聚集了日伪军1000多人，其中有一个小队的日军，一个中队的伪警备队，和当地汉奸恶霸段炳昌带领的人马。

8月25日凌晨3点，担任主攻的决第9团1营突然袭击，一举占领东村。接着在炮兵的支援下，又炸毁了东城门外的碉堡。与此同时，第769团2营也攻克了王家垴炮台。民兵独立营则佯攻北山，借以牵制敌人兵力。

根据战略部署，八路军以城东南为突破口，而敌人在城东南修筑的城墙有7米高，这就需要使用云梯，借助登城突击队进行强攻的办法拿下城东南据点。

当天拂晓，趁着城里的敌人一片混乱，在决第9团1营1连连长边有功的带领下，突击队抬起云梯，跨越外壕，冲到预定突破点。战士们一面集中火力压制城墙上的敌人，一面组织急速登城。在敌人炮火的攻击下从云梯上攀登城墙，是既危险、难度又大的事情。第1连的战士们在第一次攻城的时候没有成功。

25日天黑以后，在决第9团两挺重机枪、11挺轻机枪和投弹组的掩护下，第1连的战士们再次架起云梯。第3营9连则在南门以东助攻，并用一门八二炮朝着城东南角的碉堡狠狠射击。突击队队员们趁势攀上云梯，他们一个个接近城垛，并俟机成功地翻越城墙。紧接着，其他连队的战士们也从突破口攀上云梯进入城内。

1945年8月25日，晋冀鲁豫军区部队收复武乡县城(段村)

当战士们冲进城里的时候，段村古塔上的几挺重机枪突然疯狂射来。战士龚金来、张顺避开敌人火力，绕道冲向塔后，悄悄地接近敌人，然后投掷了几枚手榴弹，全歼了塔上的敌人。日军发现城东南已被突破，便驱使着部分伪军进行反扑。霎时间，城里的枪弹声、喊杀声响成一片。

决第 9 团 3 营 9 连在摧毁敌人的碉堡后，也攻上了城墙，打开另一个突破口，并沿东街向西进攻。而在城西，第 769 团 2 营用炸药和手榴弹在城墙上轰出了一个缺口，随即也攻入城内。他们在与决第 9 团会合后，迅速攻进伪县公署，捣毁了敌团指挥所。大街小巷传来一阵阵“活捉段炳昌”的呼喊声，一些企图从地道逃往城外的敌人全都成了俘虏。汉奸段炳昌见大势已去，带着二十几个人从事先挖好了的暗道惊慌失措地逃走了。

27 日上午 7 点，整个段村只剩下东北角日寇的“洪部”炮楼仍在负隅顽抗。战士们几次喊话，让他们放下武器、举手投降，但他们仍然不断地开枪射击。决第 9 团 3 营虽已将炮楼团团围住，但因为缺乏重武器，却很难靠上去。不多久，分区鲁瑞林司令员来了。他说：“你们不要急，等一等，对付日本鬼子要用火力消灭他。”11 点左右，分区调来一门山炮和一个工兵班。山炮阵地选择在一个院子里的墙背后，距离敌人“洪部”高碉不到百米。这么近的距离，连瞄准工具都

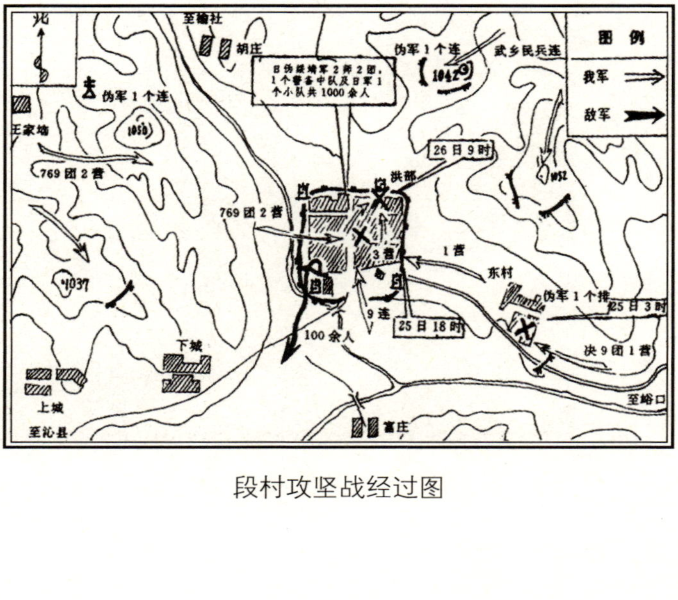

段村攻坚战经过图

用不着，从炮膛里顺眼看去，可以直接开炮轰击。一切准备就绪了，只见两发炮弹呼啸着冲向敌人的碉堡。紧接着战士们架起轻、重机枪一起开火，牢牢地封锁住敌人碉堡上的枪眼。第 7 连杜明亮等投弹组战士猫腰熟练地跑到敌人的碉堡下，把一颗颗手榴弹顺手塞进碉堡的枪眼里。大家都为他们熟练的动作连声叫好。再看我们的工兵战士，腋下挟着一大包炸药，弯下身子，迅速跑上前去，把炸药塞在了高碉的底部。只听“轰”的一声巨响，高大结实的碉堡被炸了一个大窟窿。战士们大喊着一起冲了进去，把鬼子全部消灭了。这样，鬼子盘踞多年的段村解放了。

段村是八路军向敌伪进攻中在太行区收复的第一座县城，也是由游击战向阵地战发展的开端。

第三编　将帅风采

70 年前，在山西抗日前线，人人都会唱那首铿锵有力的《八路军出征将士》歌曲：“全国动刀兵，一齐来出征，你看那大旗，飘扬多威风，这彪人马哪里来？ 西北陕甘宁。军民要齐心，救国打先锋，这一个主张，全国已同情，今番渡得黄河来，誓死杀敌人。杀退鬼子兵，一齐下关东，城头上站着，两位大将军，威风凛凛是哪个？朱德毛泽东……”当时日军疯狂进攻，国民党节节败退，中华民族到了生死存亡的危急时刻。中国共产党当机立断，从国家危亡和民族大义出发，奋起抗战，掀开了反击侵略者的新的一页。刘少奇、周恩来、朱德、彭德怀、邓小平、刘伯承、聂荣臻、贺龙、罗荣桓、彭真、薄一波、左权等一大批无产阶级革命家，在山西这片被欺凌被侮辱的土地上，领导广大抗日军民，谱写了不屈不挠的斗争篇章，留下了千古传诵的光辉事迹，展现出八路军众领袖人物的雄才大略，体现了无产阶级革命家的伟大情怀。

刘少奇、薄一波推动建立山西抗日民族统一战线

刘少奇（1898—1969），湖南宁乡县人，伟大的马克思主义者，伟大的无产阶级革命家、政治家、理论家，党和国家主要领导人之一，中华人民共和国的开国元勋，是以毛泽东同志为核心的党的第一代中央领导集体的重要成员。1936年任中共中央北方局书记，坚定地执行了中共中央关于建立抗日民族统一战线的新政策，抗战爆发后领导了开创华北敌后抗日根据地的工作。

薄一波（1908—2007），山西定襄县人。中国共产党的优秀党员，伟大的共产主义战士，杰出的无产阶级革命家，我党经济工作的卓越领导人。1936年10月被派往山西，依据当时抗日救亡的总任务和党的统一战线思想，接办、改组了山西牺牲救国同盟会，大力发动群众，培养干部，使牺盟会成为中国共产党直接领导的群众抗日团体。后组织成立山西新军、决死队，领导创建太岳根据地。

1936年春，红军东渡黄河，给“晋军”以沉重打击，阎锡山急忙向蒋介石求救，而早想染指山西的蒋介石即以“支援”为名调兵

山西牺牲救国同盟会证章

进入了山西。为了实现停止内战、一致对日的主张，毛泽东旋即指挥红军回师陕北，以实际行动向阎锡山及全国人民表示了联合抗日的诚意。与此同时，毛泽东致函阎锡山联合抗日。红军离开山西后，蒋介石的入晋军队却迟迟未走，不仅如此，蒋介石的大批特务还潜入阎锡山的组织机构，想借此分化和削弱阎锡山的势力。

同年 8 月，日本悍然发动侵略绥远的战争，将侵略魔爪伸向了阎锡山的势力范围。此时的阎锡山，真是五味杂陈，是参加“华北五省自治联盟”充当汉奸卖国贼，还是被蒋介石吃掉，还是参加抗日民族统一战线、联共抗日呢？面对这些矛盾，阎锡山自称“在三颗鸡蛋上跳舞”，“哪一颗也不能踩破”。他一面派专人前往陕北要求共产党派代表赴太原洽谈，一面邀请刚刚出狱的薄一波回晋共图“守土抗战”大业。为此，党中央派遣彭雪枫来到太原，促使阎锡山同意达成抗日民族统一战线。中共北方局书记刘少奇也指示薄一波接受阎锡山的邀请。11 月上旬，薄一波、杨献珍等人接受派遣来到山西，推动山西的抗日救亡运动。薄一波向阎锡山提出三个要求：“第一，我参加共产党多年，说话办事总离不开共产党的主张，希望得到理解，我要经常宣传抗日救亡，不应受到限制；第二，我只做抗日救亡工作，对抗日救亡有利的事情都做，不利的事情都不做；第三，在用人方面给予实权和方便，对我荐用的人，要保障安全。其中会有不少是共产党人。”阎锡山一一表示同意。

经过谈判，阎锡山决定让薄一波以太原绥靖公署主任办公室秘书名义，在牺盟会任常务秘书并主持日常工作。薄一波首先接办、改组了牺盟会，使它成为“戴阎锡山‘帽子’、讲‘山西话’，做抗日民族统一战线工作”的一个团体。经过改组，牺盟会7个常委中除梁化之外，其余6人都是共产党员。1937年2月，薄一波在太原召开牺盟会代表会议，会上通过由杨献珍执笔修改的牺盟会新工作纲领。

“七七事变”爆发后，日军先后占领北平、天津，随时准备进犯山西。当时有民谣这样唱：“十月山西人人忙，富人忙搬家，穷人心惶惶。军官扔部属，小兵扔大枪。”阎锡山不得不考虑扩充实力，以应付危局。他想到了牺盟会负责人薄一波，薄一波建议尽快组建新军和改革旧军，阎锡山同意了。

与此同时，中共中央指示刘少奇来到太原，继续争取阎锡山。阎锡山获悉这一消息后很想见一见刘少奇，但顾虑到蒋介石，便派亲信梁化之去见刘少奇。在山西大饭店，刘少奇与前来会晤的梁化之开诚布公地说：“我是中共北方局的，是来抗日的，不是来挖墙脚的。我们愿意同阎锡山发展统一战线关系，进行长期合作。”梁化之

刘少奇路宿处旧址

表示赞同。刘少奇继续说:“在统一战线中,阎锡山先生是会发展的,共产党当然也要发展,限制我们的发展那是不行的。”于是,刘少奇提出了建立“战区动员委员会”的建议。这个委员会由阎锡山、国民党中央政府代表、八路军代表三方组成,共同进行战区民众动员工作,梁化之同意了。

紧接着,薄一波将阎锡山让其组建新军之事向刘少奇作了汇报。刘少奇果断地说:“不要说一个团,就是一个营、一个连也要去。”并让薄一波把牺盟会的日常工作委托一个合适的人,将主要精力转到组建新军的工作上。1937 年 8 月 1 日,山西青年抗敌决死队(简称“决死队”)在太原国民师范大礼堂正式成立,主要由原来的军政训练班、民训干部团和国民兵军官教导第 8、9 团一部组成。薄一波任决死队政委。一支实际上受共产党领导的抗日武装力量——山西新军诞生了。

1937 年 9 月 5 日,周恩来、彭德怀、聂荣臻、徐向前等人专程到太原,与阎锡山直接谈判。阎锡山接受共产党的建议,同意成立“第二战区民族革命战争战地总动员委员会”(简称“战动总会”)。9 月 20 日,战动总会在山西大学成立,参会者有阎锡山、八路军代表、晋察绥三省各驻军代表、第二战区各军及民间组织代表,爱国将领续范亭担任了主任委员,共产党员程子华、南汉宸和武新宇分别担任武装部长、组织部长与动员分配部长。工作纲领、成立宣言均由共产党起草。

此时,山西抗战形势日趋紧张。8 月 25 日、27 日,南口、张家口相继失守,日军入晋。9 月 13 日,晋北重镇大同失守。阎锡山在雁门关太和岭口设立行营指挥部,组织防御战。9 月底,薄一波向阎锡山正式建议,再组建五到十个旅的新军。鉴于太原岌岌可危的形势,阎锡山同意先组建五个旅,以第二战区司令名义发布命令,并授权薄一波全权负责,从速组建。于是决死队在一年多的时间里迅速发展壮大,有正式番号、列入正式编制的有 50 个团,主力部队达5万人，加上地方武装，总数近10万人。

从1937年8月下旬到9月底，八路军3个师开赴山西前线。9月21日，朱德、任弼时、邓小平等率八路军总部到达太原。自此八路军活跃在山西抗日战场上，积极配合了国民党的正面作战。山西抗日民族统一战线无论从组织还是军事实际上正式达成。

周恩来赴晋谈判

周恩来（1898—1976），原籍浙江绍兴，生于江苏淮安。伟大的马克思主义者，伟大的无产阶级革命家、政治家、军事家、外交家，党和国家主要领导人之一，中国人民解放军主要创建人之一，中华人民共和国的开国元勋，是以毛泽东同与为核心的党的第一代中央领导集体的重要成员。1937 年 9 月，周恩来代表中国共产党中央，以首席代表身份，率团赴山西与阎锡山谈判，商讨红军入晋事宜。

1937 年 8 月下旬，改编后的八路军准备开赴山西前线，毛泽东电告正在西安的周恩来，要他即赴山西战场，一方面和阎锡山谈判商定八路军入晋后的活动区域、作战原则、指挥关系和补充计划等事宜;一方面广泛晤见晋、绥、察、冀军政要员，给他们打气壮胆。

在此次赴晋成员名单中，除彭德怀外，还专门选了两个阎锡山的五台县老乡徐向前和程子华。原来，自从派彭雪枫与阎锡山建立了秘密工作关系后，发现了阎锡山非常注重同乡，尤其是五台老乡关系的特点。当时山西流传有一句民谣："会说五台话，就把洋刀挎。"

9 月 5 日，周恩来、彭德怀、聂荣臻、萧克、徐向前、程子华

周恩来（右）与彭德怀（左）、国民党将领何柱国（中）在研究作战方案

等人东渡黄河，在风陵渡乘上阎锡山安排的专列，于当日抵达太原。当时阎锡山正在雁门关下太和岭口前线指挥部坐镇督战。阎方代表在东缉虎营绥靖公署高级招待所热情款待周恩来一行。饭毕，周恩来谢绝阎方官员盛情，住进了彭雪枫建立的八路军驻晋办事处。在这里，周恩来听了刘少奇的汇报，即来山西后采取多种形式，团结支持山西新派开展抗日救亡的情况，以及彭雪枫关于 8 月 31 日到太和岭口与阎锡山交谈战局的情况的汇报。周恩来觉得山西的统战工作已有了很好的基础，当即决定连夜出发，赶在林彪部、贺龙部到达之前，面见阎锡山，将事情谈妥。

雁门关太和岭口前线指挥部，是阎锡山于 1937 年 8 月底设立的第二战区司令长官行营。当时，攻陷张家口之敌正兵分两路，一路沿平绥路西进，直指大同；一路沿宣蔚公路南犯，意在突破恒山要隘天镇县，直逼太原。攻陷南口之敌，则沿平汉路南下，企图夺取保定、石家庄，进犯娘子关，从晋东楔入。对此，阎锡山异常焦虑。东条师团和板垣师团四五万兵力向天镇县发动猛攻，晋东北抗战被迫分为保卫重镇大同战役和抗击日军进犯山西的天镇战役两部分。周恩来到达太和岭口时，阎锡山刚刚得到天镇方面打退日军进攻的消息。周恩来一行的到来，阎锡山认为非常及时，很是高兴。略事寒暄后，谈判就切入正题。阎锡山首先介绍了山西的战局和自己的看法。他准备在大同、雁门关一带部署兵力，以多年修建的防御工事堵截日军。但是战局并不乐观，随着南口、张家口的失守，天镇失守在所难免，大同将面临威胁……

“依我看，日军想速战速决。在华北，占领山西是他的重点。敌人希望我们集中兵力与他作战，这样他可借助其飞机大炮等武器，

太和岭口会谈旧址

大量杀伤我军，达到速战速决的目的。我军不能上当。要发挥我之长处，不要死守一处硬拼，要利用熟悉的地形主动出击，实行侧击和伏击，破坏日军的进攻计划。”周恩来的一席话，点中阎锡山用兵的软肋。

接着，周恩来陈述了八路军入晋后的作战方针及活动区域。他指出八路军计划主要在以阜平为中心的 11 个县活动，以山地战和游击战侧击西进和南下的日军，配合友军作战；同时在五台山一带建立作战根据地，依托险峻的山势牵制和打击敌人。周恩来据理说事，分析到家，说得阎锡山心服口服。

8 日，受阎锡山之托，周恩来等人赴大同与傅作义长谈，以利大同会战。傅作义表示拥护共产党抗日统一战线的主张，坚决服从阎锡山的统一指挥和行动。徐向前在回忆起这段历史时说：“恩来精力旺盛，思维敏捷，很善于谈判，讲话能打动人。傅作义对他很是佩服。”当夜，周恩来就返回太和岭口，阎锡山对他的军事才华十分钦佩，希望周恩来为他拟定第二战区作战计划。周恩来和彭德怀、徐向前经过商议，当夜完成，第二天交到了阎锡山手里，阎锡山惊叹不已，连说周恩来是个人才。

结束太和岭口之行后，周恩来于 9 日回到太原。这时八路军总司令朱德来到太原，随行的还有八路军政治部主任任弼时、副主任邓小平和副参谋长左权等人。周恩来亲自到车站，将他们迎到八路军办事处。

此时，太原已处于临战状态。9 月 9 日至 20 日，平绥线上的战略要地天镇、大同、广灵、浑源相继失守，骄狂的日军长驱直入。为了挽回晋北局势，阎锡山准备在平型关与日军进行会战，希望八路军配合。9 月 19 日，当他得知朱德已到太原时，当天就电邀周恩来、朱德速到太和岭口，共商战事。

当时国民党军队里笼罩着一种悲观情绪。9 月 21 日，周恩来与朱德由彭雪枫陪同，再次前往太和岭口会见阎锡山。22 日上午一

朱德（右）在太和岭口会见阎锡山

到那里顾不上休息，立即在指挥部的窑洞中进行会谈。在会谈中，阎锡山同意八路军进行独立自主的山地游击战方针，并提出第115师帮助他抵抗从平型关方向进攻的日军。双方拟定了平型关的具体作战方案。根据部署，八路军第115师开到五台、灵丘地区，配合友军布防于平型关一带，在侧翼伺机歼敌。9月25日，板垣师团21旅团4000余人大摇大摆开至平型关一带，遭到了第115师的迎头痛击，激战一日，共歼敌1000余人，缴获步枪1000余支、机枪20余挺，击毁汽车100多辆，马车200多辆。

八路军在平型关的胜利，使国民党军队为之振奋，阎锡山、卫立煌等人也下定决心对日军进行积极抵抗。为进一步推动他们积极抗战，周恩来应邀参与其作战计划研究，协调八路军与他们的作战行动。10月，忻口战役期间，经中共中央同意，周恩来携带电台随阎锡山行动。这次战役阎锡山调集了8万兵力，卫立煌任前敌总指挥，黄绍竑负责娘子关方向阻敌。会战之初，阎锡山、卫立煌、傅作义等人根据日军三路进攻的态势，将作战地区划分为左、中、右，作正面防御。周恩来从这个地区的自然条件出发，依据扬长避短、发挥优势的指导思想，决定在中部地区以小部钳制当面之敌，而以主力诱敌到代县、忻口一带，以侧面出击，消灭敌人；右部进行广泛的游击战牵制敌军；左部可向宁武南北游击，破坏和阻止日军前进。为配合忻口战场的战斗，周恩来还提议组织正太、同蒲铁路员工和井陉、阳泉矿工，破坏铁路和煤矿，同时电请南京方面增派三个师主力军实行战略上的北上出击。这个方案博得了阎锡山、卫立煌、傅作义的赞赏。但是阎锡山一贯偏重于正面堵击，忻口会战并未完全按照周恩来的作战方略去打。参战的八路军各部执行这个部署获得了许多胜利，包括第129师夜袭阳明堡，烧毁敌机24架。由于八路军的有效配合，忻口战役正面战场坚持了23天，歼灭日军1万余人，成为国共联合抗战的一个范例。

忻口战役后，傅作义准备坚守太原时，周恩来与卫立煌一道深夜上门规劝，请傅作义保存力量，从长计议，与日寇作持久的战斗。最后，在隆隆的炮火声中，周恩来才带领最后一批同志撤离了太原，表现出一个共产党人临危不惧、处乱不惊的气度。

刘伯承辽县教习游击战

刘伯承（1892—1986），四川省开县人，中华人民共和国元帅，中国人民解放军的缔造者之一，伟大的无产阶级革命家、军事家，马克思主义军事理论家，军事教育家。抗日战争时期，任八路军第129师师长。他指挥部队先后进行了一系列著名战役战斗，给侵华日军以沉重打击，创建了晋冀鲁豫抗日根据地。他积极组织正规军、游击队和民兵相结合的游击集团，并组建大量武装工作队，实行“敌进我进”，向敌占区、交通线广泛出击，粉碎了日伪军的频繁“蚕食”和残酷“扫荡”。

1937年冬，驻沁县附近的山西青年抗敌决死队第一纵队23位同志奉命进驻辽县（今左权县），跟随第129师习学游击战术。得到这一喜讯，这些同志都彻夜难眠，盼望着能早点见到富有传奇色彩的刘伯承师长。

这天天刚刚亮，被指定去学习的同志们就早早在院子里列队待命，听取政治部主任牛佩琮作动员报告:“我们是党领导的一支新军，缺乏实践经验。这回到刘师长那儿去学习，你们不要辜负全总队指战员的重托，一定要把第129师的真本领带回来……”一小时后，队伍便兴冲冲地出发了。一路上，大家的脚下都暗暗加了劲，恨不得一步跨到第 129 师师部驻地辽县。大家边走边谈，有说有笑，第三天快到夕阳西下时，队伍到了辽县城西约 5 里的一个小镇。与镇外的荒凉景象截然不同，这里人来人往，个个春风满面，大街小巷打扫得干干净净，激昂的歌声此起彼伏，处处都显示出抗战军民斗争的决心和必胜的信心。

就在街口，他们遇着了第 129 师派来接待的两位同志，这两位同志把他们带进了一座大庙的一间空房子里，地上铺有厚厚的草铺，摆了一排盛好水的脸盆，顿时就给了大家一种回家的温暖感觉。

第二天起床号刚响，两个身背背包、肩膀上斜挂大斗笠的人就跨进门来。其中一人操着浓重的湖南口音说："我们是师长派来的，担任你们的正副指导员，学习期间，就和你们生活在一起了。"话音刚落，大家一拥而上围住这两位战友，争先恐后地和他们握手。操湖南口音的同志又说："师长说，你们的学习安排分三个阶段：理论课 10 天，实战见习半个月，总结两三天，结束后归队。有什么意见？""没有意见！"大家异口同声地回答。早饭后，学员们排着整齐的队伍，走进席棚搭成的"大礼堂"，静悄悄地坐到一根根木头上。大家的眼睛都盯着讲台，人人屏息凝神，期盼刘师长快点出现。没过多久，只见一位 40 岁开外的中年人健步走进"课堂"来。指导员悄悄对大家说："坐好，师长来了。"大家一下子激动起来，随之而来的是一阵持久而热烈的鼓掌。刘师长身材中等偏高，胸肩宽阔，头戴一顶灰色棉帽，鼻梁上架着一副玳瑁边的眼镜，身披白羊皮大衣，打着裹腿，脚上穿着一双手工缝制的爬山棉鞋。"坐，同志们请坐！几天的行军辛苦了，快坐到这些'龙凳'上休息休息吧！"刘师长风趣的语言，打破了课堂里拘束的气氛。

刘师长摘下棉帽，轻轻放在讲台上，左手撑着台角，用带四川腔的口音亲切地说："同志们来学打游击战，这很好。目的就是要在党的领导下，组织人民，武装人民，全国一致，打一场抗日民族自卫战争，把日本侵略军赶出中国去……”然后，刘师长就抗日战争的形势、敌我力量的对比、有利条件和不利条件、战略和战术等问题，给大家细细讲了两个多小时，让大家听得通明透亮，产生了豁然开朗的感觉。学员们一直坐在长凳上，全神贯注地听刘师长讲课，直到结束后，大家才发现手脚已经僵麻了。

在紧张的10天理论学习中，刘师长亲自给学员们上了6次课，他的讲课风格就像指挥作战一样，调动着语言的千军万马，时而慷慨激昂，时而深沉委婉。他渊博的学识和通彻的表达艺术，深深吸引了在场的每一个人。他讲课时还常常以故事引入，妙趣横生，如叙家常。如在讲红军通过少数民族地区时，说到当时少数民族的状况，就用带有浓重的四川口音给大家说了一段顺口溜：“官占山、民占坡、蛮子赶在沙窝窝。”既形象又生动，听过一遍就能记住。

正当理论学习步步深入、大家快钻进去的时候，指导员向大家传达了刘师长的指示：“因为正（定）太（原）线上的敌人和太原方面的敌人有向我晋东地区侵犯的企图，决定学员们带着理论学习的成果，配属到第386旅772团1营去，在战争中学习战争。”指导员特别强调说：“第772团是著名的老红军团，号称‘夜老虎’，内战时期立过不少战功。刘师长命令我们配属这个英雄部队，是对我们的关心，也是培养！”学员们立即报以雷鸣般的掌声。经过急行军，这支学员小部队插到了山西和顺、昔阳间的一个村子里住了下来。

安顿好的第二天下午，指导员陪着第772团副团长王近山同志来了。王近山说：“正太线敌人运输频繁，到处用武装建立维持会，汉奸特务活动猖狂。刘师长指示我们要给敌人一个沉重的打击，煞煞他们的嚣张气焰，让你们配合我团1营行动。”王近山同志走后不到两小时，1营通信员跑来通知：“快到营部集合！”

一声令下，队伍很快就出发了。

部队在晋东黄土丘陵地带辗转前进，一路人烟稀少，更加上夜里行军，东转西奔，谁也不知道走到哪儿了。有人就说：“怎么老是东跑西转，光游不击呀？”但立马就有同志提醒说：“刘师长不是说过吗，游击游击，有游有击，声东击西，制造假象，迷惑敌人，诱敌上钩，游的目的还是为了击。”几天下来，大家随部队兜了好几个圈子。一天晚上，营部突然传下命令：夜里要急行军奔袭寿阳火车站，全部学员归营首长指挥，任务是担任警戒，负责指挥所的安全。教导员还特地对学员们补充说：“刘师长上课时对你们说过的吧，兵贵神速，出敌不意，是取胜的要领！”

这天晚上，部队轻装挺进，约莫走了三四十里的山路，一气插到了寿阳火车站，在日军毫无防备的情况下，仅用了半个小时便干净利索地结束了这场突袭战。敌人在车站刚刚建立起的通信设备、岗楼碉堡、仓库等，通通被砸了个稀巴烂。营长在战后总结时说：“这次突袭，一靠侦察详细，二靠计划周密，三靠干部以身作则，四靠战术正确，五靠群众支持。”这一仗，给学员们上了一堂看得见、摸得着、听得到的实战课。

正当大家沉浸在胜利的喜悦中时，指导员又传达了营长的指令：“敌人很可能会马上报复，我们要继续做好战斗准备！”果然，在袭击寿阳火车站后的第三天，敌人集中兵力，向寿阳、和顺分路包围进犯。八路军则依据刘师长的指挥，与敌人展开了回旋战，以小部队引诱，零敲碎打，疲其兵力，然后集中主力，伺机歼敌，主动权完全操在八路军手里。敌人虽有汉奸、特务为之效命，却无法摸清八路军主力，弄得他们晕头转向，疲于奔命，一无所获。这样，所有学员在第 129 师的 15 天里既有理论学习还有战斗实践，真是有游有击、不虚此行！最后遵照师部的安排，学员们满载着学习和战斗的收获返回了师部。

回师部后没几天，指导员就兴奋地告诉大家：“好消息，刘师长后天要到临汾去开会，打算顺路带你们归队。”学员们一听，简直高兴得无法自已。第二天上 8 点钟左右，队伍在路边集合起来了。大家定睛一看，刘师长早已站在队伍前面。指导员洪亮地喊了声：“立正！”随后转向刘师长敬了个礼。刘师长还了礼后，面带慈祥的笑容对大家说:“同志们，你们这次学习，很有成绩，但这仅仅是开始。今后，要特别注重在实战中学习，愿每个同志都能成为智勇双全、能驾驭战争的指挥员！”

聂荣臻团结晋察冀边区僧俗民众

聂荣臻（1899—1992），四川省江津市人，久经考验的无产阶级革命家、军事家，党和国家的卓越领导人，中国人民解放军的创建人之一，中华人民共和国元帅。全国抗战爆发后，先后任八路军第115师副师长、政治委员，与林彪一起指挥了平型关战役，后任晋察冀军区司令员兼政治委员，率3000人的武装在五台山区创建敌后第一个抗日根据地。

1937年9月，聂荣臻根据毛泽东和中共中央的指示，带领第115师一部留驻五台山开创晋察冀抗日根据地。从此，五台县成为敌后抗战的前进阵地和坚强堡垒。在这里，聂荣臻团结僧侣、发动群众、充分调动一切抗日的力量，打造了一个“敌后模范的抗日根据地及统一战线的模范区”。对此毛泽东大加赞赏和肯定：“五台山，前有鲁智深，今有聂荣臻，聂荣臻就是新的鲁智深。”

五台山是我国佛教名山，居全国四大佛教圣地之首，也是全国唯一汉传佛教和藏传佛教合一的佛地，声名远播海内外。抗战爆发时，全山共有寺庙300多座，汉、蒙、藏、满各族僧侣1700多人，是一支不容忽视的抗日力量。军区刚成立时，部队没有地方住，就

五台山僧俗抗日自卫队

住在五台山的寺庙里。聂荣臻一面拜访主持藏传佛教格鲁派事务的札萨克喇嘛罗桑巴桑、青庙会长然秀等大德高僧，一面指示住在寺庙的战士要严格执行党的宗教政策。至今金阁寺住持灵机法师仍清楚记得，八路军来到五台山时正值入冬时节，山上早已白雪皑皑，寒气袭人，可广大指战员仍然是草鞋单衣，寺里的和尚们看了都直呼“阿弥陀佛”！尽管如此，将士们仍然执行铁的纪律，进驻寺庙的部队不烤火，不在佛殿里乱走，不影响僧侣们的佛事。当时法师每天都起得很早，当他准备打扫庭院时，却发现八路军战士早已把枯叶和杂草清扫干净了。

1938 年 1 月，晋察冀边区决定召开军政民代表大会。会前筹备处围绕五台山和尚、喇嘛的代表权问题产生了分歧。一种看法认为，和尚和喇嘛是出家人，不宜吸收他们参政；另一种看法则认为，和尚和喇嘛也有团结抗日的要求，应该吸收他们参加。聂荣臻得知情况后，特意做了表态：“我同意吸收和尚和喇嘛参会。在我们党的民族统一战线中，各民族各阶层应该紧紧地携起手来，不分彼此，共

晋察冀军区司令部内景

同抗日。”军政民代表大会开幕那天，当五台山僧侣代表然秀、依什彭磋到场时，全体与会代表爆发了雷鸣般的掌声。

聂荣臻的这些做法，使僧侣们充分感受到了共产党人肝胆相照的广阔胸怀和坚决抗战的英雄气概。从此他们奉行“出家但未出国”的信念，表现出了极高的抗战热情。台麓寺的二喇嘛带头实行合理负担，减租减息；各寺住持出钱出力，不遗余力帮助抗日队伍；青年僧侣则组织起“和尚连”，为八路军站岗放哨。在抗日的烽火硝烟中，五台山的僧侣们为山西乃至中国的抗日斗争做出了积极贡献。2005 年 11 月，当年“和尚连”的小和尚，时为五台山佛教协会会长的禧钜大法师，对领导他们抗日的聂司令一直难以忘怀，并以 83 岁的高龄专程去北京看望聂荣臻的家属，向聂荣臻铜像鞠躬合十致敬，还庄严地挥笔写下了“功德无量”四个大字。

事实上，想念聂司令的还有金岗库村的老百姓。1938 年 3 月，晋察冀边区党政军机关迁驻五台山金岗库村后，聂荣臻在这个风景秀丽、溪水长流的小山村先后工作、生活近一年，和乡亲们建立了深厚感情。至今村里的老人们说起聂司令的故事，仍然栩栩动人，历历在目。

1942 年是抗战最艰难的时期，这年腊月二十八清晨，金岗库村的杨大爷挑着一担水向村口走来时，正好与散步的聂荣臻不期而遇。“杨大爷，您老起得真早哇！过年的事准备得咋样啦？能吃上饺子不？”聂司令员关切地问道。“能，能！”杨大爷说，“白的吃不上，吃顿莜面饺子也蛮可以哩！”寒暄两句后两人便打招呼离开了。转眼年三十到了，晌午时，杨大爷和老伴儿正准备包野菜莜面饺子，聂司令员的警卫员走了进来，将一大碗胡萝卜拌羊肉馅和一包 3 斤多的面粉往炕上一放，说：“大爷，这是聂司令员让我给您送来的。”“这，这咋行哩！”杨大爷一时不知说什么好：“聂司令员那么辛苦，快留给他吃吧！”然后就一个劲地叫警卫员把东西拿回去。“这是聂司令员从他那一份伙食里匀出来的，您非收下不可。要不，我可没法向司令员交代呀！”警卫员说完忙挣脱杨大爷的手，一路小跑去了。望着小同志远去的身影，杨大爷的双眼模糊了……

罗荣桓吕梁山传授斗争经验

罗荣桓（1902—1963），湖南省衡山县人，伟大的无产阶级革命家、政治家、军事家，中国人民解放军的创建者之一，中国人民解放军政治工作奠基人，中华人民共和国元帅。抗战爆发后，任八路军第115师政治部主任，后转任政委。在山西期间曾指挥午城、井沟和薛公岭等战斗，保卫了黄河河防。1939年1月率部挺进山东领导抗日战争。

抗战初期，在刘少奇、周恩来等人的努力下，中共中央同阎锡山建立了联合抗日民族统一战线。1938年初，为了支持阎锡山抗日，八路军总部将两个新建连队编入了阎锡山的晋绥军总部执法队。临行前总部直属政治处副主任康克清向两位连长交代，要在晋绥军中搞好统一战线工作，党的组织关系可向汾阳牺盟会内的党组织联系转接。

然而这两个连队编入晋军执法队后不久，就遭到了排斥和刁难。一些别有用心的人称这两个连队是“赤匪”，扬言要予以“解散”，还拉拢一些人叛变。一时间部队思想很混乱。然而八路军总部这时已东去太行区了。怎么办？连长邱金发便连夜赶到40里外的第115

师师部向罗荣桓汇报，想把部队拉回来，编入第 115 师。罗荣桓听完邱金发的汇报后，耐心地说："你们到晋军去，是朱德总司令同阎锡山商定的。现在遇到一点困难就把部队拉出来，于统一战线不利，会影响我们八路军的信誉，不能撤回来。执行这项任务，困难肯定是不少的，甚至会遇到危险。你是红军老战士，又是共产党员，一定要按照党的统一战线政策去办，要在斗争中锻炼成长，要提高警惕，防止反动分子的暗害。你们只要坚持下去，斗争得法，就一定会胜利。"然后罗荣桓就如何巩固部队、如何开展统战工作、如何坚持合法斗争等，一一做出了具体指示。

在罗荣桓的耐心说服下，邱金发进一步理解了做好统战工作的重要意义，既增强了坚持下去的信心，又掌握了进行斗争的办法，高高兴兴地返回了部队。按照罗荣桓的指示，他们在整顿部队基础上有礼有节地同顽固派进行坚决而巧妙的斗争，终于加强了部队的战斗力，胜利地完成了组织交付的任务。

1938 年三四月间，陈光、罗荣桓率部转移到汾阳、孝义一带发动群众，开辟吕梁山根据地。师部与决死第二纵队驻地相邻。罗荣桓很关心这支部队的建设，早在一二月间，他就遵照总部指示，给他们调配了一批优秀干部，以增强决死第二纵队的领导实力和战斗力，这时他又将纵队的韩钧、张文昂、徐荣、郝德青等领导干部请到师部，商谈第二纵队的建设问题。他说："你们的部队发展得很快，这很好，说明群众的抗日热情高涨。但是军队是要打仗的，部队不但要多，而且要精。所以，我建议你们进行整军，部队要整编，不要怕编掉几个团，主要看部队有无战斗力，能不能打仗。在整军的基础上，抓紧进行军政训练，特别要加强部队的政治思想工作，搞好官兵关系，加强部队的团结，提高部队的整体战斗力。"

随后罗荣桓又请第 115 师代师长陈光、政治部副主任萧华和宣传部长肖向荣等深入到决死第二纵队，多次给纵队的干部上军事课、政治课，就如何更有成效地建设人民军队，如何开展游击战争，如何深入细致地做好部队的思想政治工作等进行讲解，具体而生动地传授了红军的建军经验。陈光还在第二纵队住了半个多月，具体指导和帮助他们的整顿工作。在罗荣桓、陈光的指导和帮助下，决死第二纵队开始认真严格地整军，他们首先整顿了组织，将 11 个团编成 8 个团，共约 1.5 万人，使部队更加精干。然后团、营、连都配备了政治工作干部，排还配了政治工作员，部队从组织上得到了加强。最后在第 115 师派出的干部帮助下，进行军政训练，着重练习射击、投弹、刺杀、侦察、夜战、破铁路、攻碉堡等军事技术，学习领会掌握游击战术，同时展开政治训练，着重讲解抗日民族统一战线政策，中国抗战的形势和前途，以及军政一致、军民一家、官兵平等的建军原则等。

通过整顿和军政训练，这支部队从一开始就接受了红军的建军原则和经验，受到了红军优良传统的影响，按照八路军的建军原则抓紧建设，同旧军队有了本质的区别，很快成长壮大为一支具有一定战斗力的坚强的抗日武装。

朱德机智摆脱日军

朱德（1886—1976），四川省仪陇县人，伟大的马克思主义者，伟大的无产阶级革命家、政治家和军事家，中国共产党、中国人民解放军的主要缔造者之一，是党的第一代中央领导集体的重要成员，中华人民共和国元帅。抗日战争爆发后，任国民革命军第八路军总指挥（后改称国民革命军第十八集团军总司令），曾先后兼任第二战区东路军总指挥和第二战区副司令长官。亲率八路军开赴华北前线协同国民党军队打击日军，并指挥八路军各部深入敌后，开展游击战争，建立和扩大了许多抗日根据地，维护了国共两党合作抗日的民族统一战线。1940年5月返回延安。

伫马太行侧，十月雪飞白。
战士仍衣单，夜夜杀倭贼。

这首诗是朱总司令在转战太行山时写下的，真实地反映了八路军在极其艰苦的条件下抗击日军的决心和勇气，同时也展示了总司令坚如磐石的品格和敢于斗争的气势。朱德总司令在临汾阻击日军，为这首诗做了一个很好的注脚。

1938年2月，日军占领屯留、长子，向八路军总部所在地安泽逼近。毛泽东判断日军这次要夺临汾、破潼关、进攻西安，于是要求朱德等人在临汾以北、以东两地区挫敌攻势。在这一作战方针指导下，朱总、彭总于2月19和20日，由马牧分途前往晋东南指挥。当时朱总司令所在的岳阳镇位于临屯公路北面，周围是山地，要把总部转移到安全地带本是很容易的。但是日军进攻得太突然，临汾军民尚未做好准备。如果听任日军长驱直入攻占临汾，将对战局造成十分不利的影响。

基于这种局势，朱老总当机立断，决定率领身边的少数警卫部队阻击敌人，保护百姓和友军撤离。于是他指挥在位于临屯公路上的古县镇（今旧县镇）以200人的兵力构筑工事，摆开阻击日军的阵势。刚交火时，一路骄狂长驱直入的日军突遇对手，又不明对方虚实，只好停下侦察。次日，日军听说在古县阻击他们的部队竟是八路军总司令朱德率领的少数警卫部队时，觉得立功受赏的机会到了。很快十几架日机飞抵古县，轮番轰炸扫射，把小小古县镇变成一片火海。此时，在大后方武汉传出一条令人震惊的消息。报童们在中山大道、江汉关边跑边喊："第十八集团军总司令朱德为国捐躯！""民族英雄朱德以身殉国！""第十八集团军总司令朱德战死在华北抗日前线！"各种报纸"号外"铺天盖地，各种传闻不胫而走。八路军驻各地的办事处不时接到电话，询问朱总的情况。《新华日报》报社也向延安发电查询："朱德将军有无危险？"延安的党中央、毛主席也给八路军总部发来急电询问情况，特别问到朱总司令所在位置，要求立即电复。一时间，乌云满天，噩耗惊人。

正当大家为朱德的安危担忧的时候，前线传来了进攻临汾的日军受阻的消息，对阵的正是朱德率领着的八路军总部和警卫部队。朱老总正在安泽与良马之间的古县镇一带与日军大战。这是怎么回事?

原来，山西省东南部有两个叫古县的地方，一个在沁县，一个在安泽县。日军指挥官从地图上一眼找到沁县南部的那个古县镇，马上下令空军轰炸。他们做梦也没有想到，就在古县镇被炸成一片火海的时候，朱德却在安泽县的古县镇指挥战斗，以少数兵力阻击着强大的敌军。他巧妙地利用公路两旁山地的有利地形以及敌人不熟悉情况、怕遭夜袭的弱点，与日军鏖战、周旋了四天三夜。

八路军此行目标是赴太岳山建立抗日根据地。战斗中左权副参谋长十分担心总司令的安全，再三建议提早转移。2 月 25 日傍晚，炮弹不停地在八路军指挥部周围炸响，枪声越来越近，子弹从头顶呼啸飞过，形势万分危急。朱老总沉着地指挥部队离开大路，转到路南的刘垣村。正在这个时候，总部警卫团新建警卫通讯二营的两个新兵连赶到了。他们人数不少却没枪支，每人只有两颗手榴弹。朱德见了非常高兴，觉得现在正是锻炼部队的好机会，决定让他们去同小鬼子照个面，练练胆。

接着，侦察员报告说，鬼子的后续部队上来了，主要是大车组成的辎重队。朱德组织新兵和警卫部队迅速埋伏在鬼子必经的大路旁，当敌人进入伏击圈时，朱德一声令下，200 多颗手榴弹一齐投向敌群，鬼子兵死的死、伤的伤，胳膊腿还齐全的扔下死伤的同伴和辎重，没命地逃跑。这一仗打得干净利索，炸毁敌人大车几十辆，歼灭了部分鬼子。更大的收获是新兵连得到了锻炼，还用缴获的武器装备了自己。

之后，朱总司令带着部队摆脱日军，胜利到达了太岳山区。经历过这场战斗的陆定一于次年撰文，是这样描述朱总司令的：“当危难到来的时候，他就表现出革命军人的真价值。他坚如磐石，定如山岳；他忘记了自己的处境危险，他为人之所不敢为，行人之所不敢行……总要尽自己的力量，以挽救危机。”

贺龙在晋西北的故事

贺龙（1896—1969），湖南省桑植县人，伟大的无产阶级革命家、军事家，中国人民解放军的创始人和主要领导者之一，中华人民共和国元帅。全面抗战爆发后任八路军第120师师长，指挥了雁门伏击战等战斗，后转入管涔山区，率部粉碎了日军对晋西北的进攻，开辟了晋西北抗日根据地。1938年底奉命率部挺进冀中，1940年率部返回晋西北，担任晋西北军政委员会书记和晋西北军区司令员，领导军民粉碎了日军多次扫荡，指挥晋绥军民“把敌人挤出去”，创造了许多光辉战例。

1938年11月，在延安鲁迅艺术学院工作的沙汀跟随第120师贺龙师长奔赴晋西北，随军采访5个月，并于1939年写出了著名的传记性报告文学《随军散记》。

《随军散记》以细致入微的观察，截取了贺龙生活中丰富而传神的生活细节进行刻画，中心思想就是要表现贺龙同志“那种阔大不羁的精神，那种不可摧毁的自信力量，那种浓郁芬芳的人间温暖和喜悦”。这篇传记不仅仅局限于1938年至1939年间的战场生活，还记取了贺龙青年时代传奇般的人生经历，通过看似松散的细节片段组合，栩栩如生地勾勒了贺龙的个人形象。

有一次，在青化砭一个小山村，贺龙见到一个农民正在编织羊毛带，当即就靠近过去攀谈起来。贺龙讨问编织的具体技巧，还把没织就的羊毛带子要过来，学着织起来。这情形把旁边围观的老人小孩逗乐了。这一举动无形中就使八路军跟当地农民的情感贴近了。还有一次在岚县城外，贺龙看到一老一小两个牧羊人，二人手里拿着长长的小锹。问清那是放羊的家伙后，贺龙就要过来比画着，学起放羊来了。这是贺龙内心情感的自然流露，可就在这自自然然的交往里，就跟普通群众水乳交融般地打成一片了。

身为将领，贺龙又有临危不惧的一面。他爱打篮球，一次日寇进行“扫荡”，部队驻地 10 里开外，战事紧张而激烈。贺龙却坚持要举行一场篮球比赛。他还饶有兴味地说：“看哪一个打得好，咱们就把他拖过来。”于是两个地方、两样世界，那边的战事丝毫也不影响这边的比赛。还有一次，部队正举行联欢晚会，贺龙突然收到报告，说敌人已经到了附近地区，距离不足 20 里。看完电报，贺龙神色泰然，继续观看晚会，似乎敌人的逼近与自己无关。“黑云压城城欲摧”，可贺龙总是临危不惧，又总能化险为夷。

《随军散记》初版封面

贺龙的内心世界是极为丰富而有人情味的。部队行军途中，他能绘声绘色地讲出一些风俗掌故，战士们的劳累与困乏于不经意间就烟消云散了。贺龙是热爱生活热爱士兵热爱孩子的，谈到每个干部，他都像“在谈着和自己同一血统的亲属一样”。在部队里，他看到一个年仅 12 岁的小女孩，就半开玩笑地要她做干女儿。他还把那小女儿的名字改作“捷长”，深情地说：“知道吧，你还有个妹妹叫捷生，才这么一点子高，就跟我过草地！”对小孩子，贺龙有慈父一般的情怀，一看到身穿大人军服的小八路，他就帮他们敞领口，系纽扣。有一回，贺龙忽然变得和往常截然不同，将近有两天时间沉默不语，寝食难安。原来他在卫生处看到了白求恩大夫为伤员动手术，截断手足时那极其惨痛的情形。他为之震动了，动情地说：“脚呀，手呀，堆了一大堆。同志！这就是我们共产党的肉，共产党的血呢！”话语朴素无华，又饱含深厚情感，情感背后是对战士们的爱和革命的人道主义精神。

贺龙是宽厚的。在长时间的交往里，沙汀深深体会到这一点。1949 年成都解放时，沙汀向率部解放成都的贺老总说：“贺老总，我来归队了。”贺老总说：“欢迎你归队。”接着又打趣地说，“你这个沙汀啊！人家都是老婆跟着老公走，你倒好，跟着老婆走。”此话，叫沙汀禁不住潸然泪下。在抗战那个最艰苦的岁月，沙汀曾带着老婆孩子离开第 120 师回到后方，这是迫不得已而为之的，可当时得到了贺龙的深切的关怀与体恤。

彭德怀、滕代远互相让药情动太行

彭德怀（1898—1974），湖南省湘潭县人，无产阶级革命家、军事家和政治家，是中国共产党、中华人民共和国与中国人民解放军的卓越领导人之一，中华人民共和国元帅。抗日战争爆发后，任中共中央军委委员、中央军委前方分会（1941年改称华北军委分会）副书记、国民革命军第八路军副总指挥（后改称国民革命军第十八集团军副总司令）等职，协助朱德指挥八路军开赴华北抗日前线，1938年起在华北敌后参与领导发动群众，创建抗日根据地，扩大抗日武装，开展游击战争，挫败日军多次围剿和扫荡。

滕代远（1904—1974），湖南省麻阳县人，中国工农红军早期创始人，是中国人民解放军的领导者之一、中华人民共和国人民铁路事业的奠基人。全面抗战爆发后，任中央军委参谋长。1942年任八路军前方总部参谋长并参与中共北方局工作。

1940年夏，彭德怀在黎城小豆洼柳渠寺养病。由于敌人的军事围攻和经济封锁，八路军缺衣少食，生活资源十分贫乏，尤其是药品极度紧缺。作为八路军的高级将领，彭德怀常年在外，工作饮食很不规律，患上了肠胃病，所以他身边的警卫人员偶然遇到一些治

黎城小豆洼彭德怀居所旧址

疗肠胃病的药品时，总要赶紧设法买下，珍藏在身边，待彭德怀病痛时急用。

一天，彭德怀得知在黎城县西井村的老战友滕代远急性肠胃炎发作，病情十分严重。他马上通知卫生部派出最好的医生前往救治。由于放心不下，他还把自己珍藏的肠胃药全部带上，亲自前往探视。彭德怀带病急匆匆赶到西井后，见滕代远脸色蜡黄，而且已经出现浮肿，心里十分焦急。他一面安慰滕代远安心治病，一面积极组织医疗力量努力诊治。滕代远见彭德怀带了自己备用的珍贵药品亲自前来探视，心情格外激动，紧紧握着这位老战友的手道谢不止。但由于总部工作繁忙，彭德怀不能久留。临走时，他要把带来的药品全部留下。滕代远知道彭德怀也患有严重的肠胃病，身边离不了药品，就谢绝道："彭总，我知道你的肚子也不好，这些药品你就拿回去吧，我已经不碍事了。"彭德怀笑了一笑，说："眼下这种药很紧缺，还是给你留着吧！我的身体现在比你强，就是犯了病，我也有法子对付它。”说着，他把挣扎着想下床送行的滕代远按在床上，又把药品放在床头，然后两人依依握别。

由于来去匆匆，吃不好、睡不好，在回去的路上彭德怀的胃病果真又犯了。开始的时候，他还能勉强骑在马上，使劲用手按着胃部坚持一阵，但到后来疼得脸上汗珠直冒。他实在支撑不住了，才在警卫员的再三苦劝下在一个村子里下马休息。此时正好有老乡经过，告诉他们村里有家药铺。于是彭德怀在警卫员的搀扶下，来到药铺。卖药的掌柜经过仔细寻找，居然找到了几粒治疗胃病的西药片。这几片西药，使彭德怀的警卫员如获至宝，立即掏钱全部买下。

就在这时，恰巧有个老乡急匆匆走进药铺，说是家中有人害肠胃病，前来买药。药铺掌柜告诉他刚刚已经都卖光了。买药的老乡很是失望，可又无可奈何。彭德怀见那个老乡愁眉苦脸地正要离去，就叫住了他，然后对警卫员说：“把那些治肠胃病的药交给老乡用吧。”警卫员一听急了：“那你的病怎么办？”彭德怀十分严肃地说：“你没听见吗？他家有病人急需这种药，我们怎么能光顾自己不顾别人！”那个老乡见这位军人主动让药，心里非常感激，拿到药片后千恩万谢地走了。警卫员气恼地哭丧着脸蹲在一旁，一声不吭。彭德怀看了看警卫员，过去拍了拍他的肩膀说：“别生闷气了，去找点儿石灰来，有了石灰就可以治病了。”在彭德怀的再三催促下，警卫员才去村里找来一小块干净的石灰。彭德怀把石灰放进盛水的茶缸里，等水澄清后，把石灰水一口气喝了下去。喝罢，他哈哈一笑，说：“你们不要看不起石灰，其实，这东西还真有两下子呢。肠胃病发作时喝点石灰水，肚子就不太疼了。这就和民兵打鬼子一样，尽管日本鬼子看不起我们的民兵，可要是半路上突然跑出一伙‘土八路’来，真也会把他们吓一大跳呢！”

然而石灰水并没有缓解彭德怀的病，他一路上仍然胃痛。待回到总部时，夜已经很深了。

彭真与盂县三义渠扩建工程

彭真（1902—1997），山西省曲沃县人，伟大的无产阶级革命家、政治家，杰出的国务活动家，社会主义法制的主要奠基人，党和国家的卓越领导人，山西省共产党组织的创建人之一。抗日战争时期，任中共中央北方局组织部部长，中共中央北方局晋察冀分局（后改为北方分局）书记，中共中央党校教育长、副校长，中央组织部代部长、部长等。

大禹治水的故事可以说是妇孺皆知，然而抗战时期山西盂县修建的彭真渠知道的人却并不多。在当地，修建彭真渠的故事至今广为流传，成为反映抗战时期军民团结发展生产的佳话。多少年来，彭真渠养育的儿女们一代一代地传颂着这个故事，传承着彭真渠精神。

彭真渠位于滹沱河畔的盂县梁家寨，渠依山而凿，蜿蜒迂回在巍峨苍郁的崇山峻岭之间，是抗战时期盂县境内最大的水利工程。彭真渠的前身是清嘉庆年间由蔡家坪、鳌头、独自口三村会商修建的宽不过2尺、长不过2.5公里的“三义渠”。之所以命名为“三义渠”，是由于各村出了三个领军人物，而三村的互利关系是期待引水浇地。

遗憾的是，一项百年以前就建成的水利工程，用到 1939 年一直没有扩容整修，给当地百姓造成不小的困难。

抗战时期，晋察冀边区政府号召群众开展大生产运动，并积极支持农民修水利，发展生产。梁家寨乡一带群众迫切希望能修筑一条大渠，将山坡间的旱地变为水田。1940 年，晋察冀边区第一行政区专署在吕东、马志远的主持下，召开全区农村工作会议，会上盂县五区区长郑华璧建议对“三义渠”进行重新勘测规划，为蔡家坪、鳌头、独自口、椿树底、梁家寨、沙湖滩等六村 5000 多农民、方圆 48 平方公里内的 2500 余亩耕地解决灌溉问题，实现农业生产旱涝保收。随后，吕东、马志远把扩建“三义渠”的报告专报给了中共晋察冀华北分局书记彭真。1941 年 2 月 17 日，彭真在到延安汇报工作时，路经距离独自口不远的下社河东村，在那里接见了时任盂县县委书记的齐源，特意问及“三义渠”扩建工程。当他了解到修渠因财力不足被迫停工的情况后，果断召开区党委扩大会议，决定

三义渠

从边区并不丰盈的税粮收入中拨出3万斤小米，用于修渠人工经费。按照彭真书记和区党委会议要求，盂县县委书记齐源、五区区长郑华璧等迅速发动蔡家坪、鳌头、独自口、椿树底、梁家寨、沙湖滩六村村民成立了修渠水利委员会，组建起一支由200多名精壮劳力组成的开渠队伍，并请来技术人员解决工程设计和技术问题。该渠计划从蔡家坪村滹沱河取水开始，到沙湖滩村火神堂沟口全线开工，准备廓出一条长渠，彻底改变当地“石多土少水低田高、一遇天旱禾苗枯焦”的面貌。然而1941年后，连续数年的日军大规模“扫荡”迟滞了梁家寨人民兴渠治水的美好愿望。直到1944年8月，盘踞梁家寨乡的日军全部撤退，搁置了三年的水渠工程才再次上马。当时在没有现代机械设备和爆破装置的情况下，人们腰系绳索，悬空抡锤打眼，通过自制炸药放炮开山，凿渠越壑。整个工程六村民众共投工8万个，奋战300天，起动土石600多万立方米，终于在1945年3月24日落成了一座全长12.5公里、堰高1.5米、底宽2米的盘山大渠。滹沱河水就这样穿过了一道道梁、跨过了一道道沟，使2500多亩旱地变成了水田。沿渠的5000多人从此摆脱了饥荒的困扰。在那种特殊环境下，这不能不说是一个人间奇迹。

修渠期间，彭真无论走到哪里，都挂念着这项关系民生的引水工程，不时询问工程进展情况，解决开渠过程中遇到的实际问题。老区人民感激彭真和边区政府的关怀，亲切地把这条渠称为“彭真渠”。这条沿滹沱河畔盘旋于崇山峻岭之间的彭真渠，至今依旧流水哗哗，为当地人民带来福泽和恩惠。

邓小平转战中条山、智过埋伏圈

邓小平（1904—1997），四川广安人，伟大的马克思主义者，伟大的无产阶级革命家、政治家、军事家、外交家，中国人民解放军、中华人民共和国的主要领导人之一。抗日战争爆发后，任国民革命军第八路军政治部副主任。1938 年 1 月，任八路军第 129 师政治委员，与师长刘伯承一起在太行山区开辟晋冀豫边区抗日根据地。1940 年 8 月至 12 月，参与指挥百团大战。1943 年 10 月 6 日，中共中央北方局与太行分局合并，邓小平代理中共中央北方局书记，主持八路军总部的工作。

1937 年 9 月，邓小平随同八路军总部东渡黄河来到山西抗日前线，从此转战山西，开展抗日游击战争，参与建立敌后抗日根据地，与山西抗日军民一道共同奋斗了八年，直到抗战最后胜利。

多少年来，一直流传着邓小平从容智过埋伏圈的故事。1942 年 5 月，邓小平由王新亭、刘忠等陪同，在八路军第 772 团 2 营的警卫下，对刚开辟的中条山地区进行视察。20 日，邓小平在晋豫边区首脑机关驻地阳城县上河村召集营长、县长以上军政干部商讨开辟晋豫抗日根据地中条区的大政方针，史称“上河会议”。

日军获悉这一情报后，立即部署兵力，纠集济源、阳城、沁水、垣曲、翼城等地的日伪军4000余众，分兵六路，大举进攻上河村，妄图消灭邓小平等八路军高级干部。面对严峻的形势，邓小平当机立断，决定提前结束会议，并经黑虎、白毫，西进转移到沁水县东川村，然后准备再向历山主峰舜王坪西面的兜垛村一带转移。

5月21日凌晨，晋豫边区党委书记聂真、司令员刘忠率领边区机关人员以及护送邓小平的警卫分队，行军到达沁水县东川村东面的油坊圪梁，停下来休息。时正值夜半时分，干部战士都很疲惫，就向当地老乡借来一些门板，在打麦场上和衣而睡。这时派往西川村了解敌情的侦察员回来报告说：一股日军已经占领西川，正准备堵截八路军部队。差不多同时，油坊圪梁听到了枪声，八路军部队派出的侦察员不幸负伤。

东川、西川两村只隔一道山梁，相距不足4公里，后有追兵、前有堵截，形势十分严峻。邓小平镇定从容，迅速召开会议分析敌情。他认为日伪军这次的目标，主要是八路军和晋豫边区的首脑人物，而日伪军指挥官一般认为首脑人物必定要骑马，因此必然特别关注八路军的马匹行动，遇到骑马的人必然会穷追不舍。很快，紧急会议做出了应变对策：一是调整行军路线及方向，由西进历山改为穿越东峡，东进阳城县境内的析城山；二是部队轻装前进，干部一律弃马步行；三是让地方民兵将战马赶进深山代为照管；四是女同志暂时离队，换成便衣疏散隐蔽到当地民众中去，然后再向垣曲县转移。会议还强调说，干部战士一律轻装步行，沿着东峡突出重围；只派少数人赶着马匹，沿着横水至垣曲的公路行进，遇到敌情，立即向公路两侧的森林里疏散，借以迷惑敌人。

会议做出的决定立即得到了实施。邓小平和其他首长同战士们一道精干利索地整理行装后，悄无声息地进入东峡。

东峡是历山主峰舜王坪东面的一道狭窄的山沟，两边石崖高耸入云，从峡谷中仰望苍穹，天空只是一条细细的线，当地人称此处为“一线天”。八路军刚进入东峡不久，预先埋伏在西川村的日军就赶来，占据了东峡西侧山崖顶的有利地形。日军飞机也在上空不停地盘旋侦察。荷枪实弹的日军士兵居高临下，虎视眈眈，只等骑马长官出现，随时准备扣动扳机。

邓小平镇定自若地在峡谷中向前走着，并回头说："同志们都要装作若无其事的样子，悠然缓行。"传罢口令，他一边走着，一边故意逗弄一下路边与人为伍的红脸猕猴，后面的同志们顿时舒缓了紧张情绪，似乎忘却了战事在即，心情骤然轻松了许多。

山崖顶上，一名日军指挥官叽里咕噜地发布命令："当官的骑马，八路的特点，瞄准骑马的人打！不见骑马的人，不准开枪！"就这样，端枪的日军眼睁睁地看着八路军战士一个一个走过。邓小平走过去了，聂真走过去了，王新亭走过去了……直到几百人的队伍都走过去了，还是没有看见一个骑马的长官出现。日军指挥官举起望远镜朝着八路军过来的方向望了半晌，始终没有看见一个人一匹马的影子，心中不免疑惑。恰在这时有报告说，南面公路两侧的林子里有一批马匹在奔跑，日军指挥官赶忙派兵去追赶。而这时候邓小平一行人已经走出了10里长的东峡，到达峡谷口的东哄哄河边。日军指挥官方才如梦初醒，气急败坏地吼叫着，命令开枪射击。然而在急促的枪炮声中，八路军早已趟过阳城县境内的东哄哄河，向析城山挺进。待日军追来后，已经摆脱不利地形的八路军突然又杀了一个回马枪，杀得日军丢盔弃甲，不敢再追了。这时八路军又慷慨"送"给日本兵一批拉掉弦的手榴弹，炸得日军死伤大半，其中一块弹片正巧击中日军指挥官的头颅，他顿时脑浆飞溅见阎王去了。其余日本兵早已吓得魂飞魄散，四散逃遁。日军一场围追堵截就这样灰头土脸地收场了。这次战斗八路军随机应变，以弱胜强，成为晋冀豫敌后根据地军民开展山地游击战的典范。

续范亭舍命追随中国共产党

续范亭（1893—1947），山西省崞县（今原平市）人，著名抗日爱国将领。早年参加同盟会，后在国民党任职并与共产党人合作创建了山西新军。1940年1月15日晋西北行政公署成立，续范亭任行署主任。此后，他将主要精力用在政权工作上。在长期的革命生涯中，续范亭积劳成疾，病情不断恶化，后到延安医治，1947年因病离世，被中共中央追认为中国共产党正式党员。

续范亭生于1893年，是山西崞县（今原平市）西社村（今属定襄）人。他早年加入孙中山领导的同盟会，参加了辛亥革命和反对北洋军阀的斗争，1925年前后出任国民军第三军第二混成支队参谋长、第六混成旅旅长、国民军军政学校校长，参与创办北京《国民新报》。1935年，他在中山陵前剖腹明志、以唤醒政府抗日的举动震惊全国。

1937年1月，续范亭接受共产党人的建议，以西北军杨虎城代表的身份，回到山西做争取阎锡山抗日的工作。由于续范亭在山西的威望，阎锡山任命他为太原绥靖公署高级参议。此时，中共代表周小舟、彭雪枫在太原已设有办事处；薄一波已受中共中央北方局指示，回太原接办牺盟会工作。山西在党的统一战线政策推动下，

续范亭

已经成为当时全国抗日救亡的一个重心。续范亭看到这些，颇感兴奋，他说："虽然仅仅是点出一支土蜡烛来，光明不大，但我和许多爱国青年像扑灯蛾似的围绕着这点光明，不肯他去了。"

"七七事变"后，中共中央代表周恩来于9月5日抵达太原，与阎锡山商谈八路军开赴山西抗日前线作战事宜。续范亭非常高兴，参加了周恩来、彭德怀、徐向前、南汉宸等人与阎锡山在太和岭口的谈判，并陪同周、彭、南赴大同与傅作义会谈。他和周恩来常常在一起交流抗日意见和主张。在当时的晋绥军中，续范亭有不少同乡、同学以及西北军的同事，有些还是国民党的高级将领。他利用自己特殊的地位和关系，在推动抗日民族统一战线方面做了不少工作。经过周恩来与阎锡山的多次会谈，9月20日国共两党在山西战区成立了统一战线组织，即"第二战区民族革命战争战地总动员委员会"，简称"战动总会"。当时正值忻口战役期间，续范亭组织战动总会人员成立慰劳队、救护队、劝募队，亲率人员到达忻口火线，设立救护站、运输站、难民收容所、伤兵招待所。他还在太原组织了两个宣传大队，每队60余人，每天冒着敌机的轰炸，从街头到工厂，从城镇到乡村，面向群众宣传抗日。太原沦陷后，续范亭带领战动总会转战到晋西北地区，在武装部长程子华的协助下，成立了13支抗日游击队，后被阎锡山改编为陆军暂编第一师，续范亭任师长。自此续范亭成为开辟和建立晋绥抗日根据地的领导人之一。

1939年3月，阎锡山在陕西宜川秋林镇召开了第二战区军政民高级干部会议，他在会上宣称"中日不议而和，国共不宣而战"。续范亭则在会上力主抗日，反对妥协投降。阎锡山十分不满，对其核心组织同志会的干部们说："我奉蒋委员长令，守土有责，不能像范亭那样，背上棺材抗战。"同年6月，阎锡山强令撤销山西战动总会。

12月16日，时任第七集团军总司令兼山西第二行署主任的赵承绶，在兴县召开军事秘密会议，传达阎锡山的指令，阻止从晋西南突围出来的决死第2纵队和晋西北决死第4纵队的会合，企图消灭晋西北的八路军和山西新军。这就是历史上的"十二月事变"。续范亭在会上听到阎锡山的阴谋非常气愤，只好借口上厕所之机单人匹马连夜奔向岚县史家庄，向八路军第120师和第358旅通报情况，并主动请缨把他的暂第一师开到战略要地赤尖岭，阻止赵承绶军队的进攻。1940年1月山西新军总指挥部成立，续范亭任总指挥，罗贵波为政治委员，统辖晋西北地区的决死第2纵队、第4纵队和工卫旅、暂第一师等部。同年2月1日，兴县召开晋西北各县军、政、民代表大会，成立晋西北行政公署，大会公推续范亭为行署主任。其后晋绥军区成立，续范亭被任命为副司令员（兼职），贺龙为司令

续范亭纪念堂

员。自此以后，续范亭为建设晋西北抗日根据地、抗击日军频繁的扫荡、保卫边区人民的生产生活，率行署机关日夜转战，终致积劳成疾、旧病复发。在党中央力劝下，续范亭于1941年夏到延安休养。在延安期间，他一面养病，一面发表声讨反动势力的檄文。1944年，他发表了著名的《寄山西土皇帝阎锡山一封五千言书》，堪称绝作。毛泽东看了后，写信说这一檄文式的文章“廉顽立儒，振奋人心”，可立即发表并广播出去。

1947年9月，续范亭终因病情恶化、医治无效而去世。毛泽东得知后，派专人送来花圈和挽词，上写：“为民族解放，为阶级翻身，事业垂成，公胡遽死？有云水襟怀，有松柏气节，典型顿失，人尽含悲！”9月13日，续范亭被追认为中国共产党正式党员。

第四编　红色旧址

从1937年9月初八路军东渡黄河进入山西，直到1945年8月日本天皇宣布无条件投降，八路军总部及所属各机关转战山西，推动形成了敌后抗击日本侵略者的伟大洪流。八年全面抗战创造了中国全国抗战特别是敌后抗战以少胜多、以弱胜强的英雄壮举。追随八路军的斗争足迹和驻地，我们发现了许多可歌可泣的历史事件，感受了许多鲜为人知的动人故事。这些驻地原来都寂寂无闻，八路军的到来使这些地方成了中国抗战中许多重大事件的发生地。八路军将领在这些地方运筹帷幄，八路军战士在这些地方肩负着神圣使命。当地老百姓与八路军部队亲如一家。八路军总部及所属各级机关在山西的驻地是八路军英勇杀敌的历史见证，将永载于中国革命的光辉史册。

八路军驻晋办事处

1935年"华北事变"后，中共驻共产国际代表团发表"八一宣言"，号召停止内战，一致对外。同年12月，中共中央于陕西省安定县(今子长县)瓦窑堡举行政治局扩大会议，确定了建立最广泛"抗日民族统一战线"的政策方针。1936年5月，毛泽东致信阎锡山，提出抗日反蒋、建立共同战线的主张。10月，共产党人彭雪枫进入山西，开始在太原设立联络处，后来联络处变更为八路军驻晋办事处。

为了促进抗日民族统一战线的进一步形成，陕北红军主力迅速东渡黄河，在山西西部给阎锡山以沉重的打击，歼灭了大量阎锡山军队，用缴获的武器装备补充了红军，扩大了红军队伍，在这一地区广泛传播了中国共产党停止内战、抗日救国的十大纲领。此次东征作战的目的达到后，红军于1936年秋从山西返回陕北苏区。1936年10月，受到红军东征重创的阎锡山派人秘密同中共中央联系，要求派遣全权代表秘密来山西，并常驻太原。阎锡山对于此事格外重视，要求高度保密，仅限他本人和他的外甥梁化之两人知道。中共中央也同意了派代表秘密赴太原与阎锡山洽谈建立联络处事宜，红军将领彭雪枫化名彭雨峰作为全权代表来到太原，向阎锡山表达了联合抗日的真诚愿望。经阎锡山同意，彭雪枫与梁化之达成在太原建立红军秘密联络站作为与中共中央通讯、联络的渠道等原则协议。

到太原之初，彭雪枫先住在当地秘密联络站——山西旅馆，后根据梁化之的安排，住进了太原首义门内"基督教青年会"后院6号。1937年3月，为能更加方便地使用电台，彭雪枫用化名和假身份租下了太原新满城西街第30号院。为了便于隐蔽，他们购置了家具，按照达官显贵公馆的样子对这所四合院进行了布置，对外称为彭公馆。这是一座较为僻静的独门四合院。公馆内的一部5瓦特的电台将阎锡山方面的信息源源不断地提供给延安，中共中央对抗战形势及阎锡山的动向都有了更加准确的判断，为第二次国共合作后红军主力东渡黄河奔赴华北抗日前线打开了通道，准备了条件。

"七七事变"后，抗日战争全面爆发。平津的失陷深深触动了阎锡山，日渐被动的局面迫使他改变了对红军若即若离、犹疑不决的态度，允许彭雪枫用红军和八路军代表的身份在太原公开活动。此时，蒋介石和国民政府尚未公开承认中共和红军的合法性。随后，阎锡山加大了对联络站的支持力度。平津失陷以后，刘少奇等中共中央北方局人员先后转移到了太原，并把红军秘密联络站作为落脚点。

彭雪枫（中）与朱德（左二）、彭德怀（左一）、肖克（右二）、邓小平（右一）等在洪洞县马牧村

在彭雪枫同阎锡山的谈判顺利进行的同时，周恩

八路军驻太原办事处旧址

来、朱德同国民党南京政府的谈判亦获重大突破。1937年8月22日，国民政府军事委员会正式发布将中国工农红军改编为国民革命军第八路军的命令，建立抗日民族统一战线和国际反法西斯统一战线。红军太原秘密联络站改称八路军驻晋办事处也就水到渠成了。

1937年8月八路军驻晋办事处成立，彭雪枫被任命为八路军总部少将参谋处长兼办事处主任。八路军驻晋办事处既要负责对阎锡山等国民党军政高级官员的统一战线工作，又要参加和领导共产党、八路军的情报联络工作，还担任对延安总部及八路军三个师的后勤、补给工作，同时还承担着同北平、天津、济南等地的地下党组织和共产党地下山西省委的联络工作。

随着工作日益繁重，接待人员增多，“彭公馆”显得越来越局促。为解决这个问题，联络站于8月下旬迁入了坝陵南街8号的成成中学，同时还租用了其右边一处市民的院落。从此八路军驻晋办事处就成为驻第二战区的合法代表机构。八路军驻晋办事处接待了当时中共中央领导人和八路军高级将领周恩来、朱德、刘少奇、彭德怀等，他们先后在此办公，会见友军将领，接待抗日团体和群众，这使得办事处声名远播，成为山西抗日民族统一战线的桥梁与纽带。

1937 年 11 月太原失陷，八路军驻晋办事处迁往临汾西郊刘村镇。其后不到半年，因八路军总部在朱德、彭德怀率领下已由陕北转战晋东南，与阎锡山的第二司令长官部之间已可以进行直接联络，八路军驻晋办事处失去了继续存在的必要。1938 年 2 月下旬，八路军驻晋办事处圆满地完成了它的光荣使命，予以撤销。

岚县岚城镇

全面抗战爆发后，根据中央军委决定，中国工农红军第二方面军，陕北红第 27、28 军，独立第一、第二两师，改编为国民革命军第八路军第 120 师。9 月 19 日，第 120 师先头部队来到岚县，为第 120 师指挥机关进驻岚县做先遣工作。11 月中旬，第 120 师师部开始驻扎岚城镇。岚城镇第 120 师师部旧址现为吕梁市市级重点文物保护单位。

在吕梁山脉北麓、忻州以南，有一个鲜为人知的地方——岚县。它处于静乐、娄烦、方山、兴县、岢岚五县的环抱之中，虽然地域不大，但是历史悠久，岚县的名称自明朝开始沿用至今。

1937 年 10 月，第 120 师配合忻口战役，在日军侧后打击敌人，先后袭击了永兴村、雁门关等地，歼敌 400 余人，切断了日军的交通补给线。11 月上旬太原失守后，第 120 师根据中央的指示，在同蒲铁路以西的地区开展敌后游击战，并积极创建根据地。1937 年 11 月中旬，在师长贺龙、政委关向应的率领下，第 120 师师部由五寨县转移至岚县，师部就设在岚城古城内的福音堂，后来又移至岚城南街乡绅范树棠家的后院、城内的五龙庙等处，几经辗转终于安顿了下来，其他机关也设在了周边的村落。整个第 120 师机关前后呼应，便于联络和转移。

第 120 师驻扎岚城期间，组织成立群众抗日自卫队和农民抗日救国会，协助“牺盟会”建立抗日游击大队，开办军政训练班，广泛开展了敌后抗日民族统一战线工作。1937 年 11 月“第二战区民族革命战争战地总动员委员会”（简称“战动总会”）派人来到岚县。在第 120 师的帮助下，成立了“岚县民族革命战争战地总动员委员会”（简称“动委会”），随后建立了区、村动委会组织。“动委会”成立后组成了有 400 多人、200 多条枪的“动委会游击大队”，并在充分发动群众的基础上，在全县范围内推行合理负担摊派，原则上一半以粮钱分配，一半以富户等级分配。“动委会”召集村主任、公道团、富户共同开会，决定负担的等级和数目。“动委会”还广泛地宣传发动群众，组织自卫队，并为抗日部队招募新兵，仅 1937 年冬季就动员了 100 多名青年参加第 120 师和山西新军。县“动委会”编印的《岚动周刊》定期发行，宣传《抗日救国十大纲领》。县“动委会”组建的“岚县国民兵自卫队”后来发展壮大至 600 余人，成为敌后抗日的有生力量。“联盟分会”也在第 120 师的协助下成立

岚城第 120 师师部旧址

了“联盟会游击大队”，由第 120 师派人负责军事、政治训练和组织工作指导。此外，第 120 师还协助当地成立了 400 多人的游击大队。在第 120 师的有力支持下，县“动委会”“联盟分会”以及工、农、青、妇等各救国会团结协作，广泛开展抗日救亡运动，为根据地的发展起到了重要作用，成为敌后抗日的重要力量。

第 120 师的工作也得到了岚县“联盟分会”“动委会”的有力配合。在这两个组织的协助下，八路军第 120 师地方工作团开办了“抗日救亡工作训练班”，培养许多抗日救亡工作积极分子。参加训练班的大部分青年知识分子和农村进步青年经过培训，都充实到了县、区的“动委会”“联盟分会”中去，成为岚县抗日工作的骨干力量。第 120 师地方工作团还在这些进步的青年知识分子和贫苦农民中发展共产党员，党的基层组织也逐步建立。

第 120 师在岚县驻扎期间，得到了当地百姓的大力支持和拥戴。为了支援抗战，当地的“保信昌”票号及其家族不惜影响自己的生意，拿出大量的钱物支援八路军，3000 多名战士一年多的吃穿用度都由“保信昌”票号来负责，开销巨大。著名的国际共产主义战士白求恩大夫曾经在前河村的第 120 师卫生部工作过一段时间，他就在“保信昌”票号停留过。不仅是“保信昌”票号，岚县的其他商户和百姓也都积极支援八路军抗战救国，筹军粮、做军鞋等拥军事迹更是不胜枚举。

1938 年 12 月，根据八路军总部的命令，贺龙、关向应率第 120 师主力挺进冀中，新组建的第 358 旅留在岚县继续开展工作。这一时期第 358 旅在岚县境内发动了明家庄阻击战、普明阻击战等多次战斗，抵抗了日军向晋西的扩张。

五台南茹村

朱德总司令和彭德怀副总司令等八路军总部首长率部在五台县驻扎期间，亲自选定南茹村为八路军总部驻地。这是八路军总部入晋后的第一个驻地。南茹村八路军总部旧址现为山西省重点文物保护单位、山西省爱国主义教育基地。

南茹村位于佛教名山五台山南麓，西南距离五台县城 15 公里。这里四面高山环抱，中间地势平坦宽阔，人称“茹湖盆地”，有三个垭口作为出入盆地的通道，进可攻、退可守。1937 年 9 月 23 日下午，八路军总部进驻南茹村，入住金凤瑞家。

八路军总部所在的金凤瑞家位于南山脚下，地势较高，便于观察和转移，地理位置较为有利。金家是一个标准的北方四合院，分为上、下两个院子，总部办公室设在上院南房，南房右侧木结构二层小阁楼便是朱总司令住宿、办公、会客的地方。彭德怀副总司令住南房西侧，其余人员住东房。总部政治部、民运部驻东茹村，其余部门驻附近的其他村庄。

总部驻扎南茹村期间发出的一份又一份作战命令指挥着广大八路军指战员的浴血奋战，结下了一个又一个胜利果实。1937 年 9 月

23日，阎锡山致电朱德，告知22日夜日军袭击了平型关阵地，要求八路军出兵配合作战。朱德、彭德怀电令已率领第115师主力到达平型关东南上寨村的林彪、聂荣臻部署平型关战役，沉重打击逼近平型关之敌。经过周密部署和广大指战员的英勇作战，平型关战役毙敌千余人，缴获大批军用物资和日军秘密文件，打破了日军不可战胜的神话。夜袭阳明堡机场和切断雁门关交通线的战斗也是在南茹村指挥的，这两场战斗有力地支援了忻口作战。三次战斗胜利的消息传出，举国欢腾，极大地鼓舞了全国人民抗日的信心。

作为八路军总部出征抗日后的第一个驻地、八路军在抗日前线的第一个军事指挥中心所在地，南茹村见证了多项具有重大战略意义的决策和部署。总部在这里颁布了共产党第一个发动群众开展游击战的指示，帮助五台县人民创建了地方党组织、抗日民主政权和游击队。八路军各部队根据指示，在相关地区实行减租减息，地方工作开展得红红火火，取得了战略主动权。这一指示精神贯穿八年全面抗战，在敌后广泛发动和组织群众、开展游击战争等做法，基本是在这一精神指导下进行的。总部在这里不仅领导全军实现了抗日战争重大战略部署的变更，制订了创建敌后抗日根据地的区域规划，确立了游击战争的战略思想，还恢复了红军时期的政委和政治机关制度。政治委员和政治机关的恢复对于军队建设是一件具有战略意义的大事，其

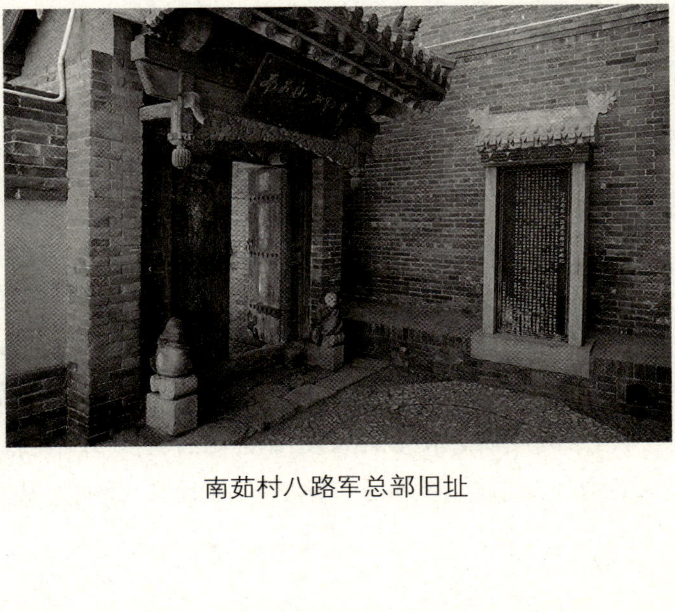

南茹村八路军总部旧址

南茹村八路军纪念碑

制度一直沿袭至今。总部在这里发布了《对日军俘虏的政策》，为八路军开展敌军工作奠定了基础，此后日军俘虏人数逐年上升，打破了日军“宁死不降”的传闻。

在南茹村期间，朱德总司令与房东金凤瑞一家相处甚为融洽。金凤瑞为人和气、心地善良。每逢晚饭后，朱总司令总要在院子里放个凳子，与金凤瑞拉拉家常。金凤瑞看到朱总司令衣被单薄，还要经常熬夜工作，于是执意要让朱总司令从阴暗潮湿的东房换到自己暖和的正房住，朱总司令却乐哈哈地婉言谢绝了。还有一次金凤瑞下地干活儿赶上了秋雨，等到家的时候衣服已经湿透了。进家后他顺手把湿衣服挂在了房檐底下，躺在炕上就睡着了。醒来后金凤瑞发觉晾在檐底下的衣服不见了！晚饭后，朱总司令像往常一样拿个凳子坐在院里和同志们说笑，闷了半天的金凤瑞也搬了个凳子坐过去。不一会儿康克清大姐手里托着件什么东西也走过来了。朱总司令问：“洗好了吗？”“好了，好了。”康大姐边回答边走到金凤瑞的面前。望着康大姐手中洗得干干净净、叠得方方正正的衣服，金凤瑞感动得说不出话来。

八路军总部 1937 年 9 月 23 日进驻五台县南茹村，到 10 月 28 日因战事变化南移至太行山区，在南茹村共驻扎了 36 天。

兴县蔡家崖村

根据洛川会议的决定，贺龙与关向应等于1937年9月率领第120师大部8000余人，从陕北出发东渡黄河，挺进晋西北抗日前线。1939年“晋西事变”后，贺龙率领第120师英勇奋战，把阎锡山的军队赶出了晋西北地区。兴县蔡家崖至此成为中共中央晋绥分局和晋绥军区司令部所在地，成为晋绥解放区的首府。蔡家崖晋绥边区革命纪念馆现为国家级文物保护单位和山西省爱国主义教育基地。

蔡家崖地处黄土高原、西临黄河，是华北、华中、华南各根据地与陕甘宁边区联系的枢纽和唯一通道，战略地位极其重要。这里可以阻敌西进、屏障陕甘、拱卫延安，是保卫党中央的前卫阵地，而且还是延安党中央与敌后各抗日根据地以及北平、天津联系的交通枢纽和重要通道。第120师的到来，大大振奋了人心。军民在衣食不得温饱的艰苦条件下，与侵略者展开了殊死的斗争。晋西北的抗日烽火熊熊燃烧起来了。1940年2月，晋西北行政公署（后改名晋绥边区行政公署）在开明绅士牛友兰的一处宅院“花园院”成立，续范亭任行署主任。1940年11月又成立了晋西北军区，贺龙任司令员，军区下设4个军分区。1942年6月改称晋绥军区。晋绥抗日

蔡家崖晋绥边区革命纪念馆

民主政权和军区的建立，表明晋绥抗日根据地已成为陕甘宁边区的前卫阵地。

八路军的到来，给这个原本封闭的古村落带来了新气息。贺龙在指挥对敌斗争的同时，还大搞生产建设，带领广大干部战士与群众一道开垦荒地、打井修堤，把村南的盐碱地种上了成片的柳树。八路军到来后，为了满足团体活动的需要，村子里还盖起了不少新房、新窑，出现了大窑洞和一排12孔窑洞的大院，村容村貌焕然一新。

在贺龙等领导下，第120师派宋时轮率部挺进雁北地区开展雁北敌后抗战。根据毛主席“在平绥路以北沿大青山脉建立游击根据地”的指示，贺龙亲自部署，选派部队与活跃在这一带的蒙汉抗日游击队会师，建立了大青山地区抗日游击根据地，使内蒙古与晋西北根据地联结为辽阔的晋绥抗日根据地。1938年8月，贺龙、关向应又派部队建立了大青山革命根据地，与晋西北根据地连成一片，成立晋绥抗日边区。晋绥抗日边区是各根据地通向陕甘宁边区的交通要道，也是党中央的一道坚固的屏障，在整个抗日战争中发挥了巨大作用。

在贺龙的指挥下，第120师打出了士气、打出了军威，有力地挫败了日军的狂妄计划。1937年,在雁门关伏击敌寇汽车100余辆、歼敌500余人，在阳明堡附近伏击敌寇运输车25辆，在忻口以西歼灭敌寇骑兵一个中队。1938年,第120师在太原以北展开了游击战，切断同蒲交通线，袭击太原飞机场，并成功地阻击了驻大同日军第26师团的进犯，从而奠定了晋西北抗日根据地的基础。在给敌人沉重打击的同时，第120师还广泛发动武装群众，开展兵民结合的武装斗争。贺龙从部队抽调了一批又一批的干部从事发动群众、组织群众和武装群众的工作，民众抗日救国的意识进一步觉醒，纷纷以各种形式参加抗日活动。

1941年至1942年，日军对边区“封锁”“扫荡”达30多次，累计400余天。1942年是晋绥边区抗战最艰苦的年头。为了保卫边区，夺取抗战的最后胜利，全边区军民展开了轰轰烈烈的大生产运动和军火自给热潮，有力地对敌人进行了回击。1942年，晋绥军区司令部暨第120师师部成立了中共中央晋绥分局，从此蔡家崖成了当时晋绥边区的政治、军事、文化中心。此后，晋绥边区军民英勇奋战,使晋绥边区和晋察冀根据地连成了一片。按照毛泽东同志“发动群众，搞民兵，搞武装工作队，把敌人挤出去”的指示精神，经过两年的努力，晋绥边区主力部队发展到12万人，脱产的武装民兵发展到6万人，自卫队发展到60万人。

在蔡家崖驻扎期间，抗日军民通过减租减息和土地改革，在当地实现了“耕者有其田”，大大解放了生产力，调动了老百姓参加抗战的积极性。有的群众参加了民兵，配合正规军外出扰乱敌人据点；有的运公粮、抬担架、做布鞋、站岗放哨，都尽了自己的绵薄之力。而第120师的首长和战士们也非常热爱晋绥热土，他们在晋绥根据地期间为当地老百姓做了许多实事。贺龙师长给人的感觉非常朴实、和蔼，他一有空就帮助村民做一些挑水、劈柴、背炭的零碎活儿。贺龙还特别喜欢孩子，经常是抱一个、带一群，部队组织演出的时候戏台前总是挤满活蹦乱跳、嘻嘻哈哈的小孩子。在田间、地头，在空地、墙根，总能看到贺龙一边和村里的老大爷谈心，一边一起抽旱烟。就连1948年召开晋绥干部工作会议的礼堂，也是贺龙自己打石料、自己指挥，在不惊扰群众、不向政府伸手要钱的情况下带领战士们自力更生盖起来的。贺龙还组织群众挖了“爱民井”，筑起了“护村坝”，这些设施现在都还在使用着。

贺龙等人领导的晋绥根据地坚持斗争了12年。12年间晋绥军民经历了大小战斗10997次，歼灭敌人10万余人，俘虏敌人2.4万余人，开创了纵1000公里、横250余公里的晋绥边区，为抗日战争和解放战争的胜利做出了卓越的贡献和牺牲。1949年2月，根据新的革命形势的需要，晋绥边区光荣完成了历史使命，正式撤销。

灵丘冉庄村

1937年8月下旬，根据党中央的战略部署，八路军第115师作为先遣部队率先从陕西三原出发挺进山西，开启了八路军在华北敌后进行抗日战争的序幕。9月，第115师抵达晋东北地区之后，师部驻扎在灵丘县冉庄村。冉庄村第115师师部所在院落已被改造，2008年在此立碑纪念。

灵丘地处晋、冀两省交界处，因赵武灵王的陵墓而得名，素有“燕云扼要”之称。冉庄村是灵丘县一个非常普通的小山村。1937年9月，八路军第115师的师部在这里驻扎。

1937年8月底，根据中共中央军委和八路军总部部署，先期东渡黄河的第115师由师长林彪、副师长聂荣臻率领，开赴晋东北内长城一线，并在冉庄村暂住，次日向南进发，到达灵丘县上寨村附近隐蔽待命。在上寨召开了作战动员会议之后，林彪、聂荣臻当晚便率第115师主力进驻冉庄地区，师部及第686团、卫生队驻扎在冉庄村。村民杜振威家小院内的西房就是当时林彪、聂荣臻的住处。第115师师部的到来，把全村人都动员起来了，他们为八路军腾房子、拆门板、筹军粮、做军鞋、当向导、绑担架，僻静的小山村俨然成为一个沸腾的军营。

在冉庄，第 115 师师部为了配合国民革命军第二战区部队组织的平型关战役，对相关事宜进行了研究和部署，并指挥取得了震惊中外的平型关大捷。平型关伏击战结束后，林彪、聂荣臻又率部队回到驻地冉庄村作短暂休整。9 月 26 日，八路军总指挥朱德、副总指挥彭德怀从五台总部专程来到第 115 师师部传达中央军委的战略部署，提出八路军在与日军作战中战略上要打持久战，战术要打速决战，并且要混合使用运动战和游击战。随后朱德根据中央军委的部署，要求八路军各部迅速由集中配置改变为分散配置，实行大规模战略展开，各部要充分发动和组织群众，建立抗日根据地，开展游击战争，机动灵活地袭击日军，不断消灭敌人。

原广州军区后勤部副部长欧阳奕曾在第 115 师卫生部工作。据他回忆，平型关战役前林彪指示他们要做好救护工作，在指定地点冉庄开设了师救护所。由于林彪高估了部队的战斗经验和作战环

冉庄村第 115 师师部驻地旧址

境，因此最终被安排参加救护伤员的加上炊事员也仅仅有十八九个人（《党史通讯》1984 年第 8 期）。平型关战役之后，原来在冉庄村布置建立的战地医院马上忙碌了起来。医院接收了很多在战场上受伤的将士，冉庄村又变成了一个救死扶伤的医院。他们按林彪的布置为伤员准备好了房子，打好了地铺，还动员了一些群众帮助看护。虽然最后战斗之激烈和残酷超出了预估，但是冉庄的村民还是尽自己最大的能力来帮助和救护自己的子弟兵，为抗日救国做出了自己的贡献。

现在很多老人对当年抗战中冉庄的许多往事记忆犹新，他们为后辈们讲起这些事都如数家珍。淳朴的冉庄人不仅为八路军交公粮、纳军鞋、抬担架，还有一些年轻人跟着部队奔赴到抗日的前线。作为一个有着辉煌历史的抗日根据地，冉庄以老革命多、老党员多、离家参加革命工作的人多而著称。灵丘冉庄不仅是雁北抗日根据地的一部分，而且为屏卫晋察冀根据地做出了自己的

冉庄村第 115 师师部驻地旧址纪念碑

贡献。

1937 年 10 月 2 日，根据战争形势发展的需要，林彪、聂荣臻奉上级的指示率第 115 师主力部队离开冉庄，经下关向阜平、五台转移。

辽县（左权）西河头村

1937年11月，第129师召开了全师干部会议，刘伯承传达了毛泽东主席关于创建太行根据地和进行战略转折、坚持华北抗战的指示，并决定建立晋冀豫抗日根据地。第129师从和顺到达辽县，最终落脚于辽阳镇西河头村。西河头村是太行革命根据地初创阶段八路军进驻最早、时间最长的地方，是八路军进驻辽县第一村，被誉为“太行革命根据地策源地”“游击战争发祥地”“太行革命根据地第一村”。第129师师部旧址现为国家级文物保护单位，建有第129师纪念馆。

左权县辽阳镇西河头村距离左权县城仅3公里，是一个依山傍水的小山村。这里曾经是八路军第129师司令部所在地，同时也是中共晋冀豫省委所在地。八路军第129师于1937年11月至1939年7月近两年的时间在此驻扎，后转入桐峪镇，直到1945年9月刘邓大军南下。朱德、彭德怀、刘伯承、邓小平、徐向前、张浩、陈锡联、陈赓、李达、秦基伟、李雪峰、彭真、宋任穷等首长以及八路军第129师营以上干部都曾经在西河头村战斗、生活过。西河头村的地主常立岗是一位具有民族气节的开明士绅，痛恨日本侵略者。经过商议，第129师司令部入住常家的三进院落。这个院子背靠大山，旁边还有一条小路直通后山，是较为理想的办公地点，司令部在此一住就是近两年的时间。

举世闻名的抗日劲旅——“刘邓大军”就是从西河头村走向全国的。1938年1月18日，时任野战军政治部副主任邓小平到达西河头村，接替生病的张浩担任第129师政委。村民常三春还记得在农历的腊月，师部门口贴出了公告：“邓小平被任命为第129师政治委员。”邓小平接任政委后，军民对他印象很深。他带着浓重的四川口音，说话口齿清楚，面部表情十分严肃。他到任后很快就组织召开会议，从正月初三一直开到初六。后来他经常给部队开会，当地百姓还留下一句顺口溜：“不怕枪，不怕炮，就怕邓小平做报告。”就是在刚过了春节的这次会议上，邓小平提出独立自主地创建抗日根据地，发展群众性游击战，还首次提出了根据地创立的三个必备条件——武装、政权、群众。从此后，刘伯承、邓小平开始了长达十多年的合作，他们带领部队转战太行、挺进中原，为民族解放和全国解放做出了巨大贡献，带出了太行老区人民深深爱戴的刘邓大军。

为了使全师的将士们更快地适应敌后游击战争，刘伯承和张浩决定在西河头村开办游击训练班，轮训部队排以上的干部和地方区的其他干部。开班后，刘伯承、张浩、邓小平、徐向前、倪志亮等师领导经常到训练班授课。训练班每期时间不定，一般在半个月到一个月之间。虽然学习时间不长，但是学员们在训练班提高很快。结业后，学员们迅速被分配到各地开展游击战争，一个人带一个班或者一个排、一个连。经过一批又一批的轮训、派遣，游击战的种子不断生根发芽，最终发展为一支支强大的抗日游击队伍。“辽县这个不为人注意的偏僻小山城，就这样成了晋冀鲁豫抗日游击战争的发祥地。”（李达《抗战中的八路军一二九师》，人民出版社1985年版）

正面战场节节失利之后，敌后战场的地位显得更加重要。毛泽东主席及时地正确部署了华北抗战，指出要“以控制一部为袭击队，大部尽量分散于各要地，组织武装为第一义”，第 129 师在西河头村部署迅速实施开辟华北敌后战场的“围棋战略”，即以华北为战略基地“做眼”，向冀鲁平原、向中原大地实行战略展开。“扼太行者行天下”，这一战略得到了朱德的高度赞赏。在战略部署期间，八路军第 129 师天天开会，人员换了一茬又一茬，非常忙碌。通过周密的部署，第 129 师有步骤、有计划地把 41 个连队分散到了多个战略要地，晋东南、冀西、冀南、豫北等地的抗日根据地有了很大的发展，“围棋战略”在师部的部署下变得具体化、现实化。

刘伯承、邓小平部署的“围棋战略”也经受住了实际战争的考验。1937 年的 12 月上旬，日军看到第 129 师不断发展壮大，发动了“六路围攻”，妄图消灭第 129 师的主力部队。刘伯承沉着迎战，指挥主力部队和刚刚成立的游击队在五天内就击毙了 700 多名敌人，第一次在太行山区取得了粉碎敌人围攻的胜利。1938 年 4 月上旬，敌军疯狂反扑，又以 3 万余兵力组织“九路围攻”来进攻初创的太行

西河头第 129 师司令部纪念馆

抗日根据地。朱德、彭德怀发布了紧急训令。刘伯承、邓小平、徐向前指挥第 129 师及第 115 师 689 团等 4 个主力团发动长乐战斗，取得击毙敌人 2200 余人的胜利，第 129 师牺牲 800 余人。在 23 天的战斗中,游击队和主力部队又一起彻底粉碎了敌人气势汹汹的“九路围攻”，在战斗中也锻炼了新组建的游击队。

1938 年 3 月下旬，八路军总部将第 115 师的第 344 旅和第五支队划归第 129 师指挥，参加创建晋冀豫根据地，第 129 师的力量进一步壮大。1938 年春，根据邓小平创立根据地的思想，许多工作队从西河头村陆续走出，在各地建立了党组织和抗日政权。第 129 师也在战斗中不断发展。出师时他们仅仅有 4 个团 9160 人，1938 年已发展到了 13 个团数万人。后来第 129 师又在 1939 年的整军中进一步发展壮大，达到了 11 万多人。抗战胜利时，第 129 师已经是一支 30 万人的部队了！同时第 129 师还走出了众多的共产党和八路军高级领导干部,他们成为后来解放战争和社会主义建设的中流砥柱。第 129 师创建的晋冀豫抗日根据地最终扩展到了 300 万人口的广大地域，有力地支援了全民族抗战，成为坚持华北敌后抗战的中心和重要战略支点。

第 129 师师部在西河头村驻扎期间，与当地老百姓结下了深厚的友谊。刘伯承师长非常喜欢和乡亲们聊家常，而且经常把身边的警卫员撵回去，与老百姓打成一片。八路军严守组织纪律，尽量不麻烦当地的群众。刚刚到村里时，八路军人数不多，生活条件也非常艰苦。为了能够吃饱,他们常常把黑豆埋到土里浇上水,发豆芽吃。尽管生活如此艰苦，他们仍然严守纪律，赢得了老百姓的交口称赞。

1939 年 7 月，第 129 师师部转移到辽县（今左权县）桐峪镇。

五台金岗库村

1937年，第115师副师长聂荣臻根据中共中央的指示，分兵3000人，以五台山为中心创建晋察冀抗日根据地。11月晋察冀军区在五台山成立，聂荣臻任司令员兼政委，晋察冀抗日根据地初步形成。这是八路军在抗战初期深入敌后创建的第一个前线军事指挥机关，军区司令部驻金岗库村。晋察冀军区司令部旧址现为省重点文物保护单位、山西省爱国主义教育基地。

从五台山景区的南大门进山途中，有一个不为大多数人注意的小小村落。这个静谧安详的小村庄，就是抗战前期晋察冀军区司令部所在地金岗库村。全国第一个抗日根据地——晋察冀抗日根据地就是从这里发端的。1937年11月7日，晋察冀军区成立，聂荣臻任司令员兼政委。新成立的晋察冀军区司令部就设在金岗库村，晋察冀抗日根据地也由此而奠基。11天后，司令部及其他军区领导机关迁往河北阜平，1938年3月又重新回到金岗库村。从晋察冀军区进入金岗库村开始，村民们就经常见到一个高高瘦瘦、一股英气的中年人在村中的巷子里散步，他身穿粗布制服，脚穿草鞋，与普通士兵没有任何区别。抗战胜利后，老百姓才知道他就是大名鼎鼎的晋察冀军区司令员兼政委聂荣臻。

在这里，晋察冀边区临时行政委员会成立，这标志着全国第一个敌后抗日根据地——晋察冀抗日根据地正式形成。根据地成立之后就非常重视坚持武装斗争和壮大部队力量。为此，军区专门在金岗库村附近的石佛寺成立了学兵营，由军区首长直接管理。学兵营的学员有的是具有一定文化水平的学生，有的是来自地方党组织的干部。聂荣臻、唐延杰、郭天民、舒同等军区领导经常到学兵营视察，关心学员的生活和训练情况。学兵营既有紧张严格的军事训练，也有欢乐活泼的业余生活。在平时的队列训练、课堂集会中都能听

晋察冀军区司令部旧址

到学员们雄壮嘹亮的歌声。连里还经常组织全副武装跑步、爬山等体育活动。当时学兵营的党组织还未公开活动，但党的生活严格而紧张：一周一次党的小组会，两周一次党课。党员主动向党组织汇报自己的思想工作情况，以及非党群众的思想状况和反映、要求。党员的模范作用在一切行动中都能自觉地表现出来。在军区首长的直接关怀和亲自指导下，学员们进步很快，各项工作有声有色，经常受到军区首长的表扬。

在狠抓武装斗争的同时，根据地还开展了民主政治的建设、政权机构的改革、经济政策的规划。1938 年 1 月，在共产党领导下，晋察冀边区临时行政委员会建立了“三三制”的抗日民主政权，受到各界人士的热烈拥护。政权人员的分配是：共产党员、“左派”进步分子、中间阶级大体各占三分之一。1938 年 4 月，中共晋察冀边区第一次代表大会在金岗库村举行。这种政权形式保障人民群众享有各种民主权利，已经具备了人民代表大会的某些基本特征。

聂荣臻（左）与美国记者郝乔治（右）在晋察冀边区

为团结群众一致抗日，聂荣臻特别注重根据当地僧侣云集、善男信女众多的实际情况，发动群众，结成最广泛的抗日民族统一战线。他多次召集僧俗民众讲解党的《抗日救国十大纲领》等，号召大家团结抗日。在八路军抗日激情的感召下，五台山成立了佛教救国同盟会，吸引了1200余人加入，这一抗日爱国组织为抗日救亡贡献了自己的力量。

为了克服日本侵略者“三光”政策给边区经济造成的严重困难，晋察冀边区政府根据中央指示，紧密团结和依靠根据地人民，制定和实行了一系列有效政策。1938年2月晋察冀边区政府专门制定和颁布了《晋察冀边区减租减息单行条例》，受到了边区人民群众的热烈欢迎和拥护，为边区抗日根据地和敌后游击战争的坚持和发展，提供了物质保障。

在金岗库村驻扎期间，军区首长和战士们与当地老百姓关系非常融洽，也为老百姓办了不少好事、实事。“爱民桥”就是一个突出的例证。金岗库村前有一条清水河，一到夏天水涨、冬天结冰，人畜过河就非常困难。之前地方官吏借口修桥，曾多次向村民勒索钱财，却只见要钱不见修桥。当地老百姓气愤地把这条清水河称为“害民河”。聂荣臻了解这些情况后，亲自察看地形、征求意见，大力动员军区干部战士为村民义务修桥。初春的河水透心彻骨的凉，可战士们站在里面打桩，腿都冻得红肿了还坚持干活。村里群众看了非常感动，主动给战士们送水、送饭、送棉衣……经过十几天的艰苦奋战，一座宽4米、长30余米的五孔木石结构大桥建成竣工，多少年的“害民河”从此变成了“便民河”。尽管这座桥后来被日军烧成了灰烬，但聂司令员率领指战员们架起的这座“爱民桥”却永远地留在了金岗库村群众的心中。

晋察冀边区政府取得的成就引起了社会各界的强烈关注。从1938年开始，一些国际友人从延安、八路军总部或北平、天津等地陆续来到晋察冀军区司令部参观、访问。外国朋友中，有白求恩、柯棣华大夫，有美国驻华大使馆军事参赞卡尔逊、英国驻华武官司品烈、美国军事观察组等。1938年春季的一天，美国驻华大使馆军事参赞卡尔逊来到军区，他发表演讲时说：“中国的抗日战争已经全面发动起来了。八路军在敌后建立抗日根据地是一个创举。中国的抗日战争一定会胜利！”卡尔逊先生友好而实事求是的讲话受到军区同志们的热烈欢迎。

晋察冀敌后抗日根据地的发展，被日本侵略者视为眼中钉。1938 年 9 月，日本华北方面军调集五万重兵向五台山地区抗日根据地发动“扫荡”，边区人民奋力保卫家园。由于寡不敌众，晋察冀军区司令部被迫撤离五台县，转移到河北省平山县。

武乡砖壁村

1939年，抗日战争进入相持阶段。1939年7月初，日军开始对晋东南地区发动第二次“九路围攻”，直逼八路军总部所在地潞城北村，妄图消灭八路军、摧毁根据地。为避开敌人，消除对总部的威胁，八路军总部从北村撤离后，沿浊漳河流域向西北方转移，最后在沟壑纵横的武乡县砖壁村落脚。八路军总部砖壁旧址是第一批全国重点文物保护单位、山西省爱国主义教育基地。

砖壁村在武乡县城东约45公里，有500多口人。村子呈月牙形状，东面依山，其他三面都是几百米的深沟悬崖，地势非常险要，而且很隐蔽。熟悉军事的人一眼就能看出这个不起眼的小村庄居高临下、易守难攻，是个难得的军事要地。1939年7月15日，八路军总部进驻砖壁村。到达时已是深夜，为了不惊扰百姓，总部全体人员就在村北的玉皇庙露营。第二天经过简单的休整，就开始在这里办公。

八路军总部先后四进砖壁。1939年7月15日第一次进驻砖壁村，是为了消除敌人发起的九路围攻对八路军总部的威胁，同年10月11日转移到了村西南10公里的王家峪村，但在砖壁设有留守处，

砖壁八路军总部旧址

保护着许多重要的文件和物资；1940 年 6 月 27 日第二次进驻砖壁，是因为日军突然包围了八路军总部所在的王家峪，在紧急关头转移至砖壁。10 月 14 日，日军分兵进袭砖壁，总部被迫撤至黎城县的西井镇。10 月 24 日，危险解除，总部第三次进驻砖壁。1940 年 11 月 1 日，日军集结两万余人向砖壁村进攻，当时总部只有两千多名战士，虽然进行了艰苦的砖壁保卫战，但寡不敌众，总部于 4 日被迫转移到辽县武军寺。1942 年 5 月 27 日，八路军前方总部在十字岭突围之后，第四次进驻砖壁，驻扎了 20 多天。1942 年 6 月 17 日八路军总部最后一次撤离砖壁。在近两年的时间里，八路军总部先后在这里驻扎了 229 天。

在砖壁期间，八路军总部指挥了第二次“反九路围攻”的战斗。在这次反扫荡战斗中，八路军战士与敌人战斗 70 余次，歼灭日伪军 2000 余人，收复了榆社、武乡、沁源、高平等县城，粉碎了敌人企图一举歼灭八路军主力和总部的阴谋。反“九路围攻”战斗的胜利，极大的鼓舞了抗日军民。

举世闻名的百团大战也是由朱德、彭德怀、左权等将领在这里运筹帷幄的。1940年6月，在砖壁村八路军指挥部中，副总司令彭德怀和副参谋长左权为了打破日军推行“强化治安”运动和“囚笼政策”横贯太行的封锁线，反复研究如何摧毁这条战略运输线中的交通线。经过两个月的酝酿和部署，在朱德、彭德怀指挥下，八路军先后投入105个团近20万人，在晋冀鲁豫总计长达5600余里的华北主要交通干线上，割电线、炸桥梁、掀铁路，向日军发起破袭战，这就是著名的“百团大战”。据八路军总司令部、野战政治部联合公布的《百团大战总结战绩》记载，此次战役前三个半月共发动大小战斗1824次，毙伤日军20645人、伪军5155人，俘虏日军281人、伪军18407人，破坏公路1502公里，收复县城11座。发动此次伟大战役的指挥部所在地砖壁村，也因此名垂青史。

八路军在砖壁村驻扎期间，与当地老百姓相处得亲如一家，至今当地百姓仍对八路军念念不忘。砖壁村原本干旱少水，八路军总部进驻后吃水更加困难。为了解决吃水问题，八路军战士陆续为村民挖了两眼水井、七眼旱井，还完成了掘池筑坝的工程。不仅如此，八路军战士还热情地帮助老百姓植树造林，彭德怀在庙中亲手种下了一颗榆树，如今这颗参天的“将军榆”依然枝繁叶茂。朱德总司令住在离司令部很近的新楼院，院门口有一盘大石碾，当地村民经常在这里碾米、碾面，朱老总也经常上前去帮忙。有一天，朱老总看到村里的杨老汉吃力地碾着谷子，便帮着推起碾子来，老人见是总司令，连忙说：“你歇歇，歇歇吧，俺自己碾。”朱老总笑笑，还是继续帮着推碾子，并询问老人家里的情况。碾完谷子，朱老总还派人帮他送回去，这让杨老汉很感动，逢人便说：“朱总司令真好！”这样的事情在当时数不胜数。

砖壁村的老百姓也用实际行动积极支援抗战。村里有做军鞋的任务，每次任务下来老百姓都是家家做鞋，而且一周时间就能做完。每次军鞋做完后，许多妇女手上都勒出了深深的血印，有的还会破

朱德总司令砖壁旧居

皮流血。砖壁村当年有120余户居民，上交的军鞋累计达360余双。战士们穿上厚厚的“千层底”，从内心感谢这些善良的农村妇女。八路军总部后勤部部长杨立三曾多次夸奖砖壁军鞋做得好。

党中央始终没有忘记老区人民对八路军的深情厚爱和大力支持。1951年8月26日，以杨秀峰为团长的中央老区慰问团来砖壁慰问，并送来毛泽东主席的亲笔题词：“发扬革命传统，争取更大光荣。”八路军总部虽然早已撤离，但是留下的印记已深深地融入到村子的每一个角落。八路军标语随处可见，八路军将领住过的房屋保存完好，朱老总旧居旁的碾子似乎在无声地诉说着思念之情，彭老总亲植“将军榆”长得更粗更高了。作为百团大战的发起地和指挥所，大山深处的小小砖壁村是了解八路军历史的一个重要窗口，被誉为“抗战圣地，八路之都”。

武乡王家峪村

1939年七八月间，八路军总部刚刚从潞城北村转移到武乡的砖壁村，便遭到了日军的第二次“九路围攻”。虽然取得了第二次“反九路围攻”的胜利，但是由于砖壁村夏季干旱缺雨，进入秋季之后旱情越发严重，人畜饮水出现了困难。为此八路军总部又于10月11日迁至砖壁村西南约10公里处的王家峪村。八路军总部王家峪旧址是第一批全国重点文物保护单位、山西省爱国主义教育基地。

王家峪村位于山西省武乡县城东三四十公里处的蟠龙镇的丘陵山区，是个只有百余户人家的小村庄。这个小村庄因抗日战争时期曾是八路军总司令部和中共中央北方局所在地而闻名于世。昔日的王家峪村贫穷落后，老百姓祖祖辈辈过着靠山吃山的日子。人们依山而居，在山的东西两侧开凿窑洞，而王家峪村也就自然地被分为了前庄和后庄，山的西侧叫前庄，也就是王家峪八路军总部旧址所在地；山的东面叫后庄，是中共中央北方局旧址所在地。

这样一个闭塞而落后的小山村是如何成为八路军总部所在地的呢？这主要与王家峪独特的地理环境有关。它坐落在浊漳河岸边一

王家峪八路军总司令部旧址

条狭长的山沟里，地形隐蔽、沟壑纵横，便于运动和转移，村前面有一条小河与村后的小山相伴，远远望去以为是河堤，很难发现还有村落在内。

八路军总部到了王家峪后，在极其艰苦的环境下一面同国民党顽固派进行坚决的反摩擦斗争，一面英勇顽强地抗击日本侵略者。有人将这种局面形象地比喻为“前门打虎，后门打狼”。

当时，国民党顽固派发起了第一次反共高潮，不断制造摩擦。在太行地区，就有在冀南、豫北一带的国民党第 97 军军长朱怀冰直接进犯根据地，妄图破坏八路军总部机关。1940 年 2 月，蒋介石密令朱怀冰攻打八路军总部。朱怀冰指挥部下兵分三路围攻八路军。攻打前朱怀冰本人还亲自到王家峪八路军总部，向朱德总司令提出要地盘等无理要求。朱总司令以抗日民族大义为重，力劝他“坚持抗战、坚持团结、坚持进步”，以抗击日本侵略者为共同的目标。朱怀冰却不为所动，坚持要抢地盘。朱总司令强压怒火，正告朱怀冰：

“现在日军还占着许多地方，有本事自己到日本人手中去夺。八路军的根据地是从日军手中夺回来的，这是我们抗日的必要条件，为什么要来找八路军要地盘呢？”副参谋长左权更是火冒三丈，他直接把手枪拍在桌子上说：“你们坚持反共，一意孤行，制造摩擦，绝没有好下场的！想从我们手里抢土地，先看人民群众答应不答应！”心怀鬼胎的朱怀冰面对朱老总和左权副参谋长的凛然正气，无言以对，只好灰溜溜地离开了王家峪。但是事情并未结束。怀恨在心的朱怀冰见朱德、左权等八路军领导人态度坚决，于是在 3 月初向八路军太行根据地发动进攻，妄图攻破总部，歼灭八路军。八路军总部马上调兵遣将、沉着迎战。朱德、左权等指示第 115 师 44 旅与其他部队合编为八路军第 2 纵队，保卫太南抗日根据地；第 129 师集中 13 个团的兵力进行了反顽战役。在 4 天的战斗中朱怀冰的 3 个师一举被歼，朱怀冰单人独马落荒而逃，部下 150 余人被俘，朱怀冰“偷鸡不成反蚀把米”。八路军彻底粉碎顽固派的猖狂进攻，用实力保卫了太行根据地。

就在国民党顽固派疯狂地制造摩擦的同时，日军也开始对敌后根据地实行“囚笼政策”。他们以“铁路为柱、公路为链、碉堡为锁”，妄图在短时期之内消灭八路军部队。朱德、彭德怀、左权等八路军领导人认真分析当时的对敌斗争形势，制定出了详细的“反囚笼政策”的作战计划。经过紧张的策划，“反囚笼”的战斗于 1940 年春正式打响了！第 129 师先是对日军修筑的祁县白圭至晋城的白晋铁路发起大规模破袭战，后又在两万多名群众的帮助下袭击了白晋铁路沿线的沁县、固驿、漳源、权店、来远等日军据点。在南北 100 多公里的铁路线上，八路军战士个个生龙活虎、英勇顽强，取得了骄人的胜利。仅第 385 旅 769 团在攻占南关镇的战斗中就歼灭两百余敌人，解救了一千多被强抓的劳工，还缴获了日军的弹药千余箱。这次战斗总共有 350 多个日伪军伤亡，50 多公里的铁路被破坏，50 多座桥梁被拆毁，白晋线破袭战取得了全面的胜利。在八路

朱德总司令手植红星杨

军总部首长的周密部署和指挥下，敌人的“囚笼政策”流产了。白晋线破袭战也为后来八路军的“百团大战”积累了对敌战斗的经验，被人们形容为百团大战的“预演”。

八路军总部驻扎王家峪期间，太行根据地百年不遇的旱灾、蝗灾接踵而至。干旱的天气使得粮食本来就长势不旺，成群的蝗虫过后更是颗粒无收。此时日军也加紧了封锁，军民的生活遇到了前所未有的困难。为了打破这种困顿局面，八路军总部机关领导抗日军民在王家峪村开展了生产自救。作战之余，战士们还要跟乡亲们一起开荒种地。漫山遍野生长的各种野菜，也成了度过灾荒之年的首选，为此总部开展了“野菜展览大会”等活动，教人们识别野菜，而且规定每个战士每天上交10斤野菜。总部首长和战士们一起，每天也都以野菜充饥，彭德怀副总司令因此患上了胃溃疡。当时负责总部伙食的司务长偷偷为彭老总做了一碗玉米糊糊，还被性格火爆的彭总一阵批评。八路军首长、战士和当地群众一起自力更生、共渡难关的往事，至今仍在当地老百姓当中口耳相传。

白晋线破袭战后，损失惨重的日军开始对八路军实施疯狂的报复。1940年6月，日军向蟠龙镇发起进攻，八路军总部所在的王家峪村形势危急。6月27日，彭德怀、左权等率领总部机关再次进入更为隐蔽的砖壁村驻扎。八路军总部在王家峪村总共驻扎了八个半月，250 多天。1940 年春，朱德总司令在王家峪种植了一棵杨树，当时的幼小树苗现在已经长成了参天大树。随手捡起地上散落的树枝，人们就会发现树枝的横断面都是一颗颗微微发红的五角星。当地群众认为这是朱德总司令把自己的一颗为国为民的心留在了王家峪，这颗杨树也被亲切地称为“红星杨”。

辽县（左权）麻田镇

百团大战期间，电台信号频繁，八路军总部在武乡的位置有所暴露，遭到了敌人的多路进袭。为了总部的安全，1941 年 7 月向辽县转移，先是在辽县（今左权县）武军寺村，后来又移驻上麻田村，直到 1945 年抗日战争胜利才离开。总部入驻前后，中共中央北方局、第 129 师司令部、新华日报（华北版）社等 150 多个党、政、军、学机关也陆续进驻麻田及周边。一时麻田成为敌后抗战的中心，被称为“太行山上的小延安”。八路军总部麻田旧址为全国重点文物保护单位和全国爱国主义教育基地。

上麻田村位于左权县城东南 45 公里处，是麻田镇政府所在地。这里地处山西、河北两省及左权县、黎城县、涉县三县交界处，独特的地理位置吸引了来自两省三县的商客络绎不绝地到这里进行商贸活动。村里人员密集、店铺林立，虽然只有五六百人，但是绝大部分人家的日子过得非常殷实。群山环抱、峭壁对峙的天然环境使这里成为绝佳的天然军事要塞。八路军总部于 1940 年 11 月 7 日至 1945 年 8 月 15 日的 5 年多时间里一直驻扎在这里。当时彭德怀率八路军总部机关驻扎上麻田村，因保密的需要对外称干部团。县城的大财主刘三柱在村里的大院被总部选为办公地，在日后作为敌后抗战的军事指挥中心发挥了积极的作用。

八路军总部在麻田镇驻扎的5年中，指挥了百团大战第三阶段的战役,取得了百团大战的胜利,彻底粉碎了日军对根据地实行的“囚笼”政策；粉碎了日军针对敌后根据地采取的“三光”政策，取得了反扫荡斗争的胜利；领导华北军民粉碎了日军针对华北根据地的五次“治安强化运动”，保卫了抗日斗争的成果，使抗日根据地的面积与实力非但没有缩小与减弱，反而得到了发展与壮大；通过精兵简政，向人民表明了八路军抗日的决心，团结了广大军民，大家齐心协力面对灾荒，战胜了灾害；团结根据地各阶层人民，开展了大规模的减租减息运动，鼓舞了广大群众抗日的热情，发动了群众性的游击战争，扭转了根据地的被动局面。1944年，为配合世界反法

麻田八路军总部旧址

麻田八路军总部院内

西斯战争，八路军总部命令各抗日根据地军民向日军发动了局部反攻，摧毁了日伪据点，破坏了敌人交通线，收复了一批沦于敌手的县城，扩大了根据地面积，并加强了在敌占区的工作，为后来的大反攻创造了条件。

1944年春，滕代远和杨立三遵照毛泽东“公私兼顾”的指示，提出了著名的“滕杨方案”。这个方案立足于八路军领导生产运动的经验，对“一切归公”“反对私有”等不切实际的错误思想进行了批判，并制定措施来奖励生产、奖励节约。这个方案既提倡努力为集体生产，同时也允许私人积蓄，贯彻了生产有分红、劳动有报酬、公私两利的原则等。方案提出各单位自己解决3个月粮食和全年蔬菜的任务，并要求各军区和军分区、各部队、各机关努力增产节约，艰苦奋斗，用生产自救的办法来克服困难，坚持斗争。“滕杨方案”的实施将大生产运动推向了高潮，不仅指导了晋冀鲁豫根据地的生产自救，也对陕甘宁边区和晋察冀边区的大生产产生了积极影响。

在麻田镇，八路军首长和战士与当地群众一起生活，一起劳动，和谐相处。在麻田镇虎头山半山腰，至今还有彭德怀和贫农汪福成共同开荒留下的耕地。农民汪福成家紧邻八路军总部大院。彭总知道汪福成生活贫困，于是经常将自己微薄的伙食费节约下来帮助他，还给他讲革命的道理，甚至和他相跟着一起到虎头山半山腰去开荒，当时麻田的群众都说："彭总和汪福成好像是一家人。"彭总还积极参与做农活，现在左权的"东大渠""菜园村"等地名都反映了彭总带领群众挖渠、种菜的往事。其中，麻田镇700多亩耕地现在还依赖东大渠来灌溉。针对麻田村周围山高崖险、山地无法得到灌溉的情况，左权副参谋长想到了把漳河水提引上崖灌溉农田的主意，并亲自设计了一部水车。为了解决根据地军民缺乏牲畜，春耕下种难的问题，1942年3月，八路军首长从后勤部抽出骡马50匹，通过政府分配给各区使用，并在桐峪、麻田分别建立洪炉，用来制造和修理农具。

1942年大旱期间，为了根据地的困难户有粮可吃、能够渡过难关，第129师政委邓小平按照总部指示，将战士的口粮由原来的每人每天一斤半缩减到九两。一次，给邓小平孩子的奶妈发奶孩子米，司务长有意无意地把秤稍高了一点，就在他正准备倒米的一刹那，邓小平看见了这个细微的动作，他走上前亲自查看了秤星，然后说："这是国家的小米，八路军要求官兵一致，谁也不能搞特殊化哟！"说着把多出的小米又捧了回去，他的这一举动感动了在场的所有人。

抗日战争胜利后，八路军总部及其他机关完成了历史使命，陆续从上麻田及周边村庄撤离，所属人员又奔赴新的工作岗位，为了新中国的建立而继续奋斗。

黎城宽嶂村

1938 年 8 月召开的中国共产党六届六中全会决定各抗日根据地可以独立自主地创办兵工厂以及发行自己的货币，以此来粉碎日军的“三光政策”。会后，朱德、彭德怀等八路军首长重返太行，研究决定在黎城县北部山区创办兵工厂并组建银行，最终确定了兵工厂和印钞厂的地址：黄崖洞与宽嶂村。邓小平亲自为银行题词——“冀南银行”。此后，冀南银行落户黎城宽嶂山深处的隐蔽村落。今天，冀南银行印刷队纪念馆的筹建工作已启动，零散的烈士遗骨也得到了妥善安葬。

宽嶂村是黎城县北部最偏远的一个村落，归黎城县黄崖洞镇管辖。这里属于太行山腹地，又是山西、河北两省及黎城、左权和河北涉县三地交界处。和我们印象中的村子不同，宽嶂村所属的 24 个自然村因山势走向分布在 22 条山沟里，当地有“到了宽嶂，找不到宽嶂”之说。由于村与村山高险峻，无路可走，人们只能在旱季没水时才可以沿着崎岖难行的河床走出大山。冀南银行是今天中国人民银行的前身。当年冀南银行总行就位于黎城小寨村，而宽嶂村是冀南银行最早的印钞厂所在地和物资储藏地，从这里印出了新中国

冀南银行总行旧址

的第一张钞票。

宽嶂山印钞厂成立时，左权参谋长亲自设计、布置了保密和御敌设施，并由八路军总部特务团一个连驻守。当时银行总部设在小寨村，印刷一队、二队分别位于茶棚村和磨石村。当年冀南银行工作对外严格保密，进山需有八路军总部后勤部部长杨立三的签字。所以至今也很少找到确切的史料记载。银行防御工事由八路军特务团工兵连负责施工。在进山的交通要道口都有碉堡，其间还有交通壕相通，东堡、西堡的交叉火力达到每平方米 5 至 6 发子弹，完美的火力设计和战士们奋勇的抵抗曾几次粉碎了敌人进入宽嶂山的阴谋。

黄崖洞兵工厂和冀南银行的存在，对日本侵略者的“三光”政策构成了严重的威胁。1941 年 11 月 8 日，驻潞安地区（今长治市）日军第 36 师团主力两个联队及独立第四混成旅团一部，配有工兵、骑兵共 5000 余人（也有说 7000 余人），装备有山炮、曲射炮、掷弹筒等精良武器，以 4 倍于八路军特务团的兵力，杀气腾腾，分多路袭来。日军进攻黄崖洞兵工厂时，发现了冀南银行。由于日军正面强攻屡屡失败，于是采取偷袭的手段，在汉奸的带领下从东边绝壁登上宽嶂山。八路军第 2 营一个连的战士为保卫印钞厂，在与日军抢占宽嶂山制高点时被偷袭，全部壮烈牺牲。70 多年后人们进山寻访烈士遗骨过程中，在一个山崖下的山洞口发现了一具头朝外面朝下趴着的骨骸，估计这是一位身受重伤的八路军战士暂时栖身于此，因伤势过重，再也没有爬出洞穴。其他遗骨也大部分是在这样的洞穴或山崖底下发现的，有一处有 7 具骸骨紧紧排列在一起。印刷二队所在的房屋至今保存相对完整，院门上有被日军用刺刀挖开的拳头大的窟窿，门扇上的刀痕历历在目。可以想象当时这些保卫冀南银行的金融卫士们遭遇到了怎样的疯狂攻击。

宽嶂山百姓对于冀南银行的保护和支持，也值得书写一笔。印刷二队的房东、李元庆老人的二叔在日军偷袭时被抓，日军用刺刀逼着他让他说出印刷队的下落，但是这位勇敢的农民只字未透露，

冀南印钞厂大门

一家八口包括未满周岁的孩子全部遇害。距宽嶂村不远的南陌村，妇救会主任申春娥协助印刷队紧急转移时把未完全印好的钞票缝在衣服里。敌人发现之后对她软硬兼施、威逼利诱，最后竟然扒光衣服残害了她，她牺牲时年仅二十七八岁。就在申春娥牺牲的那一天，南陌村还有 29 名村民被日军放火烧死在山下的洞穴里，其中绝大多数是妇女和儿童。

2007 年，黎城县实施全县“村村通”工程，县交通局提供资金给宽嶂山人修出山的路。在修路工地上，时任县交通局局长的孙广兴从乡亲们口中得知这里发现了八路军战士的遗骸，还有彭德怀、左权等总部领导亲自规划设计的暗堡等军事防御工事，一切都说明这里曾发生过激烈的战斗。前些年有宽嶂山村民上山采药时发现在人迹罕见的大山里散落着一些八路军战士的遗骸。起初，他以为这些遗骨是附近黄崖洞兵工厂保卫战中所牺牲烈士的，后来才调查清楚，这是当年在冀南银行印钞厂保卫战中献身的战士们的遗骨。孙广兴琢磨着有时间一定要搜寻这些抗战烈士的忠骨集中安葬。他和另一位老干部、黎城县乡土文化资深人士赵晚芹一起多次到宽嶂村了解情况，组织县党史、民政、文化和黄崖洞镇等部门的人员一起进山，寻找到了部分冀南银行印钞厂保卫连烈士的遗骨。他们联合黎城县慈善分会、黎城县金融机构以及黄崖洞镇人民政府等部门开展了“请忠魂回家，让先烈长眠”的活动，邀请有关新闻媒体正式向社会披露了这段历史。

70 多年过去了，宽嶂山的老百姓依然没有忘记当年的八路军战士。八路军住过的房子尽量好好加固，当年留下的箱子、磨刀石等文物都小心翼翼地保管着。曾经有外地人高价收购这些文物，都被他们拒绝了。在他们看来，这些东西所承载的精神财富是金钱买不到的。孙广兴和赵晚芹等人寻找到的烈士遗骨，也得到了妥善的安葬。

黎城黄崖洞

抗战爆发后八路军挥师深入敌后，进入山西开展敌后抗战，但遇到了极大困难，武器匮乏就是其中的主要问题之一。当时八路军一个战斗班只有三五支枪，有的战士不得不用古老的长矛和大刀同敌人拼杀。为了解决武器装备问题，经朱德、彭德怀、左权等八路军首长亲自研究、勘察，最终决定建设兵工厂，并将厂址选在了黎城县的黄崖洞。“黄崖洞兵工厂旧址群”是全国军工文化教育基地，全国爱国主义教育示范基地。

1937 年 9 月，为了适应抗日战争期间对于武器的急需，毛泽东给周恩来、朱德等人写信，要求“必须在一年内增加步枪一万枝，主要方法自己制造”。在毛泽东的指示下，八路军总部于 1938 年 9 月在榆社县韩庄村成立了总部修械所。修械所主要负责组织修理战斗中损坏的武器和缴获的枪械，同时还负责制造地雷、手榴弹、步枪。步枪最高月产量有五六十支，远远不能满足八路军对敌作战的需要。1938 年 11 月，毛泽东在中共六届六中全会上提出：“每个游击根据地，都必须尽量设法建立小的兵工厂，办到自制弹药、步枪、手榴弹的程度，使游击战争无军火缺乏之虞。”朱德返回八路军总部后及时传达了六届六中全会的精神，明确提出要在太行山建立八路军自己的兵工厂，并把这个光荣而艰巨的任务交给了八路军副参谋长左权。

左权领受任务后，经过多地勘察、反复衡量，最后将八路军兵工厂的厂址设在了位置隐蔽、有利于防守的黄崖洞区域。黄崖洞是镶嵌在海拔1600多米高的黄崖峰西面崖壁上的一个天然大石洞，洞高25米、宽20米、深40米。它位于黎城县西北部，地处黎城、辽县、武乡之间。洞的正面有一条通道，两侧高峰耸峙，从涧底仰视只见一线青天，俗称“瓮圪廊”。瓮圪廊的尽头，是直立的断崖，上有飞瀑，下临深潭，这个深潭被形象地称为“无底瓮”。靠东的潭壁有一条名叫“百梯栈”的石阶道，是从谷底登进入黄崖洞区域的唯一通道。石阶的上、下两段以吊桥相连，有“一夫当关，万夫莫开”的气势。因为黄崖洞的特别与知名，人们将洞周边的大片区域都称为黄崖洞。左权之女左太北在《寻访父亲左权战斗过的土地》一文中写道：“父亲亲自组织领导了黄崖洞兵工厂的建设，他跋山涉水，亲自勘察、选址，仅用了半年时间便建成年产量可装备16个团的八路军抗战初期数一数二的兵工厂，支援了敌后抗日根据地的斗争。”朱德曾将该兵工厂誉为八路军的“掌上明珠”。

厂址选定后，左权开始呕心沥血、亲力亲为地领导战士们建设兵工厂。虽然是八路军的首长，但是他从不以首长自居，而是扑下身子和战士们同吃同劳动，每天带着一壶水几个馒头奔走于黄崖洞区域的沟沟坎坎、山上山下。经过一段时间的摸索，他对于黄崖洞区域的地貌特征、环境特点都烂熟于心，然后才开始设计区域内的工事地点。哪里应该设置暗堡、明堡，哪里的天然洞穴可以改造利用，哪里可以投弹、哪里可以形成交叉火力网，事无巨细都交代给了在黄崖洞负责的特务团干部。不仅如此，他还把指挥员作战时的位置、支援部队行进以及转移、布防的具体分区等都一一登记下来，并且教给守卫这里的干部战士，使他们对黄崖洞的具体设计了如指掌，提前对这里的所有事务以及可能出现突发情况时的应对方式进行了周密的布置。

设计完毕之后，黄崖洞兵工厂进入了实质的构筑工事阶段。干部和战士把修建黄崖洞兵工厂当成了战斗来对待，他们争分夺秒地与时间赛跑，不惧风沙、不畏严寒，为修建八路军自己的兵工厂干得热火朝天。经过了 8 个月的奋战，黄崖洞区域终于形成了完整严密、四通八达的环形防御体系，全洞区有 11 节坑道、9000 米堑壕、190 个掩蔽部和碉堡，易守难攻，设置精巧。为了防止万一，还在外围修建了防线、设置了雷区，各个部分之间既相对独立又能相互支援，该合则合、该分则分，设计非常科学合理。

兵工厂建成之后，很快就运进了制造武器的设备，也汇集了许多技术人才。八路军总部任命刘鼎为军工部部长主持制式化步枪等武器的研发工作。刘鼎是八路军中少有的受过正规军事技术训练的

黄崖洞兵工厂炸药库遗址

专业人才，曾经在德国和苏联留学，精通兵器制造、爆破等军事技术。在他的领导下，八路军中的技术骨干们反复研究，根据八路军作战的需要制订出了研制武器的详细计划。研发人员和工人们通宵达旦地工作，为的是工厂能够早日投产，生产更多的武器支援前方的八路军将士，痛打日本侵略者。1940 年 8 月 1 日，黄崖洞兵工厂制造出了第一支枪，朱德总司令命名为“八一式步枪”。不久之后，八路军的第一门掷弹筒也在这里问世。随后各种武器源源不断地从这里生产出来，运送到了八路军的各个战场上。

黄崖洞兵工厂的发展壮大让日本侵略者感到万分恐惧，1941 年

黄崖洞

11月，日军对黄崖洞区域进行了疯狂的进攻。经历了八个昼夜的殊死斗争之后，以敌我作战6对1的辉煌战果，胜利保卫了黄崖洞兵工厂。恼羞成怒的日军再次对黄崖洞及周边地区疯狂地扫荡，幸亏兵工厂及时转移才避免了重大的损失。随后的抗战岁月中，黄崖洞兵工厂一分为三，继续执行武器生产任务，到抗战结束已经发展为14个小型的兵工厂。1952年以后，传承自黄崖洞兵工厂的“342厂”分为今天长治市的淮海机械厂、惠丰机械厂和南京市的晨光机械厂三家企业。

在那些最为艰苦的年月里，黄崖洞兵工厂制造出了大量的武器，有力地支持了前方的对敌战斗，还锻炼出了一大批业务能力超强的工业建设人才。中华人民共和国成立后，黄崖洞兵工厂的这些技术骨干迅速奔赴全国各地，成为工业领域的领导力量。人民永远不会忘记那些为国捐躯的烈士。1942年水窖山上建立了烈士公墓和7米高的纪念碑，原八路军总部特务团团长欧致富撰写了碑文。1971年又修建了黄崖洞保卫战殉国烈士纪念塔。1985年省、地、县三级政府对黄崖洞进行大规模整修，修复了兵工厂的厂房，新建了牌楼、纪念塔和展览馆。修建的牌楼雄伟壮观，邓小平同志亲笔题写了“黄崖洞”的匾额，纪念塔正面工笔隶刻“黄崖洞殉国烈士永垂不朽”。

辽县（左权）桐峪镇

百团大战后，日军受到重创，开始疯狂地报复中国军民，在华北疯狂扫荡。同时，国共摩擦进入白热化，国民党政府对根据地实行了严密的封锁，太行山一带还在遭受严重的自然灾害。在极其困难的情况下，中共中央制定了抗日救国十大政策，其中最重要的就是“三三制政权”和“减租减息”。当时，在晋冀豫边区按照“三三制”建立抗日民主政权的条件已经成熟，成立晋冀豫边区临时参议会的地点就选在了辽县桐峪镇。临时参议会旧址现为晋中市第一批重点文物保护单位、山西省爱国主义教育基地。

1941 年，日军疯狂扫荡根据地，国民党也公开“生事”，太行山区出现了严重的自然灾害，太行山抗日根据地面临最严峻的局面。7 月 7 日，根据太行军政委员会书记邓小平的提议，晋冀豫边区临时参议会召开第一次会议。会议期间，鲁西 33 个县强烈要求加入本区，大会随即更名为“晋冀鲁豫边区临时参议会”。

桐峪镇位于左权县城东南 35 公里处，地处晋、冀、豫三省要隘，经济较为发达。根据地专门从事经济工作的领导机构太行生产贸易总局、辽县贸易分局、太行工商管理总局、辽县合作社联合社及下属的药店、酒坊、收购站等都设在桐峪。八路军总部、中共中央北方局、第129师司令部、野战政治部、新华日报(华北版)社等众多机关单位也都在这里驻扎。正是由于桐峪在地理、军事、经济上的重要地位，当年的晋冀鲁豫边区临时参议会也选择了桐峪。

1941年7月7日至8月15日，晋冀鲁豫边区临时参议会在辽县桐峪镇隆重召开。7月6日，桐峪镇上空阴雨绵绵，但临参会的参议员们还是准时召开了会议的预备会。会上筹备委员会报告了会议筹备经过，资格审查委员会报告了审查结果。次日大会召开。整个会议历时41天，其中临参会召开27次，主席团会议召开28次，充分体现了“民主”的意义。7月12日，全体会议举行，八路军副总司令彭德怀到会作了《目前形势与抗日根据地的各种政策》的报告。7月17日，临参会再次举行全体会议，确定临参会为边区最高权力机关。次日成立晋冀鲁豫边区政府并决定起草边区政府组织章程，选举边区政府委员。7月20日，大会决定在全区发行生产建设公债600万元，还决定调整全区行政区划和行政系统；通电国民党政府，要求取消反共政策。

这次盛会成立了晋冀鲁豫边区政府，选举出以杨秀峰为主席的边区政府领导人员。来自全区各界的133名参议员参加了会议。早在4月份就开始的参议员选举工作采用竞选方式，各党派、各界、各团体均提出候选人参加竞选。候选人的比例严格按照“三三制”原则执行，共产党员人数控制在三分之一以内。

在参议员的竞选活动中，成立了由共产党、商联会等各界代表参加的推选临时参议员筹委会，对全区竞选活动进行组织、宣传、教育。通过组织培训、宣传教育干部、群众，努力让干部、群众知道什么是民主、为什么要实行民主、怎样实行民主，什么是公民、公民有哪些权利、公民怎样进行选举等，在全区掀起了边区参议员竞选活动的高潮。

沁源县的竞选活动成为《太岳日报》宣传报道的一个典型。

沁源县成立了由县政府、名流士绅等组成的县代表会筹委会。在筹委会的领导下，全县开展宣传周活动，由全县各个农村剧团、秧歌班演出节目；各学校、识字班、农民夜校上“民主课”；发动儿童向自己的家人宣传参议会；在大众黑板、壁报、标语上宣传参议会。参加沁源县城关召集的“民主宣传大会”的群众达到2000多人。从6月3日起，沁源县组织竞选大游行。游行队伍从城关出发，宣传队以说唱、跑马、秧歌舞等民间形式，表演反映民主思想的内容。“拥护蒋毅”的一支宣传队由候选人蒋毅、胡奋之骑着枣红马带队，在每次娱乐中止时，他们便在簇拥的人群中发表竞选演讲。游行队伍在沿途还高呼“拥护中共北方局十五项主张”等口号。

沁源代表会由工人、农民、青年、妇女、士绅等54名代表组成。在代表会上，群众送给代表六件礼物，并介绍说：“第一件是自卫队送的扫帚，希望选出的参议员能像扫帚一样，把黑暗反动、贪官污吏和日军汉奸，都一扫而光。第二件是妇女送的镜子，希

晋冀鲁豫边区临时参议会会址

望参议员能像一面明镜，把群众的痛苦、意见与要求，反映到政府里去。第三件是农会送的一包小米，是从各家各户一把一把聚拢起来的，希望参议员吃饭时，不要忘记了群众，时刻想到农民的痛苦。第四件是一瓶清水，希望参议员廉洁如水，真正替老百姓说话，替老百姓干事情。第五件是一块肉，希望采纳群众的意见，参议员和群众要像血肉一般密切联系。第六件是一朵大红花，庆祝代表会如花之鲜艳，如花之丰满，结下的果实味美香甜——选出好的参议员。”

这次大会是在民族危机异常严重的形势下召开的。41 天的会议，不仅为中华人民共和国成立后的国体奠定了框架，完善了国家治理体系，还通过了一批法令。这次大会不仅以统一战线方式和民主政治精神团结了全区各党派、各阶层及各民族人民，而且选举了边区最高权力机关，制定了边区施政纲领及许多重要法令。会议确立了民选机制，广泛传播了民主思想，成为敌后抗日根据地开展民主政治的光辉典范。

晋冀鲁豫边区临时参议会会址主席台

第五编　抗战英烈

抗战期间，在日寇铁蹄肆意践踏下，人民遭遇战乱、民族遭受苦难，山河支离破碎，资源横遭掠夺，但山西人民不畏强暴，浴血奋斗，使山西成为全国抗击日本侵略者的最前线和主战场。在党中央部署和八路军总部领导下，八路军官兵冲锋在前，在太行山上、在浊漳河边，在山西大大小小的村庄和城市的敌后战场上，到处都有他们的身影。不仅如此，他们还积极宣传抗日救亡的道理，开展轰轰烈烈的生产运动；紧紧依靠敌后抗日的人民群众，巩固和扩大了敌后根据地。怀着对敌人刻骨的仇恨，指战员们以小米加步枪的装备，以顽强不屈的意志和百折不挠的精神，保卫每一寸山河，每一块土地。他们满腔热血，奔赴抗日前线，为驱逐日寇、收复失地殊死斗争，许多人献出宝贵生命。曾经转战山西的八路军抗战英雄，是历史的见证者，是真正的时代勇士，是他们用生命和鲜血筑起了山西抗战乃至中华民族抗击外来侵略的时代丰碑。

左权将军血染太行山

左权（1905—1942），湖南醴陵市人，八路军的高级将领，无产阶级革命家、军事家。1925年加入中国共产党，同年12月赴苏联学习；1934年参加长征，1936年担任红一军团代理军团长，抗日战争爆发后协助指挥八路军开赴华北抗日前线，任八路军副参谋长。1942年5月指挥部队掩护中共中央北方局和八路军总部等机关突围转移时，不幸牺牲。

左权自幼丧父，全凭母亲含辛茹苦抚养成人。由于家境困难，左权几度辍学，但从小就有凌云壮志。1924年11月，左权转入黄埔军校第一期学习，就读期间加入了中国共产党，从此，共产主义信仰“成为他以后近20年政治生活的准绳”。1925年，因学习、训练和战斗表现优秀，左权被党组织选派到苏联留学。回国后，无论是参加中央红军的反“围剿”斗争，还是走行万里长征；无论是率部东渡黄河，还是转战太行抗敌，左权再未离开过人民军队，在炮火与硝烟中度过了戎马倥偬的一生，书写了人生的光辉篇章。

1937年抗日战争爆发，红军改编为国民革命军第八路军，左权任副参谋长。从那时起，左权作为朱德、彭德怀的得力助手，辅佐

左权

朱总和彭总取得了一系列重大战役的胜利，“朱彭左”成了八路军总部的代称。

1938年2月25日，八路军总部由洪洞向晋东南转移，在安泽以东约20里与进犯临汾的日军先头部队遭遇。在敌众我寡的危急时刻，左权命令部属将朱德护送到20里外的安全地带，自己则不顾安危，亲临前线指挥战斗，给敌重创，有力地掩护了群众的转移和军需物品的安全疏散。对此，罗瑞卿说：“左权参谋长躬身前哨侦察，侧击制胜，迄今军中称道不已。”两个月后，日军3万余人分九路向晋东南地区“分进合击”。朱德和左权等根据日军兵力分散的弱点，决定主力跳出敌合围圈，转至外线待机歼敌；在内线则以一部兵力开展游击战。4月16日，八路军在武乡县长乐村布下口袋阵，全歼日伪军3000余人，紧接着，八路军乘胜追击，连续收复武乡、沁源、安泽、壶关、长治等19座县城，把日军赶出了晋东南，巩固和扩大了抗日根据地。

1940年，国民党消极抗日，同时不断制造反共摩擦，对敌斗争形势愈来愈复杂，环境愈来愈艰苦。3月上旬，国民党第97军军长朱怀冰纠合庞炳勋、张荫梧、石友三等，向太行抗日根据地猛扑。身兼八路军第2纵队司令员的左权，指挥部队在平汉路东西两侧发起自卫反击战，经过四天四夜激战，击溃了石友三军的进攻，全歼朱怀冰等部10个团，粉碎了国民党发动的第一次反共高潮。

同年8月至12月，八路军发动了著名的百团大战。左权协助彭德怀副总司令精心制定作战计划，五万分之一的军用地图，整整覆盖了他住处的一面墙壁。运筹于帷幄之中、决胜于千里之外的背后，是左权等人整日整夜的宵衣旰食、通宵达旦。

1941年11月，日军第36师团及独立混成旅团各部共7000余

左权县命名大会会场（1942 年 9 月 18 日）

人疯狂地扑向黄崖洞兵工厂。左权采用“咬牛筋”的具体战法，要求特务团“不骄不躁，不惶不恐，以守为攻，以静制动”，先在山口处顶两天，杀杀敌人势头；在二道防线顶两天，然后再上高山，待增援部队赶到再来个反包围。经过八个昼夜的激战，黄崖洞保卫战以敌我伤亡 6 对 1 的比例，“开中日战况上敌我伤亡对比空前未有之记录”，被中央军委肯定“为 1941 年以来反‘扫荡’的模范战斗”。

1942 年 5 月 24 日，日军纠集 25000 余人，分四路向太行腹地进行大“扫荡”，妄图一举摧毁华北抗日指挥中枢——八路军总部。当天晚上，各机关乘夜黑转移到黎城县南艾铺（现属河北省涉县）地区。翌日，敌人突然从两翼包抄上来，以飞机、大炮漫山轰击。因机关人员多，目标太大，行动不便，大家决定分头突围。不幸的是，在指挥总部人员转移的过程中，左权被一颗炮弹击中，牺牲在太行山的辽县十字岭，时年 37 岁。

左权将军的英魂从此永远地留在了太行的巍巍青山之中。朱德闻讯悲痛不已，赋诗一首悼念左权将军：“名将以身殉国家，愿拼热血卫吾华，太行浩气传千古，留得清漳吐血花。”为了纪念左权将军，1942 年 9 月 18 日辽县改名为左权县。

优秀的青年军事干部董天知

董天知（1911—1940），河南荥阳市人。1927年加入中国共产主义青年团，后任北平市委组织干事兼儿童局书记。1931年被捕，入“北平军人反省分院”（即草岚子监狱），1932年转入中国共产党。1934年冬在狱中带病参加绝食斗争。后被营救出狱，与薄一波等一起奔赴太原，参加牺牲救国同盟会的领导工作，任“抗敌救亡先锋队”总队长。1940年在百团大战中壮烈牺牲。

在山西牺盟会建立和发展的历史上，人们对董天知有个一致的看法，都认为他是“最优秀的牺盟领导者，最优秀的青年模范，最优秀的青年军事干部”。这是因为，董天知卓越的领导才能在筹建牺盟会和新军的工作中得到了充分发挥，赢得了大家的一致赞赏。

董天知早年参加进步学生运动，并在党的著名农民运动领导人彭湃的直接影响下投身革命活动，后在北平被捕入狱。董天知出狱后受党组织派遣来到山西参加开展抗日救亡运动。作为山西牺盟会和新军的重要领导人物，董天知曾参与创立山西牺盟会和山西青年抗敌决死队第3纵队。

董天知有坚定的共产主义信仰，有坚强的共产党人品格。1931年夏，时任共青团北平市委书记的董天知，因叛徒告密被捕，被投入"北平军人反省分院"（即草岚子监狱），遭受了种种酷刑。当时他还不满 20 岁，却能挺过严刑拷打，绝不出卖党的任何秘密。敌人还企图利用他妻子的叛变进行诱降，但他毫不犹豫地拒绝，并斩断了这份情思。狱中党支部根据他的表现，于 1932 年批准他转入中国共产党。

五年的狱中生活是董天知坚持斗争、逐渐成长的过程，更是坚持学习、不断进步的过程。在狱中，只要有时间，他就如饥似渴地学习马列主义理论，就连他在前线牺牲时所带的行囊中还有一本哲学选辑。这种认真学习、追求真理的精神一直鼓舞和影响着他周围的青年。

1936 年 8 月，董天知经党组织营救出狱。此时正值绥东战争开始，董天知不顾牢狱中受摧残的孱弱身体，仍立即奔赴绥东前线，为抗日救国奋斗。同年 11 月，董天知来到太原后随即参与建立山西抗日民族统一战线，参与领导山西牺牲救国同盟会和建立山西新军的工作。当时山西牺盟会只是形式上的成立，尚未开展实际的组织工作，他是开展牺盟会实际工作最初的负责人之一，是牺盟会的创建者之一。

董天知

后来牺盟会中的青年会员发起成立"抗战救亡先锋队"，董天知因实际工作中所树立起来的威信而被选为抗日救亡先锋队总队长。太原沦陷后，牺盟会所领导的国民兵军官教导团改编成青年抗敌决死队，董天知担任了第三总队政治主任。由于董天知的正确领导，第三总队很快由一个团迅速发展到五六个团，扩编成第 3 纵队，董天知随即被任命为第3纵队政治主任，领导着第3纵队所属六个团的政治工作。之后他又升任决死第3纵队政治委员，还同时兼任山西省第五行政区保安司令部政治主任。在他担任上述职务期间，经常到各团指导工作，有时甚至直接到营、连里帮助工作。在大大小小的战斗中，他更是常常到最前线的营或连里去，与战士们一起生活，一起战斗在火线上。第3纵队的战斗员没有一个不认识“董主任”的。

1938年，在牺盟会的干部组织——民族革命青年团的第一次代表大会上，董天知当选为总团部首届执行委员。抗战爆发后牺盟会、太原军政训练班、民训干部训练团及太原市各学校代表，组织慰问团去前线劳军，董天知被推选为慰问团团长。该团于抗战爆发的十天内，由董天知率领从太原出发到前线慰问。一路上他们闯过几道火线，一直到达门头沟、长辛店一带。这样的慰问对前线上战斗的官兵是极大的鼓舞。前线官兵激动地说：“这毕竟是打日本人，后面的学生及民众代表，冒着枪林弹雨到火线上来送东西给我们呢！”

然而由于战局的变化，在他们慰问途中，后路被敌人切断了。当他们到达保定时，该地驻军即告知他们战况有变化，劝他们停止前进，董天知为了亲赴前线慰劳，以激励士气，仍率领该团继续前进，险些遭遇不测。后来他们不得不化装潜伏于北京。在经过许多艰难曲折后，直到9月初才从敌人的虎口中返回太原。

1940年8月，董天知率部参加百团大战。20日在潞城王家庄的战斗中，为掩护部队突围，亲率警卫排奋勇作战，因敌不寡众，28名官兵全部壮烈殉国，董天知29岁的年轻生命献给了抗日救国的伟大事业。

董天知在山西广大青年中有着很高的威信。在得知他牺牲的消息后，很多同志和青年干部，尤其是决死3纵队队员们，都一致痛惜“失掉了一个贤明的领导者”“失掉了舵师、失掉了保姆”。时任中共中央北方局书记杨尚昆在1954年董天知遗骨迁葬时为他题写挽联：“英雄横贯比干岭，壮士常存鸭绿江。”

华侨女英雄李林

李林（1915—1940），女，原名李秀若，福建龙溪县（今龙海市）人。李林幼年侨居荷属爪哇，1929 年回国后在集美中学读书，1933 年转入上海爱国女中。1936 年参加革命，参与创建雁北革命根据地，先后任雁北抗日游击队第 8 支队支队长兼政治主任、独立 6 支队骑兵营教导员等职务。1940 年在日军对晋绥边区的疯狂扫荡中被包围，不幸牺牲。

1937 年 9 月 20 日清晨，平鲁县城忽然传来“红军来了”的喊声。成百上千的群众簇拥着一支队伍走向县城中心。在十字街口，有一位女军人，手提六五式步枪，双脚站在长凳上，在群情激昂的氛围中，用抑扬顿挫的语调作着抗日动员宣传：“父老兄弟姐妹们！日本人欺侮到我们家乡来了，我们怎么办？当亡国奴吗？不！咱们誓死不当亡国奴！现在共产党八路军来啦，来领导咱们自己起来打日本，把日本帝国主义赶出中国去！……”群众中有几个年轻人在下面议论：“你看人家，是个女同志，还敢到前线来打日本，真了不起。”这位女军人是谁呢？她就是印度尼西亚归国华侨、后任八路军第 120 师独立六支队骑兵营教导员的李林。

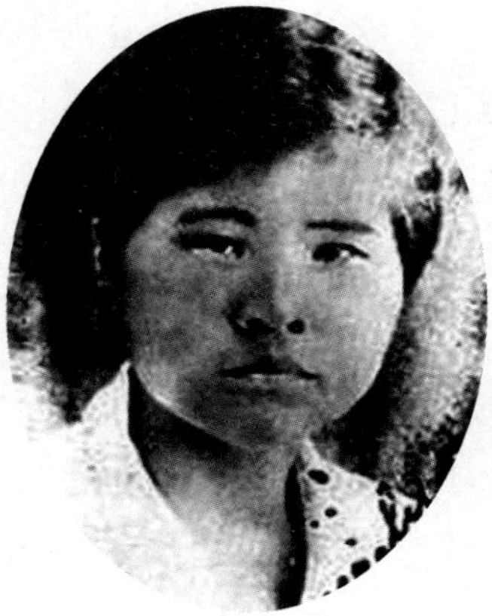

李林

李林 14 岁的时候从印度尼西亚回国。她性格刚毅、勇敢，心中充满着对祖国无限的爱。在上海爱国女中读书的时候，看到日本人在中国飞扬跋扈，她愤怒地写下了“甘愿征战血染衣，不平倭寇誓不休”的著名诗句。女中附近，日本人军事演习的枪炮声经常使学校上课中断，她在课堂上拍案而起，大声喊道：“总有一天要把这些强盗赶出中国去！”好强上进的李林，在大学期间加入中国共产党。因为崇拜无产阶级革命领袖列宁，于是把母亲起的名字“李秀若”改成了“李林”，意在取“列宁”二字的中文谐音，鞭策自己时刻追随列宁的足迹，做一名优秀的共产主义战士。“七七事变”后，党组织把李林派往大同，在这里她成长为一名抗日前线上的优秀革命战士。

考虑到李林是位女同志，党组织本来想让她负责党员训练班和偏关县妇救会的筹办工作。可李林认为，女子战场杀敌，这在历史上不是没有过，花木兰不就是这样一位女英雄吗？于是她向党组织主动提出要到抗日前线去。党组织答应了李林的请求，让她负责抗日游击队第八支队的组建工作。

1938 年 3 月，李林带领游击队第八支队跟随晋绥边特委来到平鲁西山，经过短暂整训后挺进右玉和左云。一天中午，队伍行至凉城县天成村附近，此时一小撮伪军骑兵正驻扎在不远处的村里，每天下午都派几个人赶着马群到村南河边饮马。李林和王零余参谋长商定火速抽调 30 个战士，穿上便装在河边潜伏起来。一会儿，马群出现了；又过了一会，伪军出现了。李林抓住时机，指挥战士们即刻向敌人射击。敌人还没明白怎么回事，战士们就把他们全部歼灭了，还缴获战马 50 多匹，步枪 10 多支。

为有力配合八路军正规部队打击日伪军，上级决定将游击队第八支队和平鲁、右玉一部分游击队合编为第120师独立六支队骑兵营，李林任教导员，王零余任营长。从这以后，李林和王营长带领这支队伍转战雁北各地，连续取得了好几次胜利，李林的大名也渐渐传扬了出去，所以敌人到处张贴布告，悬赏5000元大洋捉拿她。

1939年3月秋林会议后，阎锡山发动了反共运动。10月25日，日伪军2000多人围攻洪涛根据地。李林和屈健、柏玉生率领第18团2营主力连乘敌人后方空虚，于26日清晨偷袭了敌军占据的岱岳车站和伪镇政府。李林带着30多名战士悄悄地摸到敌营门口，突然间端起机枪向敌人一阵狂扫。由于出其不意，敌军龟缩在据点不敢迎战，还向大同日军求援。当日军的铁甲车、飞机煞有其事地赶来助战时，李林早已带领着部队消失得无影无踪了。1940年1月，李林参加晋西北军民代表大会，贺龙师长称赞她说："一个女同志，来自大城市的大学生，能带领骑兵在长城内外大战日本鬼子，打出了威风，很不简单！"

李林创办的平鲁双碾村高小学校遗址

1940 年 4 月 25 日，雁北党政军机关和人民团体正在洪涛山西侧休整，日伪军突然集结万余人对根据地进行“扫荡”。得知敌情后，抗日军民立即向平鲁方向撤退，以期在那里与第六支队主力会合。大家决定，让第 3 营步兵连作为前卫开路，李林、姜胜率警卫排、政卫连和第 3 营骑兵连作为后卫压阵。第 3 营步兵连在前面一路冲杀，基本上很顺利，但李林、姜胜率领的队伍由于非战斗人员多，行动很慢，跟不上步兵连的步伐，遭到了敌人的攻击，情势异常危急。于是大家商量，让骑兵连朝着平鲁相反的方向突围，迷惑敌军以牵制敌军主力，其他人员则趁机从敌军薄弱处逃生。在生死攸关的关键时刻，李林毫不犹豫地说：“我带过骑兵，我去指挥！”她跨马提枪，带上骑兵战士，大声呼喊着一路冲杀过去。敌人果然以为被围的八路军要从骑兵前进的方向突围，于是大部分兵力便去追杀骑兵连。姜胜则带着大队人马迅速撤退。

当他们冲破敌人的封锁线时，李林回头一看，身边只剩下为数不多的战士了。然而就在姜胜等人撤退的方向，隐约传来一阵阵枪

李林和战友们在一起（前排中为李林）

声。李林担心大部队还没有冲出敌人的包围圈，于是又掉转马头，带领仅有的两名骑兵向大部队方向冲去。正当李林经过小郭家窑村后的羚羊山时，战马不幸中弹，她从马上摔了下来，腿部、胸部都负了伤。她挣扎着爬到一个地坎处。敌人冲上来了，她举起手枪连连射击，先后击毙了 6 个敌人。这时她的驳壳枪里已经没有子弹了，小手枪里的子弹也只剩下仅有的一颗，而敌人还在往前靠近。她环视了一下四周，从容地把小手枪对准了自己，把最后一颗子弹射进了自己的喉部……

李林的牺牲，是雁北革命根据地的重大损失。她牺牲后，中共中央妇女运动委员会从延安发来唁电，称赞她“不仅是女共产党员的光辉模范，而且是全国同胞所敬爱的女英雄”。延安《新中华报》《中国妇女》杂志、重庆《新华日报》等许多报纸杂志纷纷登载李林的英雄事迹，《新西北报》称她是第二次世界大战史上唯一的华侨抗日女英雄。

军政双优的虎将叶成焕

叶成焕（1914—1938），河南新县人，1929年参加革命，同年加入中国共产党。1930年参加红军，先后任团政委、师长、师政委等职。抗战爆发后任八路军第129师386旅772团团长，为第129师抗战初期取得“三战三捷”做出了很大的贡献。1938年4月18日在长乐之战中带病指挥，不幸被敌人炮弹击中而牺牲。

在创建川陕苏区和红四方面军长征中，有一位年轻有为的团长，他领导着一支有着光辉战绩和优良作风的坚强部队；到了抗战前线，他指挥果断、身先士卒，多次率领部队打硬仗、打苦仗，立下卓著战功。他就是红四方面军的虎将和军政双优的优秀指挥员叶成焕。

1937年全国抗战爆发后，当时23岁的叶成焕由师政委改任八路军第129师386旅772团团长，在长生口、神头岭和长乐村等著名战斗中屡建战功，为第129师在抗战初期的“三战三捷”做出了重大贡献。

1937年9月20日，按照党中央在太行山一带建立敌后抗日根据地的战略部署，叶成焕带领第772团随旅部向太行山地区进发。1937年在长生口战斗中，叶成焕率领部队歼灭日军45人，取得了

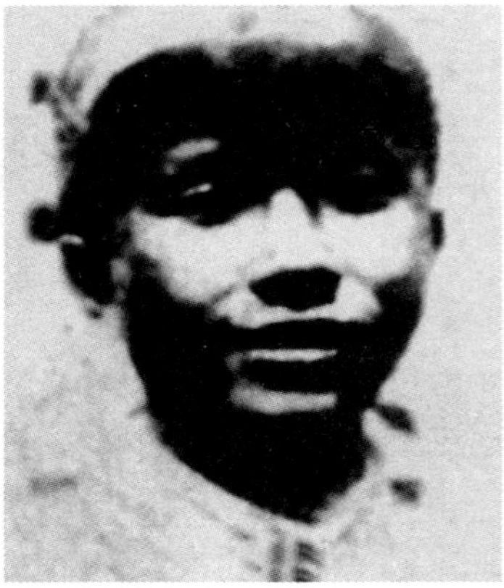
叶成焕

对日军作战的第一次胜利。随后的半年中，叶成焕率部队又取得一次全胜，带领第772团打出了“老二团”的威风。在平定县七亘村两次设伏时，叶成焕带领的部队以伤亡30余人的代价，取得了歼敌400余人的重大胜利，为初步创建晋冀豫抗日根据地打下了好基础。1938年初，他又率部参加了神头岭伏击战，共歼灭日军1500余人，钳制了日军向黄河南岸和西岸的进攻，为创建晋东南抗日根据地做出了贡献。

1938年4月，日军集中3万余人，对晋东南地区实施“九路围攻”。为粉碎日军的围攻，八路军第129师决定抓住日军一路予以歼灭。4月15日，日军第108师团117联队3000余人，由武乡北进犯榆社扑空后，即撤回武乡。第129师刘伯承师长决定歼灭该路日军，遂令师主力由涉县以北地区向西急进，当日进入武乡地区。至黄昏时，占领武乡的日军在城里被游击战袭扰，惶惶不安，在八路军攻击前仓皇弃城沿武（乡）襄（垣）大道向长乐村逃窜。

此时，陈赓旅长命令第772团以一部兵力攻袭武乡城。陈赓旅长将部队分为左右两路：第772团及第115师第689团在左路，第771团在右路，沿浊漳河北岸与南岸的山地追击日军，第769团作为预备队在后跟进。叶成焕率领的第772团作为左纵队，依照陈赓旅长的命令先行。部队沿浊漳河两岸山地平行追击，沿武乡至襄垣大道跟进。

途中，侦察员赶来报告说，敌人先头部队已过长乐村，其辎重尚在白草辿附近，马庄只有少数后卫部队。此时第771团已到达白草辿对岸的郑峪村、张庄以北高地，与第772团两岸平行。此时的叶成焕正在生病，多次吐血。陈赓本不让他参加战斗，但叶成焕执

长乐村战斗纪念碑

意要求参战。这是急袭敌人的有利战机，若等敌人顺利通过长乐村再打就晚了。叶成焕与随团行动的陈赓旅长研究后决定：不待后续部队赶到，两团相对突击，将敌拦腰斩断。于是第 772 团在武乡县城以东的长乐村将东撤的日军大部截住，日军被截为数段，压缩到狭窄的河谷里。

16 日拂晓时分，战斗在长乐村周围展开了。日军的辎重人马被压制在长乐村以西的狭窄河滩小路上，无法展开。敌人为了摆脱被动局面，向第 772 团发起了轮番冲击，企图占领要点，威胁八路军部队的侧后。叶成焕命令特务连抢先占领要点，集中火力对爬上半山腰的鬼子猛扫，打垮了鬼子的冲锋。战至中午，日军千余人赶来增援，向八路军主阵地实施反击。炮火十分猛烈，阵地笼罩在浓密的烟尘之中。战事紧张之际叶成焕带病来到最前沿指挥作战。

激战两个小时以后，辽县的敌人又派出 3000 余人来增援。第 129 师首长认为眼下要全部消灭这股敌人没有多大把握。为巩固已有的胜利，决定以第 769 团和第 689 团各一部兵力在前线布成游击网，阻击和迷惑敌人，掩护主力部队撤出战斗。

叶成焕按照师、旅首长的命令，及时组织部队撤离战斗，而自己却跟着撤在最后的一个排。他边往后撤，边用望远镜观察敌情。敌人的援兵冲到沟下了，通信员提醒他说："团长，你站在高坡上危险，赶快走吧！""等一等再走，我在这儿看得清楚。"话还没说完，一颗敌弹"嗖"地从他衣袖穿过，他没有在意，嘴里骂了一句，紧接着第二颗子弹带着尖叫声飞过来，击中了他的头部……师长刘伯承得知叶成焕负伤后，急忙赶到担架前，俯身抱着叶成焕的头，连声喊着："成焕，成焕哪……"但因失血过多，叶成焕再也不能回答敬爱的师长的呼唤了。刘伯承悲痛的眼泪，滴在了叶成焕苍白的脸上……

长乐之战使日军第 108 师团遭到沉重打击，不到半个月，各路敌军纷纷溃退，八路军乘胜追击，将敌人赶出了晋东南地区。这样，第 129 师胜利粉碎了日军围攻，奠定了晋冀豫抗日根据地建立的基础。

八路军第 129 师称叶成焕"攻如猛虎，守如泰山，百战百胜"。刘伯承在追悼会上高度评价了叶成焕的一生："叶成焕等烈士的死重于泰山，是光荣的死、永垂不朽的死，叶团长参加革命后，党培养了他，他没有辜负党的教育，终于成为一个很好的布尔什维克！"

临危受命的郭国言

郭国言（1913—1942），湖北黄陂县（今武汉市黄陂区）人，1929年参加中国工农红军，1931年加入中国共产党，1937年9月进入华北抗日前线，历任营长、副团长、团长，1941年调任太行军区第三军分区司令员兼山西青年抗敌决死队第3纵队副司令员，1942年2月在武乡县大有村阻击扫荡之敌时英勇牺牲。

郭国言自参加革命以来，在斗争中不断成长，由一名普通战士逐渐锻炼成为一员骁将。郭国言在战场上英勇善战，对敌人绝不姑息。而对战士们，他却是待人谦和，关心备至，能在夜间战斗中辨别出战士的声音、叫出战士的名字，因此在战士中有很高的威信。

抗日战争爆发后，郭国言随八路军总部、第129师开赴华北抗日前线，指挥过数百次战斗。在每次战斗中，他都亲临前线指挥作战。在战火中郭国言先后7次负伤，但从未退却，一直战斗到生命的最后时刻。

1938年4月16日，长乐战斗打响。时任第386旅772团团长的叶成焕在战斗中牺牲了，郭国言作为副团长担负起指挥重任，带领战士们坚守阵地，英勇出击，使部队得以安全转移，取得最终胜利。

1939 年 12 月，阎锡山发动“十二月事变”。当时决死第 3 纵队在晋东南受到重大损失，八路军总部调任郭国言为决死第 3 纵队副司令员，以加强决死第 3 纵队的政治、军事领导。郭国言到任后，根据第 3 纵队文化素质好而军事素质较弱的实际情况针对性地开展工作，在加强政治思想工作的同时全面进行军事训练，使这支部队的战斗力显著提高。

1942 年 2 月 19 日，蟠龙一带 4000 多日伪军向大有镇猛扑过来。为掩护大有镇附近村庄的群众安全转移，时任太行三分区司令员兼决死第 3 纵队副司令员的郭国言经过仔细勘察、认真思考后，将作战部队分作三路阻击敌人，并亲自指挥布置在西岗头村桃树顶一路。上午 11 时，战斗打响。郭国言冒着枪林弹雨穿梭于阵地间，沉着指挥作战。虽然当时八路军处于劣势，但英勇顽强的战士们把一批又一批敌人打压下去，敌人一直未能前进一步。战斗至黄昏时分，敌人用山炮连续进行轰击，八路军阵地顿时硝烟弥漫，弹片横飞。在紧张而激烈的战斗中，郭国言突然被一颗炮弹击中，倒在了阵地前，壮烈殉国。悲愤的八路军战士奋起反击，经过十几个小时的激烈战斗，终于取得了这场阻击战的胜利。3 月 13 日，在大有横岭寺隆重举行了公祭大会，将郭国言埋葬在这里。

郭国言才华出众、平易近人、勇敢善战，深受八路军官兵的爱戴。刘伯承、邓小平称赞郭国言是“模范的布尔什维克，最忠于中华民族解放事业的战士”。这些评价是对烈士最高的褒奖。

优秀的骑兵指挥胡一新

胡一新（1907—1940），原名胡佃敬，绥远丰镇县（今内蒙古丰镇市）人，曾考入北京私立艺文中学和燕京大学，1929年离开北京加入了阎锡山晋军。1931年脱离晋军，1932年加入中国共产党，1935年赴延安学习。全面抗战爆发后历任清水河县委书记、中共晋绥边区特委宣传部长等，1938年7月雁北各地抗日武装合编为八路军第120师独立第6支队后任政委。1939年11月在杀虎口作战负伤后，医治无效而牺牲。

在晋绥抗日根据地这片土地上，活跃着一支屡建战功的铁骑劲旅，他们凭借良好的作战素养、扎实的骑射功夫驰骋在雁北绥南的黄土高原上。八路军第120师6支队和它的骑兵营就是其中的优秀部队，这支部队的政委就是优秀军事指挥官胡一新。

胡一新出生于一个富裕的农民家庭。他自幼勤奋好学，在燕京大学学习期间受到了新思想的洗礼，懂得了革命道理。然而家境的突然变故使得他不得不悒郁辍学，转而弃学为工。后来，他离开北京加入阎锡山的晋军，当了一名看守监狱的小兵。但他很快发现这是一支维护军阀反动统治的地方武装，和腐败政府、土豪恶霸同流合污，把枪口指向劳苦大众。于是他毅然脱离晋军，投考了冯玉祥的汾阳军校。在那里他很快加入了由地下党组织领导的士兵委员会，认真学习了《共产党宣言》《国家与革命》等马列著作和进步书籍，掌握了各种军事知识。1932 年秋胡一新加入中国共产党，开始了他人生中真正的革命生涯，一直战斗在雁北、绥东和察北一带。

1937 年春胡一新又奉命赶赴山西雁北地区，以煤矿工人的身份做掩护积极动员群众参加抗日救亡运动。12 月中共晋绥边区特委成立，胡一新任特委宣传部长。他充分发挥自己的特长，排节目、做演讲，广泛宣传，教育群众、发动群众，使党的统一战线政策和抗日救国十大纲领深入人心。胡一新凭借他善于演讲的特长，极大地点燃了雁北地区人民的抗日热情。为了加强党的领导，胡一新还亲自参加了所属各县的抗日民主政权的组建工作，并在区、县两级对所辖区域的党员干部宣传党的抗日民族统一战线政策和抗日救国十大纲领，为西雁北和绥南地区培养了一大批骨干。他还帮各县、区创建了地方抗日武装游击队。这些工作为坚持敌后游击战争、创建南山等抗日根据地创造了良好的条件。

1938 年 7 月，雁北地区抗日烽火愈烧愈烈，各种抗日力量如雨后春笋般地发展起来。经常活跃在这一带的抗日武装队伍——第 5 支队、第 11 支队、平鲁支队和右玉第 7 支队正式编为八路军第 120 师独立 6 支队，胡一新任政治委员。面对抗战初期日本侵略者的嚣张气焰和野蛮的“三光”政策以及晋绥边区兵力少、武器差等特点，胡一新反复对部队进行教育，认真组织官兵们学习毛泽东刚刚发表的《论持久战》，通过学习使官兵们认识到困难是暂时的，抗日战争一定会取得胜利。同时他还处处以身作则，起模范带头作用。每当战斗的紧要关头，他总是带领部队冲杀在前。由于胡一新出色的政治工作和模范带头作用，第 6 支队的军政素质明显提高，逐步成长为一支战斗力很强的部队。而他亲自率领的第 6 支队的骑兵营，更是在方圆百里享有威名。

胡一新不仅是一位出色的政治工作者，还是一名优秀的军事指挥员。为适应山区游击战的特点，他刻苦进行骑射训练并亲自指挥支队骑兵营和步兵营，参加了长流水、小破堡、厂汉营、杀虎口等多次战斗，歼灭了大量日伪军。

胡一新塑像

1939年秋，日伪军兵分数路大举进犯晋绥根据地。10月16日夜，胡一新率骑兵营袭击临时驻扎在右玉县杀虎口的伪军一个骑兵连指挥部，仅半个多小时就胜利结束了战斗。袭击那天，胡一新先派了两个侦察员化装成送情报的，大摇大摆地到了堡子门下并高喊："送情报来了！"敌人哨兵刚打开堡子门取"情报"，立即就被侦察员活捉了。这时伏击部队一跃而起冲进堡子内，以迅雷不及掩耳之势成功抢占了堡子上的主要工事，掩护后续部队进入堡子内。之后各连按既定目标消灭了一部分敌人，余下的敌人在堡西3个院子里继续顽抗。伏击部队一面加强火力进攻敌人，一面采取政治攻势瓦解他们的斗志，最终走投无路的敌人只好打出白旗，缴械投降了。

这次战斗中，胡一新被子弹击中左眼和膝部，膝关节被打碎，虽被迅速送往晋西北军区后方医院治疗，但因伤势过重、救治无效而牺牲，时年仅33岁。

胡一新适应山区游击战的特点，苦练骑射技术，在雁北的广大山区纵横驰骋，带领他领导的骑兵劲旅参加了大量的对敌战斗。他还注意培养后生力量，培养了一大批优秀的抗日干部。胡一新英勇顽强、不怕牺牲，为民族解放事业奋斗到了生命的最后一刻。

留学归来的新闻工作者何云

何云（1905—1942），原名朱士翘，浙江上虞市人，《新华日报》（华北分馆）第一任社长兼总编辑。1930 年 8 月入日本早稻田大学经济学系，后转入铁道传习所。1931 年“九一八”事变后停学回国，1932 年加入中国共产党。1933 年 3 月因从事革命活动被捕，1937 年经党组织积极营救出狱，1938 年参加《新华日报》筹备工作，同年 12 月《新华日报》华北分馆成立，任社长兼总编辑。1942 年 5 月在率部突围时与日军激战，不幸中弹牺牲。

1938 年 7 月，武汉会战拉开序幕。创刊于武汉的《新华日报》被迫撤离，杨放之、何云等人带领 15 名办报人员冒着敌机轰炸的危险坐火车抵达西安，计划在那里出版《新华日报》(西北版)。结果由于蒋介石“只可出现一种《新华日报》”的禁令,西北版胎死腹中。这时长期驻扎太行山区的朱德、彭德怀二位老总热情邀请他们到华北办报。于是何云等人离开西安奔赴太行山区,创办了《新华日报》（华北版）。

1939 年元旦,《新华日报》(华北版）正式出版第一期，刚开始就印刷了两万份，形势喜人。但是在这份四开、隔日出版的报纸上，凝聚着多少办报人的辛劳，只有他们自己才能体会。在敌人的残酷封锁下，边区根本不具备办报的条件。刚开始办报纸的时候，一缺人手，二缺设备，三缺原料。报社的一干人被称为“一群诸葛亮”。他们发挥自己的聪明才智，能在敌占区购买的，就冒险去购买；能自己发明创造的，就自己发明创造；能用替代品替代的，就尽量用替代品。就连日常生活中用的水，都得靠接雨水储存。《新华日报》（华北版）就这样在集中大家智慧的基础上因陋就简地创办起来了。

何云

何云早年在日本留学，抗战开始后毅然中断学业回国。他立场坚定，视野开阔，文化素质高，坚信“一个铅字等于一颗子弹，在敌后办报就是无形的战斗”。报纸一创刊他就担任了社长兼总编辑。由于他们攻克难关，成功办报，朱德总司令奖励给他们 100 块银圆，并鼓励他们再接再厉。

尽管条件极其简陋，但何云非常认真，要求全社人员都要严格按照正规报纸的标准来办报。他们严格制订了办报流程，对各个环节的工作精益求精。1940 年 9 月百团大战期间，何云抓住机会派出随军记者采访，他还亲自随彭德怀、左权、刘伯承和邓小平等首长日夜战斗在火线上，争取拿到最新的报道。日军 1941 年攻打黄崖洞、1942 年发动“大扫荡”，形势十分危急，但是报社人员依然在艰苦的环境下坚持隔天出报，“以铁的事实粉碎了敌寇汉奸的宣传攻势”。

1941 年初冬，日军 5000 兵力向黄崖洞等地发起进攻，报社随时都面临着危险。1942 年 5 月，正当何云等人在红红火火地办报纸的时候，日军纠结了 5000 兵力深入太行山腹地破坏黄崖洞，《新华日报》（华北版）报社被敌人包围了。何云布置战士们分散隐蔽、化

《新华日报》(华北版)创始地旧址

整为零突围，并反复告诉大家:“不要把子弹打光了，留下最后两颗，一颗打我，一颗打你自己，我们决不当俘虏。”在突围过程中，战士们与敌人相遇，激战数小时，最后都壮烈牺牲了。此时，何云37岁，正当盛年。

何云是八路军新闻战线的得力干将，为抗战期间党的宣传事业做出了很大贡献。刘伯承得知何云牺牲的消息之后万分悲痛地说：“实在可惜啊！一武（左权）一文（何云），两员大将，为国捐躯了！”

顽强机智灵活的指挥员丁思林

丁思林（1913—1939），湖北黄安县（今红安县）人，1931年参加黄安独立师，后随独立师转入红军。1933年9月加入中国共产党，历任营长、团长等职，并参加了长征。全面抗战爆发后进入华北抗战前线，任八路军第129师386旅新1团团长。1939年夏，受命率部与千余敌人周旋一昼夜之后，在榆社西周村侦察敌情时不幸中弹壮烈牺牲。

在战火纷飞的抗战岁月里，有许多非山西籍的抗战英雄，为了中国人民的民族独立和解放事业，在山西战场上献出了自己年轻而宝贵的生命。湖北籍战士丁思林就是其中的一位。

丁思林出生于一个贫苦农民家庭。从记事起，他就随父兄五人替地主扛长工、打短工，过着吃不饱、穿不暖的贫苦生活。1932年5月，鄂豫皖红四军在第二次反"围剿"中路过丁思林的家乡丁家岗，丁思林毅然报名参加了红军。刚进队伍时，连长见丁思林还是个孩子，就对他说："丁伢子，你负责看风、送茶水！"丁思林噘起小嘴嚷开了："参加革命，我就是大男将了，不真刀实枪地干，还算是革命队伍里的人吗？"连长见拗不过他参加革命的这份热情，只好答应了他的请求。就这样，他入伍不到3个月就参加了几十次大大小小的战斗，半年就成了红军里小有名气的“小”指挥员。经过艰苦斗争的锻炼和考验，丁思林很快成为红四方面军第31军93师274团的参谋长。

抗战爆发后，丁思林就任八路军第129师386旅新1团团长，率部驰骋在冀豫晋广大地区，同日军进行游击战，屡建战功。他凭借自己擅长打夜战的特点，曾在鄂豫皖地区反围剿、挺进川陕和长征路上打了不少胜仗，先后六次负伤，总是不下火线。现在进入抗日前线，无论是神头岭、响堂铺，还是长乐村、香城固等著名战斗中，都闪现着他英勇善战的身影。

1939年7月初，敌人抽调5万余人对晋冀豫区进行扫荡。为了粉碎敌人分割摧毁抗日根据地的企图，丁思林率新1团对太谷至分水岭一带的敌军进行了有力的连续袭击。太谷县黄挂村是驻太原日寇后方交通的总枢纽，也是训练伪军高等顾问的地方。敌人用3道铁丝网和3道交通沟紧紧地把自己缠裹在小村子里。7月4日午夜，鬼子们已经沉沉入睡。丁思林悄声对战士们说：“我们要把黄挂村的敌人都消灭，用我们的胜利来纪念‘七七’抗日战争两周年！”他指挥突击队先打死敌人的哨兵，然后敏捷地越过3道铁丝网，跳过3道交通沟，抢先夺占了敌人的两个高楼庭院。丁思林向后续部队一挥手：“上！”突然，枪声大作，手榴弹在黑屋里爆炸。在浓密的枪声和爆炸声里，鬼子们赤脚四处鼠窜。战斗干净利索地结束了，仅缴获的文件就整理了四五天。丁思林兴奋地说：“让敌人认识认识八路军的厉害！”

实际上深入敌占区袭击敌人，是丁思林和新1团的拿手戏，夜袭黄挂不过是其中的一次。1939年7月5日，日军第109师团107联队300多人，由南关分水岭、来远镇分路来犯，当晚两股敌人会合于武乡石盘镇，6日进至榆社云簇镇。为了给敌人以沉重打击，7月6日，丁思林和新1团的勇士们夜袭云簇镇，在晚上

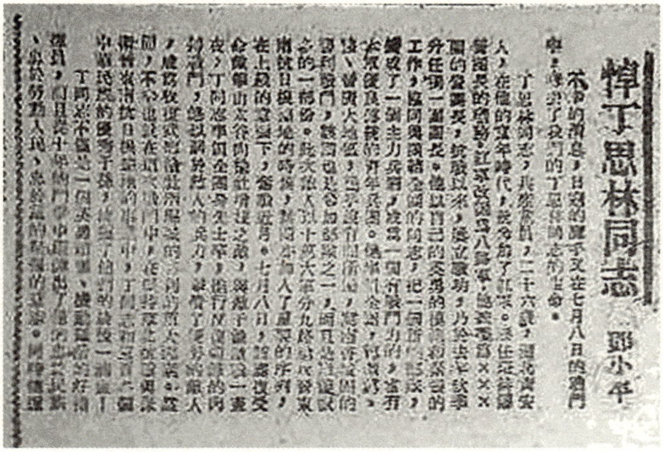
悼丁思林同志

邓小平

邓小平悼念丁思林的文章

11时发起攻击。敌人全力反扑，在7日与新1团在云簇附近展开激战。丁思林带新1团在西周村的高山上，没有休息，没有吃饭，同敌人激战了两天，杀伤敌人上百名。战斗快要结束了，大家请求说："团长，这次你先撤，我们掩护！"丁思林坚决地说："老规矩，你们先下去，我和一连一班留下掩护。"正在这时，日军猛攻了上来。他从战士手中夺过机枪，一边射击一边说："狠狠地打，不要让小鬼子占半点便宜！"敌人很快被雨点般的子弹压退了，丁思林站起来准备观察，不料就在这时，敌人集中轻机枪扫射过来，一颗子弹击中了他的头部。年轻的丁思林倒在了血泊中，牺牲时只有26岁。

战士们在火线上听到丁思林团长不幸牺牲的消息后，都很悲痛。当时正好接到撤退的命令，但大家谁也不肯下火线。他们虽然两天都没吃饭，手脚麻软，但都争着抬团长的遗体。当天夜里，第386旅在榆社县南社村召开了万余人参加的丁思林追悼大会。

丁思林牺牲后，邓小平在《新华日报》上发表《悼丁思林同志》一文，称赞他不愧是一个顽强、机智、灵活的好指导员。按照陈赓的意见，丁思林的遗体安葬在武乡县，当地群众为他和叶成焕团长竖起了纪念碑，永远铭记这两位英勇顽强的优秀指挥员。

从容就义的张友清

张友清（1904—1942），陕西神木县人，1925 年加入中国共产党，1926 年入中国大学预科学习，同年入武汉中央军事政治学校学习。抗战前曾两次被捕入狱，历任中共北平市委书记和天津市委书记。1936 年 9 月经党组织营救出狱后，任山西工委书记、中共中央北方局统战部长等职，1942 年春任中共中央北方局秘书长、八路军前方总部秘书长。1942 年 5 月日军进犯太行革命根据地时不幸被捕，同年 7 月光荣牺牲于太原俘虏营中。

张友清任中共北平市委书记和天津市委书记时，曾两次被捕入狱。长期的监狱生活使他双腿出了问题，行走十分困难。即便如此，张友清仍然始终坚持革命工作。1942 年，张友清调任北方局秘书长和八路军前方总部秘书长，后又兼任北方局调查研究室主任。面对党交给的工作任务，张友清都以无私无畏的精神，严谨、认真、出色地完成。1940 年 4 月，北方局在黎城召开太行、太岳、冀南地区高级干部会议，会议期间张友清带病工作，时常通宵达旦。同志们劝他注意身体，他却幽默地说：“我的身体就是这样练出来的！”北方局负责人杨尚昆同志很担心他的身体，要他回延安去休养。他说：

张友清

“前方需要我，我还能继续在前方工作。”

1942 年 5 月下旬，日寇对太行根据地进行了规模空前的“大扫荡”。北方局等机关在转移途中被日军包围。那时张友清身体状况更加不好，双腿走路十分艰难。但在突围的过程中，当他发现一名女同志很吃力地奔跑时，硬是将自己的马让给了这位女同志，叫她冲出重围。敌人的包围圈逐渐缩小，张友清对身边的警卫员说：“牺牲我一个人没有什么关系，千万不要使别的负责同志受到损失。”他把机密文件烧掉后，便在山沟中隐藏起来。后来，敌人搜山时，张友清不幸被捕，被押送到位于太原小东门的一座日军俘虏集中营，集中营公开的名字是“太原工程队”。

在集中营里，张友清化名吴乃人，身份为会计。无论敌人用何等残暴的手段审讯和摧残他，他始终没有说出自己的真实身份，也没有暴露党的机密。张友清意识到时间长了难免会出差错，他趁敌人不明情况的时机，很快与集中营的共产党员取得了联系。他对孙雨亭和彭梦庚说：“我们要赶快建立狱中党的组织，领导难友们进行斗争，保证我党我军的机密不被泄露。要保持共产党人的崇高气节，对狱中的人员要秘密考察和进行联络，把大家组织起来。”在张友清的领导下，狱中地下党支部的建立工作进展很顺利。

此时，张友清虽染上了严重的痢疾、身体非常虚弱，但他仍坚持对敌斗争，给难友们讲述历史上民族英雄赴汤蹈火、保持民族气节的故事，讲述“慷慨赴死易，从容就义难”的道理。

1942 年 7 月 7 日清晨，张友清生命垂危，但他仍强力支撑着身子，听完孙雨亭等人关于建立秘密党支部的工作汇报，使尽全力对同志说：“坚持下去！坚持下去！坚持……”话未说完，这位勇敢坚强、

“太原工程队”旧址

足智多谋的共产党员永远地闭上了眼睛，实践了自己在党旗下的誓言。

张友清牺牲后，中共中央北方局为他举行了隆重的追悼大会。张友清有勇有谋，即便身陷绝境仍不改初衷，坚决地与敌人斡旋斗争，体现了一个共产党员坚贞不屈的革命精神。

打响百团大战第一枪的谢家庆

谢家庆（1912—1940），河南光山县人，1929年参加中国工农红军，1932年加入中国共产党，在红军中曾任多种职务，1937年入抗大学习。抗日战争期间，历任涉县工作团团长、八路军第129师挺进支队兼晋冀豫军区第4军分区政治委员、第386旅16团团长等职。1940年11月24日在武乡关家垴战斗中不幸中弹牺牲。

抗战初期，在冀南活跃着一支游击队，他们破铁路、炸水塔、摸敌营，搅得敌军胆战心惊。这支游击队的领导人，就是在"百团大战"中打响第一枪的第386旅16团团长谢家庆。

1940年5月，谢家庆调任第386旅16团团长。这年8月上旬，八路军总部下达了关于以破袭正太铁路为中心的《战役行动命令》。正太铁路横越太行山，是连接平汉、同蒲两条铁路的枢纽，也是日军获得山西煤炭资源的重要通道，打胜这场战役至关重要。第129师的8个团及总部炮兵团1个营，受命破袭正太铁路阳泉至榆次段。第16团的任务是攻击芦家庄车站。

从旅部受领任务回来，谢家庆就开始召集干部边传达上级指示，边分析敌情、研究打法。谢家庆对大家说："上级的安排是坚决摧毁寿阳、榆次间铁路，因此，我们非打下芦家庄车站不可！”经过仔细研究他们制定了详尽的攻击方案。

这天晚上 19 时左右，谢家庆带领战士们兵分几路，神不知鬼不觉地前去包围驻守芦家庄火车站的敌人。“轰隆隆，轰隆隆……”突然，远处驶来一列日军火车。勇士们举起了枪，由于不到规定的统一作战时间，谢家庆命令指战员隐蔽好。放过这列日军火车后，黑夜恢复了暂时的宁静。黑暗中，第 16 团沿着河流和山谷，围成一个黑圈将驻守车站的敌人紧紧地包围了。第 2 营的战士拔掉第一道铁丝网的木桩，悄悄地通过了铁丝网，紧接着拉第二道铁丝网，都未被敌人发现。在拉第四道铁丝网的时候，敌军的哨兵被惊醒了，枪声顿时打破了夜间的宁静……“投手榴弹！”谢家庆见偷袭不见效，即命令强攻。手榴弹不断在敌人的堡垒群中炸开，战士们越过铁丝网冲了上去。至此，百团大战的第一枪在谢家庆指挥的攻击芦家庄车站的战斗中打响了！

在芦家庄打响战斗不到半小时，7 个堡垒全部被第 16 团攻占。敌人开始向西逃窜，第 3 营向东打过去；敌人向北逃窜，第 2 营向南给敌人迎头痛击。最后敌人被迫聚集在东站的房屋内，被第 16 团围了个水泄不通。 这时，八九十个敌人分成五六个小队，实行反冲锋。谢家庆立即命令用缴获的烧夷弹、曲射炮对敌攻击，敌人惨叫着倒在火光下，汽油库、火药库也都被第 16 团的曲射炮弹击中，各种爆炸声汇成巨大的声响，火光映红了芦家庄的天空。

战斗结束了！第 16 团在百团大战中首开纪录，歼灭日军 80 余人，缴获枪支 50 余支，有效地阻止了阳泉、榆次、太谷敌人支援。

从 1940 年 9 月 22 日开始，八路军开展了第二阶段作战。第 129 师于次日发起榆辽战役。第 386 旅旅长陈赓指挥第 772 团、第 16 团主攻榆社县城。

当晚开始攻城，但由于敌人工事坚固，经一夜激战依然没有将榆社城拿下。24 日，谢家庆召开第 16 团作战会议，研究新的打法。

下午 4 时，他组织全团从钢炮、机枪到步枪，层层压住敌人火力，指挥部队强攻，仍未奏效。他又组织士兵挖地道，进行坑道爆破。9 月 25 日下午 5 点爆破敌堡成功，谢家庆率第二营冲入敌人核心工事。日军为挽救其失败，无耻地使用了毒气。攻击部队的干部战士不少人中毒。谢家庆也中毒了，但他没有倒下，而是拼命高喊："利用炸开的坑洞作掩护，消灭敌人！"第 16 团在他的指挥下，经过 40 多分钟激战，终于将榆社城攻下。守敌除 20 余人逃窜外，其余被第 16 团和第 772 团全歼，缴获各种炮 12 门，轻重机枪 17 挺，步枪 200 余支。

1940 年 10 月 30 日，日军第 36 师团冈崎大队在运动途中，被第 385 旅、第 386 旅和新 10 旅主力以及决死队第 1 纵队两个团包围于武乡以东关家垴、柳树垴一带。敌人在关家垴抢修工事，企图固守，以待援兵。为了在敌援兵到来之前歼灭该敌，第 16 团奉命在当天下午 6 时前，夺占关家垴东侧无名高地，断敌退路。

下午 4 时，全线攻击开始。八路军炮兵以准确的火力，摧毁了敌人前沿防御工事。趁敌人混乱之际，谢家庆立即命令："突击队向无名高地冲击，吹冲锋号！"突击队的勇士们，随着雄壮的冲锋号，趁着弥漫的硝烟，如猛虎般扑向无名高地。敌人利用残存的工事负隅顽抗，双方伤亡很大。下午 5 时 40 分，谢家庆亲率突击队再次发动攻击。迫击炮弹在敌人阵地上不断开花，手榴弹连续在敌人工事里爆炸。敌人的火器被八路军全部压制。谢家庆肩挎轻机枪，一边射击，一边领头向无名高地冲击！战士们看到团长率先打头，勇气倍增，端着刺刀，跃出战壕，以排山倒海之势扑向敌人。谢家庆端着机枪，对着被炮火炸开的阵地缺口一阵猛扫，率先突破敌前沿阵地。战士们紧随谢家庆之后，将敌人压缩于狭小地带，展开白刃格斗。敌人被打得血肉横飞，嚎声四起，尸体横七竖八地躺在阵地上。第 16 团终于夺占了无名高地。10 月 31 日下午 4 时左右，日军 1500 多人从黄崖洞方向赶来。谢家庆立即命令："通知各营坚守阵地，一定要顶住敌人的冲击！”然后他带着通讯、侦察人员跑出指挥所，靠在一块大石上，用望远镜观察敌情。突然，一发流弹飞来，正中谢家庆前额，谢家庆光荣牺牲了……

著名的百团大战是八路军历史上的重要战役，打响第一枪的谢家庆永远与百团大战的光辉历史书写在一起，永远值得后人学习、怀念。

杰出的政工干部苏精诚

苏精诚（1912—1941），福建海澄县（今龙海市）人。曾就读于厦门美术专科学校，1932年开始在故乡发展游击队，并加入中国工农红军，同年加入中国共产党。抗战全面爆发后，任八路军第115师团教育股长，第129师385旅政训处主任、386旅宣传科长等职，后又被任命为第129师386旅政治部主任兼太岳军区政治部主任。1941年1月在武乡韩壁战斗中牺牲。

在共产党领导的抗日战争中，曾涌现出很多思想政治觉悟高的好干部，曾任红一军团政治部宣传队队长和第386旅政治部主任的苏精诚就是其中的佼佼者。

抗战全面爆发后，苏精诚随部队在太行、太岳之间活动，从八路军第115师团教育股长逐步升任第386旅政治部主任，以雄辩的口才和出色的书画才能成为一名优秀的政治工作者。

1937年8月红军主力改编为八路军后，苏精诚出任第115师343旅686团教育股长，9月就参加了震惊中外的平型关战役。次年苏精诚又任386旅政治部主任，并凭借在思想政治工作中积累的丰富经验对这支队伍的政治思想建设做出了自己的积极贡献。这年8月，苏精诚奉命帮助已向第129师投诚的“皇协军第一军”，对这支部队进行民族教育，并在部队中建立秘密的党组织，通过细致入微的思想政治工作提高和巩固了这支队伍的政治素质和思想素质，充分展现了自己的非凡胆略和杰出才干。

1939 年 2 月 10 日，苏精诚协助陈赓旅长在香城固诱歼日军摩托化快速部队，率宣传队赴前线宣传鼓动激励士气，并参加了战斗。接着苏精诚又参加了百团大战，在战斗中表现出了过人的机智和勇敢。

1941 年 1 月 25 日，日军为了控制华北根据地，就在根据地军民准备过春节的时候，再次纠集辽县、沁县、武乡之敌 6000 余人大规模对浊漳河地区“扫荡”，直扑武乡县韩壁村，企图在夜间偷袭正在休整的第 129 师 386 旅直属队。第二天就是旧历除夕夜。当晚日军伪装成八路军决死队，鬼鬼祟祟地混过了哨卡，神不知鬼不觉地来到韩壁村。此时已是大年初一凌晨 5 点多。敌人来到村口后被哨兵发现，正在休整的部队立即予以还击，村里顿时枪声大作。苏精诚在黑暗中第一个发现敌人，大声疾呼：“敌人来了，准备战斗！”并马上吩咐通讯连连长顾永武：“快去保护首长，手枪班马上掩护首长从东侧山沟转移；步枪班马上集合跟我来掩护。”就在此时，敌人一阵轻机枪扫射，苏精诚中弹倒在悬崖边上，他至死临危不惧，拉着一名敌人翻身滚下 200 多米深的山沟里，献出了自己 26 岁的宝贵生命。

苏精诚是党的优秀宣传干部，在党建、抗日统一战线的建立和发动群众方面贡献卓越。他虽然在反“扫荡”中英勇牺牲了，但是这次战斗歼灭敌人 200 多人，保卫了陈赓旅长和旅机关顺利突围，保住了大量的军用物资，为第 386 旅保存了实力。

嫉恶除害的马定夫

马定夫（1915—1943），山西榆社县人，1935年考入北京镜湖高中，1936年春加入中国共产党。抗日战争全面爆发后，受党组织派遣回到家乡，参加抗日牺牲救国同盟会，1937年10月正式组织起榆社抗日游击队并任第三大队大队长兼指导员。1939年后历任中共榆社县委宣传部长、组织部长，八路军晋中独立支队政治部教育科长、民运科长，太行二分区政治部主任，新编第10旅第30团政委等职。1943年7月在太谷枫子岭村掩护群众转移时腹部中弹，壮烈牺牲。

马定夫在学生时代就积极参加爱国学生运动，并因此多次被学校开除。后来他参加了党的外围组织“反帝大同盟”，在斗争的磨炼和考验中于1936年加入了中国共产党。马定夫从小喜欢读书，还喜欢研修书法、练习珠算，同时酷爱军事游戏，关心时事，立志长大后做一名保家卫国的军人。

“七七事变”后，马定夫无心继续读书，强烈要求返回家乡参加抗日。经党组织同意，他辍学回到故乡参加了抗日牺牲救国同盟会。当时牺盟会积极进行抗日活动，国民党顽固派却百般阻挠。为了组织抗日游击队，马定远就枪支弹药及粮食问题多次和县长交涉，而顽固反动的县长却久拖不予解决。马定夫和同志们巧妙运用斗争策略将其赶走，又通过党组织调来高沐鸿担任县长。在县委的领导和支持下，马定夫积极发动和组织进步青年参加抗日游击队，当年 10 月游击队成立后，马定夫出任第三大队队长兼指导员。

马定夫

1939 年以后，马定夫历任中共榆社县委宣传部长、组织部长，八路军晋中独立支队政治部教育科长、民运科长等职。1941 年，马定夫调任太行二分区第 30 团政治委员。任职期间他不仅关心部队里的战士，还心系驻地周围的群众。榆社县柳树沟一位贫农因病不能下地劳动，家中生活艰难。马定夫知晓后，带着部队医生为他治病，并发动战士们为他耕种田地。这个贫农深受感动，在病愈后当了民兵，第 30 团转战太谷时还赶往驻地看望同志们。而对于横行乡里的恶霸，马定夫却毫不容情。祁县大韩庄一个薛姓恶霸的 3 个儿子欺压群众，老百姓深受其害，称之为“三条蛇”。马定夫应群众的强烈要求，协助当地政府将他们处决。

1943 年 6 月正是丰收时节，马定夫率第 30 团到太谷县南山根据地中北岭一带组织夏收保卫战。在收到日伪军要抢夺小麦的情报后，马定夫安排部队埋伏在北岭和西北岭之间的山坳，让民兵埋伏在部队的右侧山沟里，先行阻击敌人。这一战术果然迷惑了敌人，他们以为对手只是些“土八路”，便大胆前进。等到敌人靠近后，马定夫一声令下，子弹、手榴弹同时飞向敌人，敌人被打得不知方向。马定夫抓住机会命令神枪手射杀了领队的中野，战士们乘胜追击，共打死 30 多名敌人。这场保卫战获得了全胜，而老百姓则高高兴兴地把小麦收获了。

为庆祝夏收保卫战的胜利，7 月 23 日，当地军民在太谷枫子岭召开了联欢晚会。日寇闻讯后夜袭枫子岭，占领了东南面的山头。马定夫得到报告后，一边组织群众撤离，一边命令部队战斗。在他的指挥下，经过 3 个多小时的激战，终于消灭了敌人一个排，占领了山头。在部队的掩护下，1000 多名群众安全地转移了。而马定夫却在激战中不幸中弹牺牲，当时只有 29 岁。

马定夫牺牲后，他的家乡人民万分悲痛，成立了“马定夫复仇连”，太行二区政府把第 30 团第 3 连命名为“马定夫爱民模范连”。为了纪念他，太谷县枫子岭村改名为马定夫村。

“白马将军”王墉

王墉（1915—1948），河北乐亭县人，1936年4月加入中国共产党。早年因参加革命活动被关入草岚子监狱，后经党组织营救出狱。1937年参加了牺盟会，历任沁源县公安局局长、沁县游击队大队长、游击15支队队长、营长、纵队司令员侦察科长、第212旅55团团长等职。1945年参与开辟汾南根据地并任太岳第5军分区副司令员。1948年3月22日在临汾战役中视察兴隆殿战场地形时，不幸中弹牺牲。

1941年9月14日上午，从浮北阵地上传来八路军第55团5、6、7三个连战事危急、请求支援的消息。不一会儿，一位20多岁的年轻人骑着一匹白色的伊犁大马，带领一支队伍火速来到浮北阵地。这时，敌军已冲破3个连左侧的阵地，正朝突破口涌进。在这万分危急的时刻，只见这位年轻人跳下战马，蓦然拿起倒在地上的战士的三八式步枪，端着刺刀，高声喊道：“同志们，消灭敌人！把冲进来的敌人统统消灭掉！”这时，已经伤亡过半的3个连战士听到他的呼声，骤然间变成一只只不可战胜的雄狮，他们端着雪亮的刺刀一个个向敌人冲杀过去。最终3个连的战士反守为攻，愈战愈勇。

他们一路追击，把敌人打得七零八落，溃不成军。这位和战士并肩作战、使 3 个连转败为胜的年轻人，就是浮山老百姓亲切地称为“白马将军”的王墉团长。

王墉小时候在天津当过报童，在济南做过编辑，在北平干过挤奶工人，生活非常艰辛，饥饿时经常不得不在垃圾堆上与狗争食。然而，生活的困苦并没有阻挡住他对新生活的向往和对人生道路的探索。在平津，他参加共产党领导的“东北青年救亡会”；在北平，他参加先进组织“救灾会”“民先队”。1937 年 1 月，王墉来到山西牺牲救国同盟会，开始了新的革命生涯。

“七七事变”后，王墉先是加入山西青年抗敌决死队，之后又跟随薄一波到晋东南创建太岳区抗日根据地。1940 年 10 月，年仅 25 岁的王墉被任命为第 212 旅 55 团团长。第 55 团是全旅共产党员最多、战斗力最强的一个团，王墉带领这个团的战士们采用机动灵活的战术在战场上英勇杀敌，取得了一个又一个的胜利。太岳纵队首长认为他们“创造了新军歼敌的新纪录”，称赞他们是“能战斗的部队”。

1941 年 8 月初，阎锡山打着“联合日军，消灭叛军，开展汾东政权”的幌子，派第 61 军军长吕瑞英带着两个师 6000 余人的队伍，疯狂进犯临汾、襄陵 、浮山、曲沃、翼城等抗日根据地。上级决定派遣王墉率第 55 团打入敌人两个师的结合部，然后其他兄弟部队采用分割包围的办法全歼敌人。

王墉接受任务后马上进行思想动员和纪律传达。他让各连队战士逐一检查武器弹药、挎包干粮、绑腿皮带、鞋带鞋底，并要求在行军过程中不准说话，不许吸烟，不能发出任何声响。8 月 11 日天黑后，部队悄无声息地出发了。王墉亲自带领担任突击任务的第 6 连战士，避开敌人的重兵防守区，沿着漆黑的深谷一路前行，神不知鬼不觉地从敌人背后摸了过去。深夜时分，战士们突然发起猛攻。他们先把敌人的岗哨消灭掉，然后大队人马迅速占领了敌人的炮兵阵地。

按战前的部署，第55团在抢占炮兵阵地后用大炮轰打赵城的敌人。王墉喊过一个被俘获的敌炮手，往前面一指，说:“向那个山头射击！”“轰”的一声，炮弹呼啸着向山顶飞去。不一会儿，电话里传来敌人的声音:“怎么搞的？炮弹落到自己兄弟的阵地上了！”王墉接过电话筒，大声说道:“没有错，你们那里不是需要炮火支援吗？我是命令炮兵支援你们的！”“轰”，又一发炮弹向山头飞去。接着是第三发、第四发……山头上的敌军指挥官暴跳如雷，大骂炮兵瞎了眼。过了好一会儿，他才恍然大悟，原来炮兵阵地已被八路军占领了！山头上的敌军顿时慌了手脚。大炮在敌人的队伍里开了花，第55团偷袭成功！之后指挥战士们全线出击，向敌人阵地冲去。在八路军重拳出击下，敌人纷纷倒退，最后不得不缴枪投降。

王墉

1942年4月，第212旅合并为一个团，保留第54团番号，王墉任团长，更重更艰苦的战斗任务落在他的肩上。无论什么时候，王墉都保持着高度的革命责任感。他英勇善战、机智灵活，在瞬息万变的战场上总能抓住有利的战机。他在大雨滂沱中钻进曲沃县敌人的格子网，全歼伪军9团；他抓住日军主力到根据地扫荡、后方空虚的机会，偷袭浮山县城，捣毁“乌龟壳”，生俘伪军60多人；他采取南北两面设伏、东西两头封锁的战斗部署，在柳寨村的公路上全歼日军高桥中队和他们的运输队；他率领部队一夜行军100多里，在塔儿山和马尾山生俘敌军200多人，缴获粮食5万多斤、骡马70多匹；他捣铁路、割电线，半夜突然闯进张礼车站，把正在做梦的一小队日军全部消灭，还缴获了大量的武器弹药和军用物资。在白刃相接、烟林火海的战场上，王墉部下的战士、干部、伙夫、马夫都以团长为榜样，把他当成敌人无法战胜的巨人。

英勇善战的王墉在部队中威信很高，不论是在抗日战争还是在解放战争中都做出了很大的贡献，徐向前元帅称赞他“是位优秀指挥员，他作战勇敢，很有头脑，带兵严格，爱护下级，在部队中威信颇高”。

文武双全的谢翰文

谢翰文(1904—1942)，湖南耒阳市人，中学毕业后回乡参加革命，1926 年加入中国共产党。1928 年领导桐子山地区的农民武装，1930 年建议创办《红军日报》，1934 年参加长征，1937 年后在抗大任职，1941 年初调任八路军后勤部政治部主任。1942 年 5 月率后勤政治部转移到山西省辽县(今左权县)一个小山村时，不幸被日军包围被俘，后押至太原被秘密处死。

谢翰文不仅领导人民武装力量进行革命斗争，还十分善于做政治宣传工作。谢翰文在井冈山任第 4 纵队党代表时，发现第 11 连政治工作做得好，便把第 11 连的工作经验在全纵队推广，使全纵队精神面貌焕然一新。据当时任第 11 连指导员的方强回忆 ：“谢翰文抓政治宣传工作，头脑敏捷，会抓典型;特别是宣传鼓动工作做得好，他开会做报告，没有一个不认真听的。”红三军团攻打长沙时，任红三军团秘书长的谢翰文同军政治部主任袁国平策划出版了《红军日报》，在社会各界引起轰动。当时的《大公报》评价道 ：“红军在戎马倥偬之际，犹知注重报纸宣传，不微疏懈，吾人对之，宁无愧乎。”而《红军日报》上所发表的总前敌委员会的布告、命令等，大多出自谢翰文之手。由于在政治宣传工作上做出了突出成绩，1939 年谢翰文被评为“抗大”46 名先进政治工作者之一。

1941 年初，谢翰文调任八路军后勤部政治部主任。1942 年 5 月，日军对华北的冀中、太行、大岳、晋西北等抗日根据地进行“拉网大扫荡”，总部决定实行战略转移。在突围过程中，正当谢翰文和其他八路军干部、战士进村准备生火做饭时，日军从村外围拢过来，火力十分密集。谢翰文知道村前路口已被敌人封锁，便率领后勤政治部的人员从村后突围。冲出包围圈后，谢翰文发现已经怀有身孕的妻子王振东仍在村里，而且还携带着后勤政治部的文件箱。于是他冒着敌人的弹雨又冲回村里，搀扶着妻子往村后撤退。可是敌人已经发现了他们，用密集的火力封住了退路。危急之中，谢翰文和妻子把皮箱中的文件取出，塞进一户人家的柴灶里焚烧。就在这时敌人一拥而来，谢翰文和妻子王振东双双被俘。

当天，谢翰文夫妇及其他一些被俘人员被敌人一同押往太原。当日军得知谢翰文是八路军的高级干部后，便把谢翰文和他的妻子关押在一个单独的小院内，企图软化他们。当敌人看到软化策略对谢翰文根本无效后，便以惨无人道的手段摧残他，他们用铁丝穿过谢翰文的肩胛锁骨，然后把他吊在房梁上，脚下又放了炭火。但是谢翰文坚贞不屈，敌人最终将他们夫妇残忍地杀害了。

谢翰文夫妇被捕之后，大义凛然、威武不屈，表现出了共产党人的崇高节操。谢翰文夫妇被敌人杀害之后，尸骨都没有留存下来，只留下了几张模糊不清的照片。

活捉天皇外甥的战斗英雄赵亨德

赵亨德（1922—1947），山西平定人，“七七事变”后参加抗日游击队，1938年加入中国共产党。历任八路军太行独立支队副连长、太行军区第2军分区司令部侦察参谋、太行2分区侦察队副队长、太行二分区第42团参谋长等职。1944年在太行区召开的群英大会上荣获一等侦察英雄称号。1947年，在解放平定城战役中壮烈牺牲。

1986年，我国曾经拍过一部抗战题材的电影，片名叫《密令截击》。影片讲述的是朝鲜义士罗北川活捉日军中将白川的传奇故事。当时许多人猜测这么传奇的人物和故事一定是虚构的。随着《一个“老八路”和日本俘虏的回忆》被译为中文并在国内发表，真相终于浮出水面。原来朝鲜义士的原型就是太行2分区司令部武工队大队长赵亨德，而白川中将的原型就是《一个“老八路”和日本俘虏的回忆》的日文版原作者铃木川三郎，他也是当时的日本天皇裕仁的外甥、明仁天皇的表哥。

赵亨德出生于一个革命家庭，他的家里一度就是地下党联络站，后来被汉奸邻居告密，父母被抓进宪兵队严刑拷打。两位老人被打得奄奄一息，被放出来不久，他的父亲就过世了。赵亨德的妻子李明光也积极参与革命工作。在活捉铃木之前，赵亨德就因卓越的战功而闻名于太行2区，1944年11月21日曾光荣地出席太行区群英大会并被授予太行区“一等侦察英雄”的光荣称号。

活捉铃木的事还得从1944年1月说起。当时上级命令赵亨德率领八路军侦察队伍活捉几个日本鬼子。接到命令之后，赵亨德和战友们进行了周密的研究和部署。第一次，他们选好了目标，白天住在远离铁路的山洞里，夜晚就到大桥旁的车边等待。他们在刺骨的寒风中等了一夜又一夜，但一个礼拜过去了敌人都没有出来。许多队员都失去了耐心，赵亨德一直鼓励大家要坚持下来。第二次，他们瞅准了一个日本士兵。赵亨德化装成宪兵队便衣，还有的人化装成老百姓，他们在狼峪车站附近一下就抓住了目标。但当他们往回带人的时候，路过一个山崖，日本兵猛然跳了下去。赵亨德与他一起滚下山崖，摔断了腿，很遗憾地让这个人跑了。又经过了第四次、第五次……许多战士都等得不耐烦了，赵亨德却总是鼓励他们，同时也在暗地里继续等待机会。终于，在赵亨德新婚后的第三天，也就是1945年1月17日，机会来了。

这一天的凌晨大雪纷飞，一列载有日军高级军官的火车缓缓开进了芹泉至寿阳间的西庄村。这时埋伏着的八路军战士、游击队和民兵组织在行动总指挥赵亨德的带领下，立即快速扒掉了铁轨，火车立刻脱轨。赵亨德一马当先，向火车冲去，引燃了随身携带的手榴弹和炸药包，顿时火车内硝烟滚滚、火光冲天，场面一片混乱。这时赵亨德带领队伍与车厢内的鬼子们展开了白刃战，率先杀死了两名鬼子兵。在战斗中赵亨德多处受伤，鲜血直流，但仍然顽强地指挥战斗，最终消灭了120多名鬼子，活捉了当时日伪山西省政府教育厅行政顾问、少将团长铃木川三郎，也就是文章开头所说的天皇外甥。事后，太行区嘉奖了赵亨德，并记大功一次。铃木川三郎后来被送到延安，他目睹了共产党、八路军的作风，深受感染，最后成为一名反战人士，抗战胜利后回到了日本。20 世纪 80 年代末，他还带着女儿到中国访问过。

不幸的是，1947 年赵亨德在解放平定的战场上光荣牺牲，年仅 26 岁。在他的墓上，碑文不长，却恰如其分地记述了他的一生：

献身革命，忠心耿耿。驰骋疆场，敌顽震惊。

优秀党员，千古英名。太行之光，浩气长存。

第六编　军民关系

在中国抗战英勇壮烈、可歌可泣的斗争中，不同民族、不同阶层、不同信仰的爱国人士在民族危亡之关头，结成广泛的抗日民族统一战线，全身心地投入了抗日战争的历史洪流中。全面抗战八年，无数热血男儿，毅然奔赴前线；无数家庭为了抗日，节衣缩食支援抗战；无数母亲、妻子，挑起家庭重担，送儿送夫参军抗日；还有无数民众虽饱受侵略者的压迫、欺凌、摧残、掠夺，但决不低头，采取各种形式同敌人斗争；更有无数人在自己的岗位上，默默无闻而又坚强地从事着生产、供给、运输、侦察、救护、联络、宣传鼓动等平凡而重要的工作。他们不分年龄、性别、职业，为抗日做到了所能做的一切。正是千千万万的人民群众成了国家和军队坚持抗战、争取胜利的重要支撑力量，他们用实际行动在山西这片土地上谱写了惊天地泣鬼神的爱国主义篇章，在抗日战争的历史长河中留下了浓墨重彩的一笔。

太行奶娘深情养育八路后代

1937年至1945年间，八路军将帅把战争中出生的子女寄养在太行山区的农民家庭中，由此出现了“太行奶娘”这一群体。“太行奶娘”们冒着生命危险，用甘甜的乳汁养育了一批八路军后代，用自己特殊的方式为抗战做出了贡献。

左权县开花调艺术团创作的大型花戏歌舞剧《太行奶娘》一经搬上舞台就好评如潮，感动了无数观众。这出戏的主题歌运用了传统左权民歌的旋律，歌词是这样的：

桃花来你就红来
杏花来你就香
望见太行就想起娘呀
啊个呀呀呆
……
树高千丈根往下长
天下的娃娃谁不想娘
魂里梦里念的是你呀
我的娘亲在太行

其中歌颂的太行奶娘，其实是一个群体，指的是1937年到1945年八路军驻扎太行山区期间为八路军抚育儿女的普通女性，包括邓小平之子邓朴方的奶娘郭金梅、刘伯承之子刘太行的奶娘韩春花、罗瑞卿之女罗峪田的奶娘王巧鱼、李雪峰之女李晓林的奶娘玉江娘等数十人。

在特殊的年代，八路军将帅的孩子们无法随着父母转战南北，只能被寄养在当地老乡家里。邓小平夫人卓琳生下邓朴方时没有奶水喂养，先在下麻田村找了个奶娘，但奶娘的奶水也不够，之后又在云头底村找到一位奶娘叫郭金梅，于是邓朴方就有了两个奶娘。罗瑞卿的孩子罗峪田的奶娘是麻田村的王巧鱼。王巧鱼照顾孩子无微不至，连罗峪田的名字都是她给起的。为了感激奶娘的养育之恩，罗峪田一辈子没有改名。

太行奶娘们把寄养的八路军后代当成了自己的亲生儿女。在革命战争年代抚育他们，不仅缺衣少食，还可能付出生命的代价。麻

歌舞剧《太行奶娘》剧照

田下口村的奶娘李果兰在一次反“扫荡”转移中，抱着奶儿王长江，躲进圪料山的一处狭小拐弯的岩洞里。孩子的啼哭声引来了日寇，日寇用杀害李果兰的父母相威胁让她交出孩子，但她拒绝了，残忍的日寇将李果兰的父母亲推下悬崖摔死，还向李果兰躲藏的岩洞里放枪、乱刺。幸好那是个拐弯岩洞，子弹和刺刀才没有伤及李果兰和孩子。李果兰完全把奶儿当作了自己的亲生骨肉抚养，奶儿王长江 6 岁才被人接走。可惜她只活了 36 岁，临死前她还念叨着奶儿的名字。

当地农村老话说：“奶儿越奶越亲。”抗战胜利后，这些八路军的后代一个个都被自己的亲生父母接到城市去生活了，但是奶娘和孩子们之间的感情却难割难舍。罗峪田在《我的太行山妈妈》里这样写道：“妈妈来接我，我硬是抓住奶娘不肯松手。是她用奶水把我喂养，用体温把我暖和过来。她是我的太行山妈妈呀！”孩子们走后，滕代远儿子的奶娘范籽籽病了，上口村奶娘刘小鱼哭奶儿哭得浑身浮肿……几乎所有的奶娘眼看着失去了自己的“心头肉”，身体都垮了，有的甚至再也没有好起来。

八路军的后代乃云（邓朴方）、乃蛋、乃亭、乃庆等小名儿中都带个“乃（奶）”字，他们的婴儿时期都有一位“太行奶娘”。许多当年寄养的孩子都一直跟奶娘家保持着联系，有的还专门回到当地看望奶娘。邓朴方返回左权县看望奶娘时，亲切地叫着娘，依偎在奶娘的身旁，抚摸着奶娘朴素的衣服，用手指头掸掉奶娘身上的线头，那种母子重逢的场面感动了每一个人。孩子们进城市之后都渐渐长大了，有的成为国家栋梁，担任了重要的领导职务。奶娘们却都老了，一个个离开了他们留恋的世界和惦记着的孩子们。孩子是奶娘的牵挂，也是一辈子的寄托。上口村的刘小鱼去世前还嘱咐儿女们不要将消息告诉“智明哥”（她的奶儿子），说路远、跑一趟不容易……

开国中将张南生的儿子张雁之在《我的母亲林纫篱在太行》一

文中写道："由于根据地老百姓对八路军的后代，像对待自己亲生孩子一样照顾、保护，我们这些八路军的后代才有今天。这就是军民鱼水情，这就是我们战胜日本侵略者的根基。"

北平走来的抗战姐妹

全面抗战爆发后，山西成为敌后抗战的战略要地，大批党政军机构迁入山西，各地的党员干部、部队官兵和进步青年也纷纷奔赴山西参加革命工作。齐云、齐心姐妹和当时的许多进步青年一样，先后参加到山西的抗战工作中，成为当时进步青年的杰出代表。

齐云、齐心是抗战时期战斗在晋东南的一对姊妹花。她们是河北高阳人，父亲齐厚之毕业于北京大学，曾在冯玉祥的部队和直隶省任职。

齐云又名齐韫，早年在北京读书、参加革命活动期间被吸收为地下党组织的发展对象。“七七事变”之后齐云受党组织委派，同丈夫魏健一起到山西从事抗日活动，先后在阳城、长治、潞城、屯留、平顺和壶关等县工作，担任过多个重要职务。在当时的艰苦环境下，齐云宣传抗日、培养干部，领导妇女参加生产，发动群众参与对敌斗争。她既从事抗战宣传，也从事妇女工作；既能担任政治课教师，也精通音乐。她平易近人、和蔼可亲，工作积极热情，与同志们关系融洽，人们都亲切地叫她“大齐”。1939 年的农历正月初二，

齐云

牺盟会文昌阁驻地两次遭到驻扎在阳城的国民党顽固派砸抄，损失严重。牺盟会奋起反抗，齐云和赵树理等人在散发传单时被捕。后来经过牺盟会的抗议，她才被无条件释放。但齐云等人越挫越勇、毫不畏惧，又在正月十五这一天走上街头散发传单、表演节目，宣传抗日主张。鉴于齐云党员身份暴露，晋豫地委将他们夫妻调至长治城里工作。1940 年 6 月齐云任潞（城）东县政府秘书，她在“土脚事件”中英勇沉着的表现也让人刮目相看。当时 150 多名日伪军包围了潞(城)东县政府驻地土脚村。双方激战 3 小时，五专署独立团 2 营 24 名战士被俘后惨遭杀害，政府大印丢失，机关人员全部撤离。在斗争中齐云临危不惧，等所有人都撤退之后才最后一个离开。1941 年 3 月的“南山岭事件”中，日伪军 400 多人包围了驻扎在南山岭村的潞东县政府，县公安战士与敌人展开了殊死斗争，局长王天仁在战斗中牺牲。齐云仍然一如既往地坚持战斗，表现得很坚强勇敢。

齐心是在姐姐齐云的带领下逐步参加革命的。“七七事变”前齐云考入了北平女子学校，但是战争的硝烟使她求学梦碎。北平沦陷后，她随姐姐齐云历经千辛万苦辗转到达太原，但还未入学太原就告急。此时齐云已经在晋东南参加了抗日工作，年幼的齐心也想效仿姐姐成为革命战士，两次外出寻找抗日队伍。爱女心切的齐厚之一是觉得女儿年龄太小，二是觉得没有可靠的人带领，两次把她追了回来。齐云得知妹妹的情况后经过慎重考虑，把妹妹从太原带到了晋东南。1939 年，齐心进入了抗大一分校直属女生队学习。齐云把齐心托付给了副队长、女红军刘抗，并且叮嘱妹妹要好好学习。经过了 1939 年的“七月大扫荡”和 1940 年的“秋季大扫荡”的战火洗礼，齐心也从特批的候补党员转为正式党员。从抗大第五期毕业后，齐心先后在长治县干部学校妇干队，武乡抗大一分校留守处，抗大总校总务处、卫生处等单位工作，表现出色。在抗大一分校留守处工作期间，齐心跟随大队住在武乡县大陌村。房东史改转大嫂新婚不久，担任着村里的妇救会主任。她教齐心干农活、纺织、缝补衣服，齐心教她识字、向她宣传抗日救国的道理。在齐心影响下，史改转逐步认识了不少字，觉悟也大大提高了。一次日本鬼子到村里“扫荡”，史改转跟村民躲在山洞中，被日本兵发现了，日本兵还杀害了她的婆婆。为了保护群众，史改转挺身而出，把一名鬼子推下了山崖。后来她说：“是

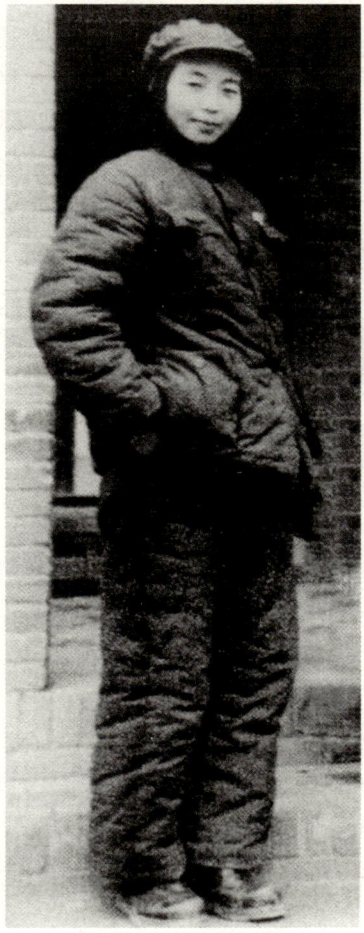

齐心

小齐帮我开了窍，我才有这么大的勇气。”齐心看到一些学员翻山越岭来到武乡之后绑腿都断了，于是想为战士们拼接几副绑腿。但史改转告诉齐心和其他工作人员，绑腿不能拼接，因为布头的横顺不一致。史改转说，做绑腿需要一个工具——箵，她把家里的一个坏掉的箵拿出来让齐心等人反复拆卸，掌握制作要领。经过几天的努力，齐心等人不但做了一个好用的箵，而且还用这个箵制作了十几副绑腿。她们按照乡亲们的指点为绑腿染色，和军装的颜色基本一样。这些战士拿到了新的绑腿别提多高兴了！后来史改转把齐心亲手制作的箵保存了下来。2011 年才由她的大儿子魏玉林向三晋文化研究会的同志们讲述了这段尘封的往事。

1940 年 11 月，齐心离开山西奔赴延安。抗战胜利后，齐云与丈夫魏健也离开山西奔赴东北继续从事革命工作。齐云、齐心姐妹俩在山西的革命活动及她们的事迹，至今仍然在她们生活过的太行山区为人们所铭记。

崞县百姓踊跃参军

1937年10月，日军沿代县至崞县（今原平市）公路发起进攻，拉开了大规模的忻口战役的序幕。一周后，崞县陷落。面对日本人的残暴屠杀，崞县人民很快掀起了踊跃参加“抗日救国义勇军”（后编入八路军）的高潮。这些崞县走出的热血儿女带动了当地群众参加抗战，同时他们在战场上奋勇杀敌、保家卫国，用青春和汗水写下了壮丽的一页。

1937年10月初，3万余日军沿代县至崞县（今原平市）公路发起进攻，拉开了忻口战役的序幕，一周后崞县陷落。

自从日军的铁蹄踏上崞县这块土地，全县人民便陷入了灾难之中。日军进入县城后便挥刀屠杀，连跪在地上迎接他们的200余名上层分子也被他们用铁丝串捆，从背后扫射杀死，无一幸免。在城内的大街小巷，他们走到哪里就杀到哪里，唯恐没有斩尽杀绝，还要挨门挨户地搜查。从西门到小东门底，除残杀在街头院落的人之外，还集体屠杀了两次。在正街和南街，他们把男女老幼集中在一个院子里残忍地杀害了。在蛤蟆桥边，他们连续三天大搜查、大屠杀，鲜血染红了桥下河水，尸体交叉相连，几无插足之地。在城壕里、粪坑中、防空洞下，更是尸体成堆，鲜血淋漓。敌人还将一里多长的一条街约计 270 多家商店和 3000 多间民房全部纵火焚毁。这场大火持续一个月仍余烟未息，当年繁华的崞县城沦为一片废墟。

日本侵略者的暴行还不止这些。在忻口战役中遭到八路军顽强抵抗不得前进时，他们就在崞县西南的王家庄、阎庄、永兴村一带大肆残杀无辜群众，制造了一起又一起惨案，从 1937 年 10 月 12 日至 11 月 2 日，被杀群众就达 5000 余人，烧毁房屋近万间。尤其是 10 月 13 日的南怀化惨案，更是骇人听闻。204 户、1020 口人的村子，一天之内就被烧绝 100 户，杀死 766 人，幸存的 254 人大多人是在外未归才免于此难。另有房屋 1000 余间全被烧毁，牲畜牛羊全部被抢去了。

面对日本人的残暴屠杀，是当亡国奴任人宰割，还是站出来去打日本人？每个村庄的人们议论着、思索着。在八路军英勇抗敌的影响和宣传组织的推动下，在崞县这块土地上，很快就掀起了一个踊跃参加“抗日救国义勇军”（后编入八路军）的高潮。

动员农民参军，是战争动员中最困难的一件工作。一方面，农民是小生产者，祖祖辈辈都在这块土地上劳动生活，日出而作、日落而息，虽然受着封建地主的压迫剥削，过着衣不蔽体、食不果腹的日子，但由于小生产的局限性，一般不愿离乡背井去参军。同时，当兵打仗就会有牺牲，再加上家中劳动力参军后就会面临缺乏劳动力、生活困难的情况，这些都是动员农民参军的现实困难。另一方面，旧社会流传的“好人不当兵，好铁不打钉”的观念影响很深。当时农村对革命军队缺乏了解，以为所有的军队都跟旧军队一样。人们对旧军队印象很坏。旧军队中的军人是招募雇佣来的，素质很差，成分复杂，经常扰民。国此一般家庭都不愿意让家人参军。

但是日军的暴行打破了农村的寂静，抗日的烽火在城乡一起点燃了。群众中蕴藏着的抗日复仇怒火，抗击侵略、保卫家乡的热情顿时迸发出来，青年们很快形成成伙结队地报名参军的热潮。崞县

人民群众热烈欢送青年集体参加八路军

适时成立了县动委会，成立了扩军小组，深入农村广泛发动群众。他们采用了哪里出一个排、一个连就由哪里推选排连长的办法来调动积极性。神山村包括附近梅家庄、小泉沟等村到该村报名参军的青年，不到1个月，就组建了4个连，500多人入伍，正式宣告了“抗日救国义勇军神山第一营”的诞生。接着黄牛连、阎庄连、上阳武连、贾庄连等相继建立。在参军中，父送子、妻送郎、兄弟相争的动人事迹不断涌现。黄牛村是一个600多人口的村庄，成连的人参军确是奇迹。史志仁是个独子，年已花甲的父亲不愿他离开，扩军人员也劝他留下，但他做通了父亲的思想，终于参加了义勇军。郝九全、李千一新婚不久，毅然放弃蜜月，报名参军。50多岁的李永德，家有妻儿，也报名参军，后在连里当司务长。部队在灵丘行军时，王震旅长发现了这个胡子兵，笑着说：“老同志，年纪大了，该回家休息了！”他却说：“不！不！俺可精神哩。”类似事例在崞县各地还有许多。在短短的两个多月里，全县共完成新兵动员6500余人。这批义勇军经过了短期训练，纳入了第358、359旅的序列，成为第

120 师的正规部队。此外,村民还在党的领导下组建了 200 多人的“河东抗日救国义勇军”，组织游击队，武装群众，扩大抗日部队。有血性的崞县人民经过宣传教育，一批批被动员上了前线。

在八路军的宣传组织下，全县人民迅速行动，在全面抗战的八年中先后有 3 万多青年参军入伍，投身抗日战场。十四年中，为了抗击侵略者，崞县约两万人死于敌人的刀枪下，但这里始终是牢固的敌后根据地。

五台山僧人舍命救干部

国难当头之际，五台山僧众在中国共产党统战和宗教政策的感召下，秉承“出世入世不二”的圭臬，遵循“出家不出国”的信念，实践“大悲大勇的菩萨行”，积极投身抗战洪流。他们利用特殊的身份和巧妙的方式，冒着生命危险多次从日军的枪口下保护和营救抗日人员。五台山僧侣们善恶分明，立场坚定，舍生取义，他们积极抗战的历史成为中国抗战史上一段凝重而新奇的记忆，也书写了五台山佛教圣地浓重而壮丽的一笔。

一直以来佛教都以出世为其指向，被人视为“跳出三界外、不在五行中”。然而国难当头之际，五台山僧众在中国共产党的领导下积极参与抗战，留下了许多可歌可泣的感人事迹。

青庙僧会会长然秀是一位德高望重又深明大义的高僧。抗战期间，他假意担任五台山日伪维持会会长，暗地里经常利用这一“合法”身份保护、营救抗日军民。1938 年秋的一天，日军在显通寺当家和尚然宇的住处搜出了“五台山佛教救国会”的印章，然宇被捕。随后日军将他与 5 名抗日工作人员，一起捆绑在显通寺的松树上，准备杀害。危急关头，然秀赶紧联系罗睺寺喇嘛杨金巴和菩萨顶会讲日语的喇嘛席增阁一起去救人。只见然秀带领一行 240 多名僧人浩浩荡荡地赶赴刑场，跪地不起。席增阁喇嘛与日军队长交涉道：“寺院和尚是信佛教徒，一心只念阿弥陀佛，不参与政事。救国会印章是八路军送来的，与当家和尚然宇无关，不应治罪……”接着席增阁又指着其他 5 人解释说：“那些外籍人都是来朝山拜佛的，只因兵荒马乱无法回去。他们根本不是八路军干部，也不该问斩。”这时然秀利用日军官兵普遍信佛这一特点，开始大讲神灵威力及杀生必遭报应等教义。他说：“请太君一定要手下留情，寺院乃修善之所，万不可杀生害命。你若多做好事，佛爷一定保佑你一家老小太平无事……”日军队长最终被说服，将 6 人当场释放。

金阁寺的当家和尚含空有一颗菩萨之心，对抗日军民的要求总是有求必应，尽力而为，人称“得道和尚”。1942 年冬天，区干部马银太在执行任务时被日军发现，敌人一直紧追到金阁寺外，情况十分危急。含空不顾自身安危，赶紧把马银太藏到地窖里，并把地窖门盖好，然后在上面放了一张供桌，摆了一尊佛像，放上香炉，点燃贡香。随后含空大师命令所有僧侣大声诵经，一时之间整个大殿一片般若波罗蜜之声。日军追进来，怒气冲冲地要他交出“八路”，含空大师连声念着阿弥陀佛并用手比比划划，示意他只信佛，不懂什么“八路”，巧妙地与日军周旋，最终支走了日本兵。

含礼和尚

在中上层知名高僧的带动下，五台山的僧侣无论高低、不分老幼，可谓是“一起来救亡”。抗战期间，尊胜寺知客含礼（后为住持）一人就保护了抗日干部 30 多人，堪称“英模和尚”。1941 年春的一天早上，区干部王洪税匆忙跑进尊胜寺，对含礼说：“汉奸王吉告了密，警备队在龙王堂抓我，我从厕所墙上逃了出来……”含礼忙问：“你来这儿被敌人发现了没有？”王答：“没有！”含礼一听略微宽下心来，便招呼他吃早饭。谁知饭刚扒拉了两口，寺外突然传来“叭叭”两声枪响。王洪税放下碗筷提枪便跑，含礼赶紧跟了出去。刚走出山门，就见远处4个日本兵正朝尊胜寺跑来。王看阵势不对，旋即又转身向寺内跑去。含礼心里忐忑得很，但他还是故作镇静地放慢脚步，直到拐过墙角，避过日本兵的视线，才飞也似地跑到王洪税身前，一把把枪夺过来插在旁边的玉茭秆捆子里，然后又把他藏在佛座背后的密洞里。含礼暗暗思忖：“王已被敌人发现，一会儿敌人进来一定向我要人，我该如何交代？”情势紧急不容多想，他急中生智，箭步跑到炭房院的东房檐下，伸手扳下三四片瓦。此时4个日军已追过来，恶狠狠地问道：“八路的几个？”“一个。”“手里拿的什么？”含礼指着日军手里的枪说：“这个。”“跑到哪里去了？”含礼赶紧把他们引至炭房院门口，语气肯定地说：“从这里跑了。”4个日军闯进炭房院内就是一顿乱枪射击。这时他们发现了地下的碎瓦片，又迅速跑出寺外，在野地里搜索了一阵子，一无所获。下午，王洪税平安地离开了尊胜寺。

五台山僧人救人的事迹举不胜举，其中小和尚一把铜勺智救八路军的故事一直广为流传。1938年秋，宿斗计、张柏、梁凡全等3名共产党员和支持抗战的隆禅法师等7人被关押在台怀镇皇城庙广场院内的日军地牢里。他们被日军折磨得伤痕累累，八路军前后营救多次均未成功。日军还加强了警戒，规定除了定时送饭，不允许任何人接近地牢，而且送饭的只能是小和尚。这天然秀法师、然宇法

圣忠法师

师和几个区长找到当时还是小和尚的圣忠法师（后为殊像寺住持），希望他能负责送饭，同时还交给他一个秘密任务："在给地牢的抗日人员送饭时，一定要想方设法把盛饭用的铜勺留在地牢中。"但是日军哨兵警惕性很高，进出都要反复查看铜勺在不在。小圣忠苦思冥想，终于想到一个办法：他在盛满饭的铁桶上面放一把铜勺，再在饭的最底层埋了一把铜勺，就这样底层的铜勺留在了地牢中。牢中人员便在深夜利用铜勺挖开一个地洞，顺利地逃了出来。聂荣臻后来听说这件事，称赞圣忠法师是一个机智聪明的"小八路"。

晋绥群众助战士虎口脱险

在敌人的封锁和扫荡之下，各根据地之间的联系阻断，抗战期间的通讯受到了很大影响。晋绥军区的抗日军民在严酷的环境下互相配合，民众自发掩护战士，保证了通讯战士的生命安全。晋绥边区群众掩护王金贵归队的曲折历程，是抗战期间一个典型的事例，折射出了八路军与老百姓之间的鱼水深情和军民同心共赴国难、战胜日本侵略者的决心和信心。

八路军晋察冀军区察绥游击支队一直深入敌后，在应县、浑源、繁峙一带的长城线上与日本侵略者和伪军展开游击斗争。1939 年 11 月的一天拂晓，顽军白志沂伙同伪军乔日成，纠合了 3000 余人，突袭包围了察绥支队的驻地将台背，企图一口吞掉这支部队。战斗十分激烈，双方伤亡都很惨重，八路军的物资弹药即将消耗殆尽，情况非常紧急。为了取得同上级的联系、争取支援，支队领导决定派王金贵和一位姓李的同志突围联络。接受任务后，王金贵就和李同志装扮成农民，携带机密信件，立即朝灵丘方向出发。支队领导要求他们尽快和上级领导取得联系，如果 3 天之内联系不上，就销毁信件并迅速归队。

将台背一带全是纵横交错的沟梁山地。为了避开敌人，他们专寻那些最偏僻崎岖的地方行走。为了抢时间，他二人日夜兼程，可接连走了两天两夜仍没有和上级取得联系。于是根据支队领导的要求，他们当晚在繁峙县同路村住宿时销毁了信件。

第二天上午，王金贵二人踏上了归队的路程，当走到科竹岭山上的一小片开阔地时，与白志沂的军队突然遭遇了。为躲避敌人，王金贵与李同志跑散了，只得独自一人继续寻找部队。当他回到曾是八路军驻地的钩子嘴村村口时，突然发现了两个冻得龟缩在一起戴着膏药旗袖章的伪军哨兵。王金贵想都没想，一转身向东飞跑。乒！乒！乒！敌人哨兵不断向他的后背开枪……王金贵不顾一切地向前奔跑，为了缩小目标，他从山梁上转向南沟，逢崖跳崖，遇水涉水，跑了三四里路，才把敌人甩掉。王金贵停下来喘了口气，到安耳村北一个小土洞里隐藏起来。后来安耳村村民李忠告诉王金贵，那一次突围途中，西南山上有一个叫赵宣的羊倌，清清楚楚地看到王金贵当时朝南跑去，但当敌人捉住赵宣，逼问八路军的探子往哪里跑了时，他却一口咬定没有看到。敌人恼羞成怒，就把他抓到村中，吊起来打得死去活来，但他始终没有说出王金贵的去向。后经全村作保，赵宣才被释放。

天黑后，王金贵顺着山沟来到了安耳村外，慢慢靠近去村边小河担水的村民说："我是察绥游击队的通讯员，被白军追捕，跑到这里。"他又询问了这里敌人的情况。村民说："白天四周围的村庄都有敌人去过，就是我们村今天还没有敌人来过。"然后这个村民又低声说："你先在这儿等等，我回去叫一个人来领你进村。"不一会儿村民李福禄和李忠出来接王金贵进村，把他隐藏在村东面半山腰李荣和李宽兄弟俩住的窑洞内。李荣、李宽兄弟俩为人可靠，住处又比较隐蔽，离村有几十米远，一旦有个情况，躲藏、转移都来得及。李忠把王金贵领进了暖烘烘的土窑洞后，说："你先休息，在风雪天里跑了几天几夜，够辛苦了，吃过饭就放宽心睡觉吧！有啥情况我随时会来告诉你的。”李荣的母亲给王金贵端来了用山药蛋掺着荞麦面做的团子让他吃。疲乏不堪的金贵饭后便睡着了。不大一会儿，他就被村里的狗叫声惊醒，只见李忠敲门进屋急切地说：“有一个营的白军进村了，家家户户都住上了兵，下面村里挤得满满的。你放心在李荣家隐蔽。”李荣 8 岁的小女儿打量着王金贵，也天真地说：“你不要害怕，我们不报告你。”王金贵住在李荣家的第二天，就有 10 余个顽军突然向李荣家走来。李荣以为要搜查，便把王金贵藏在茅草堆里，并由李忠和李荣机警巧妙地应付敌人，敌人只到门口一晃就上山去了。这中间李荣 8 岁的小女儿天天和王金贵做伴。就这样，王金贵和李荣全家在生死患难中建立了深厚的感情。第七天的深夜，李忠从顽军营部里得知这些人暂时没有撤走的迹象，就由李忠向顽军长官提出派村里的强壮青年到离安耳村七八里的山羊沟村背炭，供寒冬取暖用。敌人答应了，就让李忠带领人去背。李忠便领着村民和王金贵一起去。他们把王金贵乔装成村里小伙子的模样，7 个人都背着箩筐，沿着一条山路出了村，道道岗哨顺利通过。大约走了一个小时，到了山羊沟村边，李忠先进村到农民李清家把王金贵的情况说明后，就由李清把王金贵安排到石匠温二侉子干娘家住下来了，又在村里找了一个青年顶替王金贵，还是 7 个人，背着煤炭向安耳村返去。

这一带的老百姓都信得过共产党、八路军，懂得抗日的道理，爱憎分明，王金贵住在这里很放心。第四天，驻扎在安耳村和周围村庄一带的顽军突然到山羊沟村捉人要粮草来了。这天王金贵正住在李清家，李清从窗户的小玻璃孔里望见向他家走来 3 个顽军，便很机灵地跑到院内应付，他边走边指着温二侉子家说：“到下面房里来，那里干净点，我给你们准备点吃的。”说着就把 3 个顽军领到温二侉子家，取碗倒水，殷勤招待，王金贵又一次脱了险。

这些天里，李清和温二侉子干娘等乡亲们，都帮助王金贵四处寻找部队。一天，他们听到八路军和游击队在沙河东北的牛星堡、南堡和北堡一带活动，就一面为王金贵谋划行走路线，一面给他准备干粮。直到第七天早饭后，王金贵才告别了李清、温二侉子，按他俩指点的路线出发。这一带沟山连绵，几丈深的山洞都被积雪覆没了。路不好辨认，天黑了才来到砂河镇北面深山沟里只有 3 户人家的柳泉沟村。这里也是游击队的一个小根据地。王金贵经观察没有发现异常情况，就走进一户村民家里。王金贵简单讲了他的情况后，村民立刻让王金贵上炕取暖，马上又端来饭菜。不一会，左右隔壁的两户人家听说八路军来了，也给端来饭菜。乡亲们当天夜里把王金贵送到村外山洼里一位羊倌老大爷住的土窑洞里。第二天早饭后，村里派了两个青年人一前一后地护送王金贵，两人相距约半里远，前面的招手示意后，后面的才再前进，就这样顺利地越过敌人常来常往的孙庄子村。来到小南川村后，又换了两个当地农民护送。一直到柏家庄时，才遇到察绥游击队的一位司务长。这样，在度过了艰难危险的 20 天后，王金贵在群众帮助支持下，终于安全地回到了部队。

七月剧社服务晋西军民

七月剧社是中共晋西南区委领导下的文艺宣传队，1939 年 7 月成立。此后随军转战到晋西北地区。剧社采用山西梆子、眉户剧、晋中秧歌等形式巡回演出，宣传党的政策方针和抗日救亡的道理，受到了晋西北边区军民的热烈欢迎。他们采用群众喜闻乐见的艺术形式，积极、广泛、及时、准确地宣传党的方针政策，宣传人民抗战的思想，提高了人民的思想觉悟，为争取全民抗战的胜利做出了很大贡献。

1940 年秋，临县县城一条条抗战标语贴满了大街小巷："把日本鬼子赶回老家去"，"军民团结一条心，坚持抗战到底"，"预祝大战胜利"……一幅幅抗战宣传画张贴在西门外老爷庙的四周，内容有"八路军消灭日军""群众抬担架护送伤员""老百姓送粮支援前线"等。广场上，抗战部队、领导干部、农民群众不下一万人，他们前后簇拥着，争先恐后地往老爷庙的戏台子上观望。戏台上几十个歌舞演员，一个个精神抖擞、步伐整齐，正在为大家演出《百团大战歌舞》。剧社精彩的演出，博得观众一阵阵掌声和欢呼声。

"我们好多年没有看到戏了！"观众的情绪非常激动，有几位

七月剧社合影

老人竟然激动地流下了眼泪。演员们本来打算只在临县演出两天，但后来被大家阻拦着又加演了好几场。直到第四天，临县军民才依依不舍地送别了剧社演员。临走时，大家拿来白面、粉条、猪肉、萝卜、白菜等物品，热情地慰劳他们。离开临县后，剧社又先后经过碛口镇、三交镇、方山、交城等地区，为那里参加百团大战的指战员和支前群众义务会演。他们每到一个地方，都宣传抗战的意义、传达抗战必胜的信念；他们的出现，受到广大军民的热烈欢迎，每一次精彩登场，都鼓舞、激发着军民坚持抗日的斗志。

这个处处受到军民欢迎的剧社，就是抗战期间专门以演出的形式慰问边区军民的红色文艺团体——七月剧社。

日本侵华战争爆发后，中共晋西南区委为了动员人民群众团结起来参加抗日自卫战争，决定建立一支文艺宣传队。1939 年 7 月 1 日，在时任晋西南区委宣传部长张稼夫的领导下，30 多人的队伍很快成立了，并取名为七月剧团。7 月 7 日，为纪念抗日战争两周年，七月剧团在隰县川口镇的大操场上进行了第一次演出。1942 年冬，七月剧团改名为七月剧社，这时剧社已是一个有着 100 多人的宣传队伍了。

七月剧社的成员，部分是当时党政军各部门选调的从事文艺工作的同志，更多的则是根据地农民的孩子。这些孩子在党组织的教育和文艺工作者的指导下，无论在思想觉悟还是在表演技能上，进步都很快。在抗战的艰苦日子里，所有剧社社员都身背背包，手拿道具，排着整齐的队伍，走遍了根据地的大部分地区。

为了让战士和群众喜欢看剧社演出的节目，社员们经常采用大家熟悉的山西梆子、眉户剧、晋中秧歌等形式。1942 年 5 月，中共中央在延安召开了文艺座谈会。剧社成员认真学习了《讲话》的重要内容，进一步明确了剧社要在革命化、民族化、大众化的艺术实践中，为边区工农兵演出更多好节目的前进方向。

为了进一步提高剧社人员的政治素质和业务水平，1940 年 12 月区党委派七月剧社赴延安鲁迅艺术文学院学习。在那里，他们学习了从文艺理论、文艺创作到美术绘画、舞台表演，从声乐、器乐再到化妆技巧等各方面的戏剧综合知识。1942 年 3 月，剧社回到兴县任家湾。在晋西北地区举行的“欢迎七月剧团学习归来”的大会上，他们演出了戏剧《十二把镰刀》，这是一个铁匠王二夫妇赶制镰刀支持大生产运动的故事。演员们精湛生动的表演，使台下群众获得了极大的享受和教育。学成归来的七月剧社获得长足的进步，已是一支专业化的文艺宣传队了。第二年春天在各乡县巡回演出的 40 多天时间里，他们足足演了七八十场。每一场演出，台下的群众都不下六七千人。剧社所到之处，党、政、军、民争相邀请，七月剧社红遍了晋西边区。

1943 年夏天，国民党顽固派掀起第三次反共高潮，延安《解放日报》发表了毛泽东《质问国民党》的檄文。根据这篇文章的精神，七月剧社迅速创作了一批短小精悍的文艺节目。他们搜集整理了国民党勾结日本帝国主义的各种罪行材料，并带上毛泽东同志的《团结一切抗日力量，反对反共顽固派》《向国民党的十点要求》《质问国民党》三篇文章和事先印制好的一摞摞抗日传单，即刻投入到反对国民党顽固派的大宣传运动中。他们在村头或街口，敲锣打鼓吸引观众，时而演几个小魔术，时而说一段快板，时而唱几首歌曲，时而演两个活报剧。当观众越聚越多时，他们便开始散发传单，高声演讲。宣传工作进行了一个多月，许多群众都从中受到了一次普遍的革命教育，人民有了警惕，国民党顽固派的反共逆流在社会上受到了极大的抵制。

1944年，为配合边区开展减租减息运动，七月剧社创作了《王德锁减租》。这个剧本写的是农会团结农民同地主斗争，实现减租减息、发展生产的故事。该剧上演后，很快促进了边区的减租减息运动。有的地方干部称赞说："看一次《王德锁减租》，比开几天会都顶事。"当时在河曲县，曾出现地租明减暗不减的怪现象。由于这里与国民党统治区仅隔一条黄河，于是一些地主就假造舆论，说什么"国民党要过河了"。所以虽然减租了，但佃农们却信以为真，仍旧暗地里将减下的地租原数交给地主。应当地县委的要求，七月剧社来到河曲县演出，很多村的干部组织村民们去观看。大家看完后，立即展开了热烈讨论。农民张景山说："过去说要减租，地主说国民党要来，闹得我糊里糊涂，不敢要求减租。我们一家人饿得都爬不起来了。今天看戏，我可明白了，今年的租我可不交那么多了。"一个地主说："今年我一定减租。"一位老农民抱着一个大南瓜，来到社员中间，说："看了你们的戏，我心里豁亮了。这一下，我要参加减租斗争了。这是我今年收存的最大的南瓜，送给你们，表表我的心意。"从1944年到1945年，《王德锁减租》在边区上演了100场，观众前后总计多达20多万人。

母亲叫儿打东洋

面对日军的疯狂扫荡和进攻，敌后军民纷纷报名参军，抵御日本侵略者。在太行山区到处都有母亲送儿上战场的动人故事，其中汾阳市唐兴庄的崔银风老人把三个儿子送上了抗战前线，三子均屡建战功，最后英勇牺牲。

在十四年之久的抗日战争中，山西涌现出了很多革命英烈家庭，这里面特别值得后人铭记的是汾阳市唐兴庄蒋妈妈一家人。

蒋妈妈本名崔银风，生了5个儿子。1938年2月17日，侵华日军第109师团先遣队侵占汾阳城，杀害了许多无辜市民。为了抗日救亡、报仇雪恨，蒋妈妈先后把三儿子蒋万寿（蒋三）、四儿子蒋曰录（蒋四）送到县大队参军。兄弟俩在配合工卫旅、决死队作战中都屡建战功。

蒋三16岁时就给有钱人家打短工，性格刚强，好打抱不平，十余年间一直拜师习武，会打拳弄棒，能力举石锁，练出了一副好身手。冬日里，他还常上西山打猎，练出了一手好枪法，人称“神枪手”。参军后他先后任汾阳工卫旅所属游击分队队长，汾阳县游击大队战士、侦察员、粮秣员。蒋三领导游击队战士多次伏击日军，抢夺汉奸粮食有百石之多。1942 年 7 月 10 日，裴会镇据点十几个日伪军突然来到唐兴庄，占领了几处制高点。当时蒋三从城子村开会回来，进村后才发现村里有敌人。他回头就走，自行车落链，在上链时被伪军开枪打中右腿。蒋三带伤跑到坟堆里进行反击，战斗中身负重伤，直到子弹将尽时自尽而亡。日本人在确定他就是蒋三后，又狠毒地用刺刀捅向了尸体……

蒋四也是一位机智勇敢的战士。1940 年春天，县大队基干连在连长郑河指挥下，在东河头到白石车站之间与日伪军激战，敌指挥官向井一路见势不妙，妄图仓皇逃走。蒋四发现后立即奋力猛追，将敌人拦腰抱住；向井碰响了佩带的鱼雷式手榴弹，想炸死蒋四，机智的蒋四却把敌人紧紧压在手榴弹上。“轰”的一声巨响，向井在爆炸中当场一命呜呼，而蒋四的右眼珠也被炸出眼眶，血淋淋地吊在脸上。他一咬牙把眼珠扯下来，忍着剧痛继续战斗，并缴获左轮手枪一支。蒋四这种惊人壮举把敌人也惊呆了，有几个伪军被吓得举起双手乖乖地投降。1942 年端午节，蒋四不幸被捕，日本宪兵把他抓到汾阳城，关押在宪兵队。他们逼蒋四供出蒋三游击队、王步云基干队、工卫四连等的隐蔽地址，但他死也不说。宪兵队“灭共主任”石上保绞尽脑汁，软硬兼施，仍没有结果。最后他们使出狠毒的招数：用烧红的铁棒狠烙蒋四的胳臂。蒋四受尽酷刑，仍然坚强不屈。与此同时樱井也派人把蒋妈妈抓到仁岩村日军据点，诱逼她说出工卫旅、县大队的活动情况和地点。蒋妈妈回答：“不知道。”敌人把她打得死去活来，她还是“不知道”。后来各村群众联名保她，樱井假意将她放回，却暗中派人监视。她出来后，抗日决心更坚决了。她得知蒋四被敌人抓去的消息，就冒着生命危险，到宪兵队去探望儿子。这时，日军石上保、汉奸武端都认为好机会到了，逼她劝蒋四投降。蒋妈妈说：“我儿子打日军没有错，为什么要投降？”接着她面对几个汉奸走狗说：“你们如果听娘的话，就不会当汉奸。中国人为什么要帮日本人办事？”武端之流满面通红无言可对。石上保计穷力竭，只好把她放回家去。1942 年 7 月 20 日，在蒋三被杀的三天后，蒋四也被汾阳日军宪兵杀害于水泉村。

蒋三、蒋四兄弟俩在几天之内分别遇害，使蒋妈妈全家和汾阳抗日军民都非常悲愤。不久，大儿子和大女儿悲痛致病，在同一年中先后亡故。为了替亲人报仇，英雄的母亲含着眼泪把唯一健在的孩子蒋七送到第 14 团参军。蒋七在部队也和两位兄长一样英勇善战，屡建战功。1947 年元月在解放孝义市的战斗中，他也不幸牺牲，年仅 15 岁。

《吕梁英雄传》的作者马烽 1946 年秋末回老家探母，路过汾阳唐兴庄。在大门洞里避雨时，听到该村老乡在讲述抗日英雄蒋三，许多事迹极富传奇性，十分感人，令他久久难忘。1953 年春天，马烽又跟战友西戎讲了蒋三的事迹，感动之余他们一起到唐兴庄深入了解了当时一些对敌斗争情况和相关生活细节，并到蒋三生前活动过的仁岩、城子一带进行采访。最后经两位作家反复修改，写成了一部著名的电影剧本，这个剧本由长春电影制片厂拍成了电影，这就是为人们所熟知的《扑不灭的火焰》。

1981 年 9 月 18 日，崔银凤老人与世长辞。在晋中、在山西、在全中国，正因为有着许许多多的蒋妈妈，有着一个又一个蒋三、蒋四和蒋七，有着成千上万的有名和无名英雄的英勇奋斗、前赴后继，才使我们的军队威震敌胆。

敌后妇女拥军忙

全面抗战爆发后，广大妇女也成为抗战中的重要力量。在妇女组织的领导下，她们走出家门，积极服务于八路军的后勤保障工作，用自己的机智和勇敢同敌人周旋，甚至有的妇女还直接报名参战，献出了宝贵的生命。康克清同志曾经高度评价了山西省抗战期间的妇女工作，认为山西的妇女运动是华北妇女运动之冠。

抗日的烽火遍布山西，不仅男子们到前方打仗，妇女也成为抗战中的重要力量。妇女们在严酷的战争中认识到了“有国才有家”，在妇女组织的领导下，她们做军鞋军袜，募集肉、蛋、白面、红枣、山药等食物，用自己的行动积极支持抗战。武乡四区的妇女还积极报名参军，组成了自卫队，仅中村、韩家垴两村报名者就有47人之多,1940年3月27日的《新华日报》(华北版)专门予以特别报道。妇女们积极参与抗战的感人事迹层出不穷，留下了“谁说女子不如男”的现代佳话。

妇女们积极参加了战地后勤保障工作。晋察冀、晋西北的妇女替丈夫亲属抬担架时发现她们也能胜任这一工作，后来就积极主动上前线抬伤兵。在缺医少药的环境下，她们用土法子为伤员治病，自己忍饥挨饿让伤员补充营养。有时遇到难以吞咽的伤员，正在哺乳期的妇女就挤奶救伤员。抗战期间武乡的窑湾编村曾经驻扎过八路军。一次柳树烟村的胡春花正在井边挑水，一个路过的八路军通讯员问她要点水喝。胡春花一看是八路军战士，连忙挑起扁担说："快跟我回去喝点儿开水吧！"通讯员说："时间太紧张，来不及了！"说完战士喝了几口凉水匆匆赶路去了。经过这件事情后，胡春花的内心受到了触动。她想，八路军战士在前线打仗流血牺牲，能不能给他们提供一些实际的帮助呢？联想到通讯员战士的事情，她忽然想到，应该建立一个接待站，准备上开水和干粮，让八路军战士能喝口热水、吃点东西。村主任也很支持她的想法，并帮助她找房子和锅碗筷子等。经过精心准备，胡春花的拥军接待站办起来了。战士们路过这里，都能喝到暖暖的热水。

边区政府授予胡春花的锦旗

在一些危机的关头，妇女们还通过自己的机智和沉着营救抗日军政干部。李公朴先生曾经饱含深情地叙说过一件事。有一次，日本侵略者包围了定襄的一个村子。一个区长当时住在这个村，被困在日寇的包围圈中。敌人挨家挨户搜查，抗日干部的生命岌岌可危。情急之下他躲到了一户人家，请求这家人帮助他。可巧他到的这家只有一个女子。敌人已经砸这家的大门了，来不及多说，这位女子马上让区长睡到被窝里，她出去开门。敌人进来后看到有人躺着，恶狠狠地问："床上躺着什么人？"女子说是她的丈夫得了伤寒症。

五台地区的妇救会会员给八路军做鞋

敌人威胁她一定要让被窝里的人站起来。女子自然镇定地走到枕头边，用一种温和的语气说，太君让你起来一下，一面却紧紧按住区长的头不让他动。敌人没有看出来什么破绽，气呼呼地离开了。

李公朴先生还谈到了另一件事。牺盟会的一位秘书被困到了一个小村子里，敌人挨家挨户搜查，情况十分危急。当敌人搜到这位秘书所在的人家时，逼着家里的主妇说出每个人的身份。主妇一一介绍了自己家里的人，当指到这位秘书的时候，她非常冷静、非常淡定地说，这个是孩子的舅舅过来串门了。敌人上下打量了一下牺盟会的秘书，没有发现什么可疑的地方，于是悻悻然离开了这个村庄。

军民蟠龙反围困

抗战爆发后，武乡县蟠龙镇成为太行3分区的中心，成为日军的心腹之患。1942年5月日军占领了蟠龙镇，并以此为据点逐步“蚕食”周边地区。在党的领导下，蟠龙的抗日军民同仇敌忾、英勇斗争，最终取得了反围困战争的胜利。

晋东南武乡县有个蟠龙镇，是太行地区的四大名镇之一。抗战爆发后，这里逐渐成了太行3分区的中心。1942年5月，日军对根据地进行“大扫荡”时占领了蟠龙镇，并企图以蟠龙为据点，进一步“蚕食”周边地区，掠夺武乡丰富的矿产资源。英勇不屈的蟠龙军民在党领导下，早早就部署好了反围困工作，把吃的用的都藏了起来，让敌人一次次扑了空。

恼羞成怒的日伪军到处抓人，对武乡军民展开了疯狂报复。一次，日伪军在邢村抓到了一个80多岁的老太太四孩娘，逼她当“良民”。这位目不识丁但有着强烈民族气节的老人说：“我生是中国人，死是中国鬼，死不去当汉奸！”后来老人绝食8天后去世了，但她坚贞不屈的事迹却一直在当地传诵着。

为防止敌人突袭，蟠龙镇各村都安排有民兵哨所。距离蟠龙镇不远的皮烟村，就出了一名忠于哨所值守、舍身保护乡亲的民兵战士王尚元。虽然当时他只有 22 岁，却有丰富的战斗经验。1943 年 10 月 23 日这一天，他在村里的哨所值班，突然发现一小股敌人偷偷摸摸地向村子靠近。他心里想，坏了，这肯定是日本人要偷袭！王尚元想跑回村里通知乡亲们，可是时间已经不够了。于是他拿出了枪，间断性地向敌人射击。敌军听到了枪声，知道行踪已暴露，不敢贸然前进。经过一阵对峙，王尚元的子弹用完了，敌人才发现，原来与他们交手的并不是什么八路军正规部队，而是一个民兵。于是他们疯狂射击，企图击毙王尚元。王尚元在与敌人搏斗中非常勇猛，把随身带的步枪也打断了，最后寡不敌众身负重伤，永远地倒在了家乡的土地上。王尚元虽然牺牲了，但为村里的老百姓赢得了时间，村民得以安全转移。为了缅怀这位烈士，1947 年在三角坡村召开了追悼会，并将皮烟村更名为尚元村。

尽管敌人到处烧杀抢掠，但是抗日军民前赴后继，斗志益坚。在蟠龙镇到皮烟的途中，要路过秦家烟村。村里的李兴云、李金河是叔伯兄弟。自从敌人占领蟠龙后，他们到外面躲避快 3 个月了，眼看中秋时节将近，便打算回家看看并取一些埋藏的粮食和衣物，由于太累的缘故，加上天气炎热，兄弟俩在半路上休息时就睡着了。正睡得香甜，二人突然被喊声惊醒，只见 4 把明晃晃的刺刀对准了他们的胸膛，原来是遇上了 4 个日本兵。兄弟两人装作听不懂直摇头。日本人问："你的，八路的干活？"他俩还是摇摇头。这时一个日军恶狠狠地冲了过来，扯下了他俩头上的毛巾，看额头有没有戴军帽压出的痕迹，又检查了他俩的手和工具。一看都不是受过训练的军人，日本兵又问他们是不是苦力？兄弟俩点头表示自己是苦力。敌人正愁四处抓苦力而无果，岂肯轻易放过？于是便押着他们俩往蟠龙镇走去。途经一座破庙的时候，敌人看到有棵高大的梨树上长满了金黄色的梨子，便有三个人争着爬上去摘梨，剩下的一个也两只眼贪馋地朝树上盯着，口里还咽着唾沫。机灵的李金河趁此机会向他哥哥使了个眼色，李兴云举起铁锹对准在树下站着的日本兵脑袋就劈，只听“啊”的一声，鬼子顺势倒下，李金河捡起三八大盖又捅了两刺刀，兄弟俩快步向山沟跑去。

1944 年 2 月 28 日拂晓，敌人悄悄撤出蟠龙，反围困战取得了最终的胜利。日军占领蟠龙镇期间，伤亡两千多人，伪军逃跑、投降的有 240 多人。敌军撤退后，太行 3 分区在蟠龙镇召开了庆功祝捷大会。后来还在蟠龙镇建了一座“围困蟠龙纪念碑”，永远铭记英勇不屈反围困的蟠龙人民和这段可歌可泣的历史。

官军村成了抗日模范村

历时两年半的沁源围困战，先后作战2700余次，毙伤的日伪军有4400余人，在广大军民的紧密配合下取得了围困敌寇的伟大胜利。沁源围困战是毛泽东《论持久战》的伟大实践，是人民战争的伟大胜利，是敌后抗战的模范典型之一。官军村的村民在围困战中表现出了大无畏的革命精神。他们用智慧保护粮食，开动脑筋采取各种有利的方式同敌人展开斗争，还积极主动地打击日本侵略者。官军村由此成为远近闻名的抗日模范村，这是沁源围困战中人民群众英勇不屈的缩影。

太岳区的官军村是抗战期间远近闻名的抗日模范村。在沁源围困战的两年半中，全村22人参战参军，12人为国捐躯。1944年8月，村民兵队长郑士威出席群英大会并获“地雷大王”称号，荣获奖章一枚，同年10月又参加太岳一专区召开的英模大会，获得“民兵杀敌英雄”称号。1945年1月，在晋冀鲁豫边区英模大会上，9名沁源县代表中官军村就有郑士威、李德昌、郭三奎3人，分别被授予“杀敌英雄”“爆破英雄”“地雷大王”的光荣称号，官军村也被命名为“抗日模范村”。

敌人占领沁源的目的之一是要控制物资供给，打击抗日区军民。官军村的村民在村支书兼村主任胡廷彦带领下，想出了一套符合实际的好办法。他们把全村的 72 名强壮男劳力和能上地的妇女儿童混编在一起，设了 6 个小队，集中一个月的时间把河滩上 960 亩地的小麦全部抢种完毕。在庄稼成熟、敌人要抢收时，村民就来了个“先下手为强”。在部队和民兵掩护下，100 多人的抢收队连收带打，把小麦收得干干净净。但抢收也是有很大危险的。有天晚上，抢收队伍正要回去，忽然炮楼上的敌人鸣枪冲出了据点，想抢收好的麦子。这时已经埋伏好的民兵和八路军战士集中火力进行反击，硬是把敌人打了回去。

官军村民很善于开动脑筋，采取各种方式进行对敌斗争。他们充分发挥地雷的作用，创造了形状各异、功能不同的地雷，全村男女老少都成了布雷高手。凭借地雷这一武器，他们狠狠地打了好几

官军村被日军烧过的房屋

二沁大道战斗遗址

个胜仗。郑士威、李德昌两任民兵队长组织官军村民兵成立了地雷爆炸小组，把敌人可能路过的所有道路、桥梁、河滩、山口和其他区域都布满了地雷。1945 年 3 月，反围困战进入总攻阶段时，郑士威接到了敌人要逃跑的消息，马上指挥民兵，在二沁大道上埋布了地雷和圪针，还设置了长长的阻击线。当敌人走到罗锅山口前时，郑士威和其他预先埋伏的民兵瞄准敌人开枪，把敌人打得抱头鼠窜。同时，河滩里响起了连环地雷爆炸的声音，原来是逃跑的敌人踩到了预先布好的地雷。这时，八路军第 38 团的战士们也开始向敌人进攻，军民齐心协力把敌人打了个落花流水。当年刘少奇曾用化名进入沁源，亲眼看到了地雷阵在反扫荡中发挥的威力。郑士威还利用村里地形，在村口坡路上泼水冻冰，道路结冰时太滑，消融时又很泥泞，敌人运粮车辆无法通过，很容易被八路军和抗日民兵截获。

官军村的民兵们也不时主动出击打日本鬼子。1942 年 10 月，日军在二沁大道沿线修建了不少据点和碉堡，交口镇是其中很重要的一个。敌人以据点为依托，经常抓人抢粮食，群众恨透了。指挥部把解决这帮敌人的任务交给了郑士威。11 月 28 日夜，他与村里的几个精干民兵，配合八路军第 38 团的战士，在夜色中穿过羊肠小道，翻过山岭来到了交口镇。在瓦窑沟村的一个窑洞院落里，透过亮光他看到二三十个无精打采的日军挤在一个大炕上。作战经验丰富的郑士威知道这正是歼灭敌人的好机会，于是他同大家一起研究了作战方案，来到敌人住的地方。郑士威带头冲进了院子里，一下打掉了窑洞内的马灯，整个院子顿时漆黑一片，敌人乱成一团。民兵们拿着机枪扫射，又扔了一些手榴弹。小院顿时火光阵阵，硝烟四起。这一次日伪军死伤 20 多人，小队长也受了重伤。第二天就有伪军和民夫过来投降。

官军村人民的英勇斗争，是整个沁源围困战的缩影。当时的报纸多次对沁源人民的围困斗争进行了详细报道。尤其是英雄辈出、全民皆兵的官军村，更是成为太行、太岳区的旗帜。

爆破英雄配合八路打敌人

抗战中涌现出许多积极配合八路军作战的优秀民兵战士，武乡县马家庄村的马应元烈士就是其中杰出的一员。他枪法精准、头脑灵活，带领民兵战士们巧妙地利用地雷作为武器，抗击日本侵略者，保卫人民的生命财产安全，成为名震一时的民兵英雄。

马应元1921年出生于武乡县马家庄村，因家中贫寒，幼年时曾牧羊、打猎，这种生活练就了他刚毅不屈的精神。1938年马应元参加了青救会，1940年参加了抗日游击小组，同年秋天他正式加入民兵组织，1943年加入中国共产党，担任武乡县马家庄村民兵指挥员和飞行爆炸组组长。

马家庄处于交通要道，马应元带领队员们配合八路军反击日军，为部队侦察敌情、传送情报、收缴武器。他们昼伏夜出，与日军斗智斗勇，铲除汉奸、截取物资、夺回牛羊和粮食蔬菜，留下了许多传奇故事。

1943年夏季日军占据蟠龙后，每天往返于蟠武公路，使得蟠武公路沿线的村庄变成了无人区。为了粉碎日军的“扫荡”与“蚕食”，武乡县武委会抽调地方武装中的精干力量组成爆炸组，马应元就是其中一员。爆炸组被安排在蟠武公路一带活动，带领民兵们与日军灵活周旋，英勇战斗。他们根据实际情况调整战术，有时配合八路军主力部队与敌人大队兵力进行战斗，有时单独行动歼灭敌人小股部队。他们把地雷和射击结合起来，利用地雷封锁交通要道，安排射击手专打冷枪,并且在战斗中创造出“敌到雷到”“敌未到雷先到”和“敌不到诱敌到”等游击战术，打了一个又一个的漂亮仗，使敌人伤亡不断。

1943 年 7 月的一天，马应元接到日军从段村据点出发的情报，便立即带上民兵赶到公路上埋地雷。因怕敌人发现路上埋了地雷，马应元便把假雷埋在了路上，把真的地雷安放到了路旁的草丛里。果然敌人发现路上有雷，就从草丛里走，结果草丛里放的真石雷被踢响了，敌人被炸飞一片。而马应元带着民兵们早跑到前面的路上布置地雷去了。敌人不断连续挨炸，吓得不敢前进，只好派出伪军和尖兵排去探雷。埋伏在山上的马应元便扔手榴弹炸死了几个敌人，敌人的注意力被吸引到了山上，朝着山上猛烈打枪。在枪声中，马应元和另一位民兵马尚银早已抄近路来到敌人后退的必经之路，在路旁的丛林里布下了连环雷。不出所料，被吓昏的敌人不敢走大路，当他们走上林间小道时却又一次走进了民兵们布下的“天女散花”石雷阵，被炸得所剩无几。仅仅在一个下午的时间里，马应元就带领爆炸组在蟠武路上埋了 13 处地雷，炸死炸伤敌人 90 多人。

马应元带领民兵们一面消灭敌人，一面保卫人民的财产，他们多次从敌人手中夺回被敌人抢走的牛羊、粮食和蔬菜。有一次马应元带领民兵们去敌人的炮楼下抢蔬菜，结果被哨兵发现追了过来。马应元急中生智，把两根黄瓜扔了出去。敌人只以为是扔来了手榴弹，赶紧趴在了地上。当他们发现情况不对起来追赶时，马应元他们早已跑得无影无踪了。

马应元在战争中练就一手好枪法，他曾一次用 5 颗子弹打倒了 4 个敌人，一次连发两枪打死两匹马和一个敌人。还有一次在完成破坏敌人电话线的任务后，他双手举枪两枪打断四根电线。因此，大家都叫他神枪手。由于领导马家庄民兵“飞行爆炸组”成功封锁蟠武公路，马应元荣获太行3分区“飞行射击爆炸英雄”的称号；1944年11月，在太行区首届群英大会上，马应元被授予民兵“杀敌英雄”的光荣称号，并获锦旗一面，上面写着“日夜出击蟠武线，飞行爆炸显神威”十四个大字。

1944年农历腊月二十四，马应元在本村的突围战斗中不幸被敌人逮捕，被关进了段村的大据点。在那里日军宪兵队使用各种酷刑来逼迫马应元吐露情报，但他坚决不透露任何关于八路军的情况。敌人万般无奈，抓来他的母亲和妻子威逼他投降，但都被他拒绝。1945年农历正月初九夜，年仅24岁的马应元被敌人残忍杀害了。

1946年12月，在太行区第二届群英大会上，马应元同志为被追认为特等杀敌英雄，这是人们对马应元同志英雄事迹的肯定，也是对战斗英雄的深切缅怀。

后 记

忘记过去就意味着背叛。我们组织编撰《八路军在山西》这一理论通俗读物，就是为了纪念中华人民共和国成立70周年与中国抗日战争胜利75周年，就是为了彰显八路军浴血奋战的丰功伟绩，弘扬八路军艰苦奋斗的太行精神。

山西省人大常委会原副主任胡苏平对本书进行了总体策划和精心指导。山西省社科院（山西省政府发展研究中心）党组书记、院长杨茂林主持研究和撰写工作，统筹框架、撰写绪言、修改书稿、审定后记。省委宣传部副巡视员杨建军负责组织协调工作。参加编写工作的有：马君、马敏、马启红、王劼、王华梅、王勇红、乔林晓、刘碧田、安志伟、李冰、张雪莲、周芳玲、赵树婷、耿振东、常瑞、董永刚、韩雪娇。

山西省委党史研究院（山西省地方志研究院）巨文辉、省党史人物研究会郝雪廷等提供了多方帮助，省委党史研究院（省地方志研究院）杨子晋和李军、太原市杏花岭区政协郭峰、黎城县人大孙广兴、平型关大捷纪念馆吕明中、太行干部学院王刚等提供了部分资料和图片，在此一并致谢！

三晋出版社大力支持本书的出版，由衷感谢社长阎文凯、原社长张继红、责编冯岩、美编段宇杰等以及全体编校人员！

由于水平有限，不妥之处，敬请读者指正。

编 者

2019 年 7 月

图书在版编目（CIP）数据

八路军在山西/ 胡苏平，杨茂林主编．—太原：三晋出版社，2020.5（2020.11 重印）
ISBN 978-7-5457-1925-3

Ⅰ.①八… Ⅱ.①胡… ②杨… Ⅲ.①八路军-抗日战争-史料-山西 Ⅳ.①E297.3 ②K265.106

中国版本图书馆 CIP 数据核字（2019）第 201504 号

八路军在山西

主　　编：胡苏平　杨茂林
责任编辑：冯　岩
责任印刷：李佳音
装帧设计：段宇杰

出 版 者：山西出版传媒集团
三晋出版社（山西古籍出版社有限责任公司）
地　　址：太原市建设南路 21 号
电　　话：0351-4956036（总编室）
0351-4922203（印制部）
网　　址：http://www.sjcbs.cn

经 销 者：新华书店
承 印 者：山西康全印刷有限公司

开　　本：787mm×960mm　1/16
印　　张：24.625
字　　数：360 千字
版　　次：2020 年 5 月　第 1 版
印　　次：2020 年 11 月　第 4 次印刷
书　　号：ISBN 978-7-5457-1925-3
定　　价：49.00 元